ダイビングの事故・
法的責任と問題

中田　誠 著

(株)杏林書院

序　文

弁護士（前検事総長）
土肥　孝治

　レジャースポーツが盛んな時代である。しかし，そのスポーツを楽しんでいる間に負傷したり，死に至る事故に遭う人々も少なくない。スポーツは，本来自己責任の世界だとも言われる。確かに，事故がスポーツを行なっている者の自己過失によって発生する場合も少なくない。しかし，スポーツの中には，それを行なうには，相当の知識と経験を必要とし，それがなければ危険だというスポーツもある。その場合，初心者段階では，知識や経験ある者による教えを受け，実践においても事細かな手ほどきと監視を受けながら，徐々にその知識や技術を修得し，かつ，経験を重ね，ようやくそれを安全になし得るようになるものである。当然の事ながら，人間が長時間水中に潜り遊泳するというスクーバダイビングはその好例であろう。本書の著者中田誠氏は，自らスクーバダイビングの講習後まもない初心者の時に死に瀕する事故に遭い，スクーバダイビングの危険を身をもって体験された。氏が周囲を見回した時，自らの例にとどまらず数多くのスクーバダイビングの事故が発生し，貴重な人命が失われ，又，人が傷害を負っているかを知り，この事故がもたらすあらゆる問題を検討し，今後同種の事故を未然に防ぎたいと考えられた。本書も，その意図から著されたものである。したがって，中田氏は単に事故の原因究明のみにとどまらず，スクーバダイビングを事業とする者やその団体が抱えている基本的な問題を捉え，その事業の商法の在り方をはじめ指導や講習の在り方を各種の事故事例を引き合いに出しながら検討し，その事業者らに課せられる注意義務がいかなるものかを検証されている。そして，インストラクター等直接指導を行なう者に課せられた注意義務等については，事故の事例，更にそれに下された裁判所の判断等を引用分析しながら，細かく検討し，その注意義務の内容を明確に示されていく。そうなると，この本は，「スクーバ

ダイビングは危険のない楽しいスポーツだ」と宣伝し続けている業者やその団体らにとって，不快極まりないものであるかも知れない。しかし，著者が，この著書で，スクーバダイビングのどこに危険があり，事故を防ぐにはどうすればよいのかを訴えておられるのは，氏が人命を尊び，スクーバダイビングによる事故，特に未熟者の事故を防ぎたいと思う一心からだと察せられる。世の人には，氏の言うところに謙虚に耳を傾けて欲しいのである。特に，毎年大勢の死傷者が出ているのに，この業界に対し，安全面についてすら何ら法的規制がないこと，業界ではスクーバダイバー達を格付けしたり，資格の付与をしているが，これが単なる業界の私的基準による認定に過ぎないこと（したがって，インストラクター等指導者の資格，技能も公的なものではない。）等指摘される問題点については，等閑視できないように思う。

　著者は，このようにスクーバダイビングのもつ問題を，視点を広げ，いろいろの角度から論及されている。いろんな分野の専門家から見れば，異論のある箇所もあるかも知れない。しかし，現に人命が失われる事故が起こっている。このままなおざりに出来ないという著者のお気持ちはよく分かるし，尊くも思う。人命をゆるがせに出来ない時代である。この著書を読んで関係者は真摯に，速やかに問題の解決に対処していただきたく思うのである。

　私は，初心者とも言うべき人が，スクーバダイビングで死亡した事件につき，民事，刑事の両面からご遺族の立場に立って関与している。その過程で，著者の既刊の著作を読ませていただき，大いに啓発されるところがあった。本書にも随所に著者の考えに共鳴するところがある。法的責任を取り上げた専門的分野のみならず，著者の主張の底流をなす人命尊重の考えに強く惹かれる。望まれるままに序文を書かせていただいた次第である。

2000 年 10 月 30 日

はじめに

　昨今レクリエーションスクーバダイビング業界の興隆が目覚しい。またマスコミなどで紹介されるダイビングの世界は和やかで楽しい。筆者自身も実際にダイビングを行なった経験があり、その時には、地上では決して得られない感覚と感動を得たものである。しかし、現実には毎年多数の人々がダイビングの事故で亡くなっており、その原因が自己責任ではない事故であっても、その彼らには十分な法的救済がされているとは言い難い現状がある。

　もとより、事故においてはダイバー自身の責任によるものも多い。しかしそれについて語ることは、ダイビングの技術論と精神論になってしまうこともあり、本書の目的ではない。それを知るためには、優秀なダイビングテキストなどを読むことをお勧めする。

　本書では、致死的要因の高いレクリエーションスポーツの中で、特に私的資格を主たる商品として事業を展開している事業者が圧倒的影響力を持つスクーバダイビングにおける死亡事故多発の問題と、その法的責任について考察している。

　本書が、ダイビングにとどまらず、アウトドアスポーツ指導者の安全配慮義務意識の向上と、そのための対策立案および被害者救済のために役立つ事を願って止まない。そして、スポーツ法の研究者、ダイビングの事故を担当・捜査・調査している各公的組織の方々、レクリエーションスポーツの実務家、マリンレジャー及びその他のプロ・アマチュアの指導者、そして、アウトドアのレクリエーション（レジャー）スポーツでの事故、特にダイビングの事故に遭われた被害者の方々の法的救済の道を開くために活動されている法曹関係者の方々にとって何がしかの役に立てれば甚幸である。

　本来、しっかりしたダイビングの指導団体や特に優秀なインストラクターなどが持つ、レクリエーションダイビングに関するノウハウは一般的に極めて良質である。この優れたノウハウが、本書の中でも言及している「申請料」や、利幅のみを追求する不適切な「人数比」によって損なわれている現状はダイバーにとっ

て大きな損失である。この優れたノウハウが，正しく，有効に活用されていくことは，レクリエーションダイビングの発展のための社会的要請なのである。

本書の執筆にあたり，私が尊敬する，高名な千葉正士博士のご知見の豊かさと深さに触れる機会があり，それを遥かなる目標として仰ぎ見させていただいたことが研究を進める上で大きな力となったことに感謝の念を深くするものである。また，土肥孝治先生が本書の意義を認めて下さり，加えて序文までお寄せいただく光栄に浴することができたことは筆者の誇りとするところである。

※文中を通じて，ダイビングの講習プログラムや教材・資格を販売し，コンサルティング業務，自社ブランド使用のライセンス契約，関連器材販売，インストラクターなどの会員組織運営などの事業を行っている会社などを，現在の業界の慣例にしたがって便宜的に「指導団体」と表現しているが，これは決して本来の営利目的の事業に公的イメージを付与するための意味ではない。

※本文，及び注釈中，インターネットURLの表記の横についている西暦は，これらのページを最初に読んだ西暦年を記入している。インターネットの場合，サイトにアップロードされた日付は必ずしも書いていないのが現状である。これらページの存在については，筆者は2000年1月から12月のいずれかにそのページがネット上に存在していることを確認している。ただし，それ以後に当該ホームページの管理者が，そのサイトを変更，移動，ないしは閉鎖することも有り得るので注意されたい。

※本書では，基本的に遊興のために行なうダイビング（それと同じ手法のスクーバ潜水）を「レクリエーションダイビング」（英語ではRecreational Scuba Divingと表現している）とする。他の書籍・資料などで「レジャーダイビング」としている場合は，それを紹介・引用する場合は原文のままとする。

※ダイビングの安全性の計算を始め，筆者が直接調査したもの以外は，それぞれの項目で使用する基礎数字は，そのテーマにもっとも適切と思われるものを採用している。よってその出典が異なることによって基礎数字が異なる場合があるが，その場合は数字の根拠になっている出典を確認していただきたい。本書では，その目的に従ってテーマに適した数字を，適宜，採用することが適切であると判断した。

※本書の内容は，拙稿「ダイビングの事故と問題　第7版」（2000年　簡易製本版・CD

ROM 版　一部限定通販のみ）を基礎に，本文に大幅に加筆訂正を加えたものである。
※文中の「年」の表示は，便宜上，基本的に西暦を中心に表示している。
※注意：本書は，理由無く特定の指導団体，各種法人・任意団体・個人や，ダイビング関連マスコミ，業界団体，ダイビングショップ，インストラクター，一般ダイバー，個人などを誹謗中傷することを目的としているものではない。なお，独自調査における事故の結果の判断などは私見である。

本書が多少なりとも社会において役に立つ事ができたとしたら、それは私を産み育ててくれた両親（國雄・光江）の深い愛情とたゆまぬ努力、そして長きに渡る忍耐があったからこそである。

用語の解説

アシスタントインストラクター：インストラクターの管理の下，その業務の補助をすることができる者のこと。

アシスタントインストラクター候補生：アシスタントインストラクター講習を受けている講習生のこと。

アドバンスコース講習：エントリーレベル（オープンウォータークラス）の講習を終了したものが受ける，一つ上のクラスの講習。

インストラクター：講習生を指導し，講習の終了の現場での認定を行なう者。Cカードの発行権限はない。ファンダイビングのガイドも行なう。

エキジット　：水から出ること。

エントリーレベル：指導団体が販売している水深12mないし18mのダイビングができるとされるダイビングの初級技術レベル。公的な意味合いはない。指導団体によってはそこが定める上級ダイバーの同行がなければダイビングができないとしているレベルも含む。

エントリーレベルCカード：エントリーレベルとCカードを参照

オクトパス　：予備のレギュレーター

ガイド　　　：日本では，基本的にファンダイビングの時に潜水計画を立案して，実際に水中でそのダイビングポイントを指導・案内するダイバーのこと。

減圧症：ケイソン病のこと。水中から水上に浮上するときに，減圧（浮上）速度が速すぎると体内に溶けだした気体（窒素）が気泡をつくり，この気泡が血液の循環を障害したり，組織を圧迫することによって起こる。主な症状は，運動障害，呼吸・循環障害，中枢神経系の障害

再圧チェンバー：recompression chamberのこと。減圧症に罹ったダイバーを中に入れて再度加圧して体内で気泡化した窒素を排出させるためのカプセル状の医療機器。

Cカード　　　：指導団体が発行する講習の修了認定証（Certification Card）の略称。指導団体が，カードの所有者を「ダイビングに必要な知識と技術を習得した」ことを証明するとしているカードのこと。

一般のスクーバダイバーカード：エントリーレベルの一つであることを示すCカード。

セイフティーストップ：安全停止のこと。減圧症を防止するために水深5mで数分間停止すること。レクリエーションダイビングでは必ず行なうことが望ましい。

体験ダイビング：簡単な説明だけで体験的に浅い水深で行なうダイビング。すべてにわたってインストラクターによる助力が必要である。

ドリフトダイビング：水中での潮流に積極的に乗って（drift＝流されて）行なうダイビング。上級者用の技術がいる。水中でバディ同士が離れたり漂流する危険性も高い。

バディ　　　：buddy。ダイビングをする際の二人一組の最小単位のこと。

バディシステム：ダイビングを二人一組で行なうシステムのこと。

ファンダイビング：基本的に遊び（レクリエーション）として行なうダイビング。

ブリーフィング：ダイビングの前に，インストラクターやガイドが潜水計画を説明し，その他の注意事項や申し合わせ事項を確認する行為。

マスタースクーバダイバー：ある指導団体が販売する多数のダイビング技術と遊びのノウハウを身につけた非プロダイバーの中で最高ランクの名称。

ヨーヨー潜水：1回のダイビング中に，深場，浅場を繰り返して，まるで鋸の刃のように繰り返し上下するダイビングのこと。減圧症になる確率が極めて高くなる。

レギュレーター：タンク内に高圧で充填された圧搾空気（通常の空気の他に，酸素濃度などを高めた空気もある）を，周囲の圧力に合わせて自動調整して呼吸を確保できるようにするための器材のこと。

ダイビングの事故・法的責任と問題

目　次

序文　弁護士（前検事総長）土肥孝治
はじめに
第一章　安全性問題……………………………………………………… 1
　1. ダイビングの安全性の検証 ………………………………………… 1
　（1）交通事故との死亡率比較 ………………………………………… 1
　　（a）ショップ数推定 ………………………………………………… 2
　　　● ショップ数推定の根拠 ………………………………………… 2
　　（b）ダイビングの本数推定 ………………………………………… 3
　　　● 体験ダイビング延べ人数から ………………………………… 3
　　　● オープンウォーター講習ダイビング延べ人数から ………… 3
　　　● ダイバーレベルのステップアップ講習ダイビング本数から ……… 3
　　　● インストラクターになるための試験本数から ……………… 3
　　　● ファンダイビングからの本数推計 …………………………… 3
　　（c）交通事故との比較のための数字 ……………………………… 5
　　（d）一般の人が交通事故で死亡する確率との比較 ……………… 5
　（2）ラグビー競技者とダイバーとの死亡リスク比較 ……………… 6
　　（a）各種データ ……………………………………………………… 7
　　　「重症障害統計　1989年～1999年」 …………………………… 7
　　　「チーム数および競技人口推移」 ………………………………… 8
　　　「1999年チーム数」 ………………………………………………… 8
　　　ラグビー年間平均事故発生件数 ………………………………… 9
　　　スクーバダイビングの 1989年～1999年死亡者数（274人）……… 9

(b) 1時間当たりの競技者の死亡事故遭遇比率 ……………………… 9
　　　　　1999年における競技人口1人当たり平均死亡事故遭遇率 ……… 9
　　　　　1時間当たりの死亡事故発生（遭遇）確率 …………………… 9
　2. エントリーレベル（オープンウォーターレベル）講習に
　　おける事故の発生率 …………………………………………………… 10
　3. ダイビングビジネスが「虚構の安全」を必要とする理由 ………… 12
　　(1) 売上高増加指数 …………………………………………………… 12
　　　　指導団体の売上の構成比率 ……………………………………… 13
　　(2) マリンスポーツにおける事故の実態 …………………………… 15
　　(3) 1999年（平成11年）におけるスクーバダイビングの事故の実態 … 16
　　(4) イメージコントロール …………………………………………… 17
　　(5) ダイビング業界の組織形態 ……………………………………… 20
第二章　資格商法としてのスクーバダイビング …………………………… 24
　1. レクリエーションスクーバダイビング業界 ………………………… 24
　　(1) ライセンス（民間資格）販売という
　　　　スクーバダイビング業界の特色 ………………………………… 24
　　(2) 指導団体の事業規模 ……………………………………………… 25
　　(3) 指導団体の事業手法の考察 ……………………………………… 26
　　(4) 独占による選択肢の制限 ………………………………………… 27
　　(5) P型事業モデルの成功 …………………………………………… 28
　　(6) 業界形態の危惧 …………………………………………………… 28
　　(7) ダイビング業界の成功要因の総括 ……………………………… 29
　2. 致死性スポーツにおける資格商法展開の問題 ……………………… 30
第三章　ダイビング事故の事例研究 ………………………………………… 35
　1. 1999年中，日本国内事例紹介 ………………………………………… 35
　2. 事故内容分析 …………………………………………………………… 38
　3. 注意義務の及ぶ人数の限界の検証 …………………………………… 42
　　(1) 事故概要17例 ……………………………………………………… 42

(2) 静かなる事故 …………………………………………… 57
　　(3) 適正人数比検討表 ……………………………………… 61
　4. 17の事故例に見る適性人数比の試算 ………………………… 62
　5. 海外事故概況 …………………………………………………… 63
　　(1) アメリカおよびその周辺地域の死亡者数 …………… 63
　　(2) イギリスにおける死亡者数 …………………………… 65
　　(3) フランスの事故における死者数の推定値 …………… 65
　　(4) 海外における日本人の事故事例（1993年～1999年） ……… 65
　　(5) 日本と海外の事故遭遇率比較 ………………………… 66
　　(6) DAN JAPANの保険金支払い事例から見る
　　　　Cカード保持者の事故の実態 ………………………… 67

第四章　安全配慮義務 ……………………………………………… 76
　1. 刑事責任についての判例研究 ……………………………… 76
　　(1) アドバンスコース講習時における講習生死亡事件 ……… 76
　　(2) サバチ洞窟事件 ………………………………………… 80
　　(3) カスミ根事件 …………………………………………… 92
　　(4) 潜水から浮上した者がモーターボートと接触して死亡した事故につき、
　　　　モーターボートの操縦者の過失が否定された事例 ……… 96
　　　　(3)と(4)の中間的事情における事故の可能性について ……… 99
　　　　(1)～(3)の判例に見るレクリエーション・ダイビングに
　　　　おける安全配慮義務 ………………………………… 101
　　(5) ニセコ雪崩事件 ………………………………………… 102
　　(6) 判例研究をもとに考察する実際の事故例（私見） …… 105
　　(7) 1のまとめ ……………………………………………… 113
　2. 民事責任についての判例研究 ……………………………… 114
　　(1) スキューバダイビングの参加者が海洋に転落して溺死した事故 … 114
　　(2) 神奈川県スキューバダイビング漂流事件 …………… 116
　　(3) ダイビングツアー中ボンベ（タンク）爆発負傷事件 …… 119

(4) 越前沖沈船ダイビング事件 ……………………………… 123
  (5) 五竜遠見雪崩事件 …………………………………………… 128
 3. 過失の構成要素についての研究 ………………………………… 130
  (1) 刑事 ………………………………………………………………… 130
     業務上過失傷害・過失致死罪 ……………………………… 130
  (2) 民事 ………………………………………………………………… 132
   (a) 不法行為責任 ………………………………………………… 133
   (b) ボランティアでリーダーを勤めた時の賠償責任の有無 ………… 137
     クラブ的な活動としての引率者やリーダーの責任について …… 137
 4. バディの法的責任 ……………………………………………………… 137
  (1) 致死性の高さに対する社会的共有認識 ……………………… 138
  (2) バディによる不法行為 …………………………………………… 139
  (3) バディの法的防御 ………………………………………………… 140
 5. 指導団体の法的責任 ………………………………………………… 141
 6. 法的問題 ………………………………………………………………… 142
  (1) 被害者と事業者との間の法的力関係 ………………………… 143
     「PADIの独自クレームサービス」に見る
     「クレームサービス体制」………………………………………… 143
  (2) スクーバダイビング業界のビジネススタイル ………………… 145
  (3) 『The Law and the Diving Professional』 ………………… 146
   (a) 『The Law and the Diving Professional』に見る
     義務違反の概念 ………………………………………………… 148
   (b) 直接近因 ……………………………………………………… 148
   (c) 損害 …………………………………………………………… 148
   (d) 危険の引き受け（Assumption of Risk）………………… 149
  (4) 日本での危険の引き受けによる違法性阻却と
     レクリエーションダイビング …………………………………… 151

第五章　免責同意書問題 …………………………………… 158
1. 危険の引き受けと免責同意書 ………………………… 158
（1）アメリカにおける免責同意書 …………………… 158
（a）フロリダ州の免責同意書の事例 ……………… 158
（b）アメリカの判例の傾向 ………………………… 159
（2）日本における免責同意書の内容 ………………… 162
（a）免責同意書の分類 ……………………………… 162
（b）P型免責同意書 ………………………………… 162
（c）非P型免責同意書 ……………………………… 165
（d）ダイビング事業組合が勧める免責同意書の内容 …………… 165
（e）保険会社が見る免責同意書の有効性 ………… 167
2. 責任回避のための組織形態 …………………………… 168
（1）モデルケース概略図 ………………………………… 168
（2）事業者側のみの免責 ………………………………… 168
（3）指導団体が持つ「免責同意書」の意識 …………… 169
（a）指導団体意識調査（1995年9月調査） ……… 170
　　　　　指導団体の主要な免責同意書の運用の実際 …………… 173
（b）免責同意書の運用の実態 ……………………… 173
　　　　　アンケートによる調査 ………………………… 173
3. P型免責同意書の内容とその実効性の妥当性 ……… 183
（1）日本 …………………………………………………… 184
　　　　消費者契約法 ………………………………………… 184
（2）海外の状況 …………………………………………… 186
（a）EU指令 ………………………………………… 186
（b）イギリス ………………………………………… 187
（c）フランス ………………………………………… 187
（d）ドイツ …………………………………………… 188
（e）イタリア ………………………………………… 188

        (f) 韓国 ………………………………………………… 189
        (d) アメリカ ……………………………………………… 190
     (3) 不当条項リスト ……………………………………………… 192
     (4) 講習の契約をした事業者に対しての考察 ……………… 197
  4. 指導団体の責任 ……………………………………………………… 199
  5. 合理的な免責同意書とは ………………………………………… 200
     国際スキー連盟の免責同意書の形態 …………………………… 200

第六章 消費者とダイビング事業者とのトラブルの実際 ……… 205
  1. 国民生活センターへの相談 ……………………………………… 205
     相談内容件数別 ……………………………………………………… 206
  2. ダイビングショップが不良器材をレンタルする問題 ……… 206
  3. ケーススタディ：問題あるダイビング事業者の営業実態についての
     調査事例の紹介 ……………………………………………………… 209
     (1) 調査事例 ………………………………………………………… 209
     (2) おとり広告 ……………………………………………………… 216
     (3) 自分自身による直接確認 …………………………………… 217

第七章 人為的事故を防ぐための考察 ……………………………… 223
  1. 事故を生む要因と提案 …………………………………………… 223
     (1) 法的平等性の確保 …………………………………………… 223
        三者間確認書私案 ……………………………………………… 223
     (2) 善良なインストラクターの保護 …………………………… 225
  2. 今後に向けた提言 ………………………………………………… 226
     (1) Ｃカードと申請料のあり方 ………………………………… 226
     (2) 講習内容の基本部分の統一 ………………………………… 227
     (3) ダイビング業者のリスク管理 ……………………………… 228
  3. 同好会などで使用する宣言書試案 …………………………… 230
  4. 海上保安庁の遭難者捜索における今後の考察 ……………… 235

5. 最後に ……………………………………………………… 236
資料1
　　フランスにおけるスクーバダイビングの国家資格（BEES）取得のための
　　試験の仕組み ………………………………………………… 240
資料2 ………………………………………………………………… 241
　　免責同意書に関するアンケートの結果 ………………………… 241
　　本文で紹介されていない参考文献・論文など ………………… 256
　　あとがき ……………………………………………………… 258

第一章　安全性問題

　ダイビングでは「事故発生率がゲートボールより低い安全なスポーツ」という識者の見解[1]や，多くの指導団体，及び主としてダイビングマスコミやショップなどが一般に主張している，ダイビングは「安全」で「簡単」ということにほぼ限定された主張や宣伝があるが，実際には毎年多数の人々が事故に遭い，そしてその約半数が死亡しているという現実が存在する。本書の最初の章にあたって，まずその点を検証する。

1. ダイビングの安全性の検証

　筆者はダイビングの事故防止を目指して運営しているホームページ「ダイビングで死なないためのホームページ」（http://www.hi-ho.ne.jp/nakadam/diving/index.htm　1998年9月20日〜）上で，1999年6月26日に，ダイビングの業界側の「安全」宣伝を受けて，以下の根拠により，その危険と注意が国家規模で呼びかけられている交通事故との比較を，1998年の死亡者数データ（海上保安庁調査）から比較検討し，1時間あたりの両者の死亡事故発生比率議論を提議した。これを1999年に，筆者が1年間に渡って直接調査した最新データを用いて比較する。なお，業界全体としてはエントリーレベル（初級者）講習数は最近低下傾向にあるが，その中で最大のシェアを誇っているCカード協議会の公開データ（Cカード協議会ホームページ　http://c-card.org/index3.html　1999年）では，1999年の全体の講習数などがこの議論を提議した時点で公表されていなかったため，その分母数としては1998年のものをそのまま使用する。

(1) 交通事故との死亡率比較

　この推定値[2]の算出において，筆者が自動車運転者等を比較の対象に絞らなかったのは，ダイビング業界が一般に主張する「前提条件のない安全（いわゆる「ダ

イビングは安全です」という表現）」と同じステージで比較することを，論議を呼ぶであろう本書の推定値算出の第一段階としたかったからである。これは「統計では同じ種類（ダイビング業界の主張）のものを比較検討する」という前提を意識している。

　ダイビングにおいて発生が予想される，インストラクターの過失による死亡事故以外の，予期しえぬ自然環境下で発生する事故の形態は，交通事故において，単に自分で起こす運転中の事故だけでなく，歩道を歩いている人に対して突入してくる自動車やバイク（時には自転車も。以下同様）による事故や，信号を無視した車等に轢かれること，また家の中にトラックや乗用車が突入してくる可能性も同じと考えた上で1時間当たりの死亡率比較を行なった。

　なお，ダイビング業界などのそれぞれの立場による分母数の取り方により，ここで紹介する数字が変化することは否定しない。

(a) ショップ数推定

※文中の「Cカード」とは，民間会社の講習を修了してレクリエーションダイビングを正しく安全に行なう技術を習得したことを証明するカード（基本的にキャッシュカード大のプラスチック製カード）のことで，正式名称は英語の Certification Card（認定証）である。それをダイビング業界では一般的に「Cカード」といっている。

● ショップ数推定の根拠

　最大手ブランドのPADI（パディ）はホームページ（http://www.padi.co.jp/）上で1996年にPADIショップを250店強と説明（1999年）していた。またNAUI（ナウイ）（http://www.naui.co.jp/index.html）はホームページ上で300店と説明（1999年）していた。CMAS（クマス，*シーマスということもある）のシェアはNAUIとほぼ同数と思われるので300店と推定した。

※PADIは，株式会社パディジャパンという日本最大の営利目的のダイビング指導団体のCカードブランド名であり，NAUIも基本的に同様である。またCMASも大きくみて同様である。

　上記3つのうち，多くのショップでCカードの種類が重複しているので，

PADIをメインに取った場合，NAUI，CMAS単独の割合を総数の20％と仮定すると，3大ブランドで250＋60＋60＝370店になる。また3大ブランドで70％のシェア（この数字は確定した数字ではなく，統計を出す立場や状況で変化している。そのためこの本でもその時々に異なる数字を使用することがある）であると推定される。他の30弱の"団体"で残り30％で111店と推定。よって，Cカードの講習を行なうショップ数の推定は，370＋111＝481店と仮定する。

(b) ダイビングの本数推定
● 体験ダイビング延べ人数から

93人/店(注2を参照)なので，ショップ数481店，体験ダイビングの人数44,733人で，延べダイビング数44,733本。付き添いインストラクターが1人で4人を対応するとして，ダイビング数は，11,183本。よって，ダイビング本数は55,916本となる。

● オープンウォーター講習ダイビング延べ人数から

実習4ダイビング×83,512人（認定数）＝334,048本。付き添いインストラクターが1人で4人を対応するとして，ダイビング数は，83,512本。よって，オープンウォーター講習でのダイビング本数は417,560本となる。

● ダイバーレベルのステップアップ講習ダイビング本数から

各コースの平均で4ダイビングと仮定して，145,539人×4＝582,156本。付き添いインストラクターが1人で4人を対応するとして，ダイビング数は，145,539本。よって，ステップアップ講習でのダイビング本数は727,695本となる。

● インストラクターになるための試験本数から

これは1本として，11,768人×1＝11,768本。インストラクター認定者が1人で2人を見るとして，ダイビング数は，5,584本。よって，インストラクター試験でのダイビング本数は17,652本.となる。

以上の総計は1,218,823本となる。

● ファンダイビングからの本数推計

新規オープンウォーターダイバーがその年に追加で2回ファンダイビングに行

くとして，計4ダイビングとして，334,048本。うち，連続してアドバンストの講習に行く人が30%とすると，334,048×30%＝100,214本を引く。よって233,834本が新規オープンウォーターダイバーのファンダイビング本数と推定する。（根拠は，自分の体験から，オープンウォーターの講習修了後にすでに4本潜水しているので，追加で2回くらいが平均的な数字と思うからである）

この70%がガイドをつけてダイビングするとして，ガイドが4人を見ると仮定すると，ガイドの本数は40,920本となる。よって，新規オープンウォーターダイバーのファンダイビングに関係するダイビング数は274,755本となる。

過去のオープンウォーターダイバーとアドバンスト以上のダイバーのファンダイビングの本数を同数と仮定して，この50%がガイドをつけてダイビングするとして，ガイドが4人を見ると仮定すると，29,229本となる。この数字を仮定値1とする。

よって，一般ダイバーのファンダイビングに要するダイビング数は，仮定値1を採用した場合263,063本と推定できる。

またレクリエーションダイビング専門月刊誌のマリンダイビング誌1994年11月号が書いている，「一般のダイバーは，1年間4回ダイビングをする」という記事を，「4回＝8本（タンク数）」と解釈した場合の数字を仮定2として，仮定1と同じ計算式をもって計算すると，仮定値1の倍数となり，526,126本となる。

表 1-1a

体験ダイビング	オープンウォーター(OW)講習	ステップアップ講習	インストラクター試験	新規OWダイバーのファンダイビング	一般ダイバーのファンダイビング	計
55,916本	417,560本	727,695本	17,652本	274,755本	263,063本	1,756,641本

表 1-1b

計
2,019,704本

※仮定値2を採用した場合

以上により，年間ダイビング本数についての推定値は以下のようになる（仮定値1の場合）。

　これを時間に換算して見ると，潜水中＋水面移動などで，水に入っている直接ダイビング行為1本当たり1時間が平均なので，1999年中には，1,756,641時間に29人死亡していることになる。これから見ると約60,578時間に1人死亡（仮定値2の場合は約69,645時間に1人死亡）していることになる。参考値として1998年の数字は103,332時間に1人という死亡率（注28の表2-07参照）である。この数は特徴的にここ10年来最低の数字であることは頭に入れておくべきことである。

(c) 交通事故との比較のための数字（あくまでも暫定的な推定値上での計算である）

　通勤通学や，1日中車に乗っている仕事，外まわりの仕事をしている人，散歩している人，買い物に出かけている人，外で遊ぶ子どもなど，交通事故が起こり得る可能性の活動時間を1人当たりで1日3時間と仮定する（乳幼児も含めた平均値として）。さらに年間300日は外に出ており，65日は全く出ないと仮定したら，人口1億2千万人の交通事故の可能性がある時間が出る。それを，年間死亡者数の仮定値1万人で割ると，10,800,000時間に1人の割合で死亡している。

(d) 一般の人が交通事故で死亡する確率との比較

　以上の数字を計算して比較すると，レクリエーションダイビング中の1時間当たりの死亡事故発生比率は，仮定値1の場合で交通事故で死亡する場合の約178倍となる（仮定値2を採用した場合は約155倍）。参考値として1998年時は，仮定値1の場合で約105倍，仮定値2を採用した場合で約92倍であった。

　この危険性比較（言葉を変えれば致死性）の数字の正確性については，ここで示した暫定推定値のさらに詳細な分析や議論が必要であろうが，交通事故死の危険が国家的認識として声高に唱えられている以上，レクリエーションダイビングにおいての死亡率が，例え推定値であってもその約178倍になるということは，ダイビングが無条件（に近い条件で）で安全ではないということを客観的に示して

いる。

　前述の，筆者のダイビングの危険性比較のための推定値算出法発表後，海上自衛隊（防衛医科大学校異常環境衛生研究部門）の池田知純は1999年の第34回日本高気圧環境医学会総会において，交通事故とダイビングの単位時間あたりの独自調査による死亡率比較を発表した。これは時速40kmで走行中のドライバーの1時間当たりの死亡事故遭遇値との比較であり，よりリスクが高い状況下での比較値であるだけに，ダイビング業界の言う「ダイビングは安全」のスタンスと比較して，実際のダイビングの現場の状況により近い数値である。この池田の算出がすぐれて有意義であるのでそれを紹介する。

　「レジャー潜水の死亡事故を安全な方向に偏って検討した場合でも，潜水中の死亡者数は95％の確率で自動車搭乗中の39倍以上，50％の確率では62倍以上あることを示している。したがって，レジャー潜水を安易に安全であると言うべきではないと考える[3]」

　この結果からも，ダイビング業界の多くが主張している「ダイビングは安全」というスタンスは，ダイビングの事故が，直接人命の喪失に大きく関わる以上，社会的問題として特に注目して検討すべき問題である。

(2) ラグビー競技者とダイバーとの死亡リスク比較

　財団法人日本ラグビーフットボール協会が2000年9月に公表した「重症障害統計　1989年～1999年」によると，この期間の死亡事故は27件で，麻痺を残す障害は20件であった。これに別途同協会から提供されたデータを加え，その競技（行為）内容が極めて対照的な，ラグビー競技者とスクーバダイビングのダイバーの間の，それぞれが死亡事故に遭遇する危険率の比較を行なってみる。

(a) 各種データ

▶「重症障害統計　1989年～1999年」
（財団法人日本ラグビーフットボール協会）

表 1-2a

事故内容	状況	原因	件数
死亡事故	試合中	心臓疾患	2
		熱中症	0
		頸椎疾患	3
		頭部疾患	11
		不明	1
	計		17
	練習中	心臓疾患	2
		熱中症	6
		頸椎疾患	0
		頭部疾患	1
		溺水死	1
	計		10
	死亡事故総計		27
麻痺を残す障害	試合中	心臓疾患	0
		熱中症	0
		頸椎疾患	10
		頭部疾患	1
		その他	1
	計		12
	練習中	心臓疾患	0
		熱中症	0
		頸椎疾患	6
		頭部疾患	0
		不明	0
	計		6
	不明	頸椎疾患	1
		不明	1
	計		2
	麻痺を残す障害総計		20

次の表1-2bと表1-2cは、同じく、2000年9月の財団法人日本ラグビーフットボール協会広報提供の資料から編集・作成した。

▶「チーム数および競技人口推移」

（財団法人日本ラグビーフットボール協会提供データ）
※「平成元年度～十一年度事業報告」から集計

表 1-2b

年	チーム数	競技人口
1989年	4,843	－
1990年	4,921	－
1991年	5,017	－
1992年	5,103	153,506
1993年	5,008	155,962
1994年	5,066	166,978
1995年	4,824	160,359
1996年	4,926	150,354
1997年	4,845	146,054
1998年	4,758	140,416
1999年	4,502	137,505

▶「1999年チーム数」

（財団法人日本ラグビーフットボール協会提供データから　2000年9月28日）

表 1-2c

分類	チーム数
大学	413
高専	49
高校	1332
中学	322
社会人	639
クラブチーム	1327
ラグビースクール	375

　以上の財団法人日本ラグビーフットボール協会提供の1999年のデータを基に，ラグビー競技者とダイバーの死亡事故遭遇率を推定する。推定するためのラグビー活動時間は，チーム事情などや休日数の問題もあるが，平均1日2時間，年間活動日を260日と仮定する。

- ラグビー年間平均事故発生件数
  - 死亡事故……………………27 件÷11 年＝2.45 件（人）/年
  - 麻痺を残す障害…………20 件÷11 年＝1.82 件（人）/年
- スクーバダイビングの 1989 年～1999 年死亡者数（274 人）
  - 年平均………………………274 人÷11 年＝24.9 人/年

以上から，単純比較の場合では，スクーバダイビングでは，ラグビーの 10.16 倍の死亡者が存在する。

(b) 1 時間当たりの競技者の死亡事故遭遇比率
- 1999 年における競技人口 1 人当たり平均死亡事故遭遇率
  - 日本のダイビング人口（1999 年推定　約 500,000 人）
    ※山見信夫「スポーツダイビングへの関与とネットワークの拡大」54 頁，表 12 から（日本高気圧環境医学会雑誌）1999 Vol.34 No.4
  - ラグビー人口（1999 年　137,505 人）

  表 1-2c から，
  - ダイバー 1 人当たりが事故で死亡する確率……………0.00498%
  - ラグビー競技者 1 人当たりが事故で死亡する確率……0.00178%

これも単純比較で見るとダイバーの死亡事故遭遇率は，ラグビー競技者に対して約 2.80 倍である。

ダイバー 1 人当たりの実働時間（年間 4 回ダイビングに行き，それで計 8 本潜水するとして，実働時間を 1 本 1 時間と仮定）は，1 時間×8 本＝8 時間/人を基準にして数字を比較すると，ダイバーの年間総実働時間は，8 時間×500,000 人＝4,000,000 時間である。そしてラグビー競技者 1 人当たりの年間実働時間（練習・試合仮定平均時間…年間 260 日，1 日 2 時間）は，2 時間×260 日＝520 時間/人となる。この仮定によれば，ラグビー競技者の年間総実働時間は 520 時間×137,505 人＝71,502,600 時間なので，

- 1 時間当たりの死亡事故発生（遭遇）確率

  ダイビング………0.00062%

ラグビー…………0.0000034％

となる。

　以上の検討から，ラグビー競技者の1時間当たりの死亡事故遭遇率を1とした場合，スクーバダイバーにおけるそれは，ラグビー競技者に対して約182.4倍となる。

　よって，この数字から見た場合，スクーバダイビングを行なうダイバーは，ダイビング中は，ラグビー競技者よりも危険な時間帯にいると言うことができる。

　この違いの原因の最大のものは，スクーバダイビングが"水中"という特殊な環境下で行なわれるということである。詳細は後述するが，"水中"あるいは自然環境下の"水面"では，ごくささいなことでも死亡事故に直結していくという特性がある。これが，スクーバダイビングを安易に「安全」「簡単」と考えてはならない理由である。

2. エントリーレベル（オープンウォーターレベル）講習における事故の発生率

　ダイビングの経験のない者が，その技術を習得することを目的として講習を受けるときには，水中という未知の状況に置かれることに伴う危険を回避するための注意や安全に関する配慮を，プロであるインストラクターや，ダイビング講習などを販売した，潜水計画の立案責任のあるショップに期待することは当然である。

　1999年中のエントリーレベルのCカード取得者数が77,290枚であった（『平成11年度ダイビング産業に関する調査研究報告書』（社団法人日本機械工業連合会　社団法人レジャー・スポーツダイビング産業協会　2000年4月…以下「報告書」と略す）1頁，29頁）という数字がある。この「報告書」では，複数の指導団体のインストラクターの資格をもった人に講習を受けるなどして，そのため「1人で2枚のエントリーレベルCカードを保有しているという新規ダイバーが現実に存在し，その数も少なくないのが現状と推察される」（30頁）としている。そのためこの77,290枚という数字は実際のエントリーレベルのCカード取得者数より多いともいえる。しかし「報告書」ではこのデータの数字が「日本のC

カード全発行数の90％以上を占めていると予想がつく」（29頁）としているため，この10％弱のズレを勘案しても，1999年中のエントリーレベルのCカード取得者数を77,290枚として扱うことは現実の全数に最も近いものということができるのでこれを算出基準として採用する。

　筆者が1999年に調査した講習中の事故で，エントリーレベル中の事故は7件で，8人が事故に遭遇している。このうち死亡事故件数は5件で，6人が死亡している。

　では，この数字が，ダイビング業界やダイビングマスコミが作り上げた社会的イメージのように無条件に安全なものかどうかを検討する。

　現在，一回の講習で行なわれるインストラクターと講習生の比率を平均1対4と仮定する。これは現状の講習の姿に一番近い数字である。

　では，この数字を元に，昨年度の講習の数を推定する。すると，77,290枚÷4人＝約19,323回となる。

　ここで，講習中に事故が発生する件数を見ると，19,323回÷7件＝約2,760回つまり，約2,760回に1回の割合で事故が発生している。人数で見ると19,323回÷8人＝約2,415回に1回の割合で，講習生が事故に遭遇していることになる。

　次に死亡事故発生件数を見る。ここでは，19,323回÷5件＝約3,865回に1回の割合で死亡事故が発生し，19,323回÷6人＝約3,221回に1回の割合で講習生が死亡している。この数字は，「ダイビングが（無条件に）安全」と言える数字なのであろうか？あるいは「潜水事故なんか怖くない！」[4]というマスコミのメッセージのとおりなのであろうか？

　ではここで，実際の事故の数字が意味するところを検討するために身近な数字に置き換えてみる。

　まずこの数字を50,000という数字をベースに置き換えてみる。

　Cカードの枚数は，前述の理由で，基本的にそれを受けた人数と同じとして，50,000÷77,290＝約64.7％となるので，事故発生人数にこれを置き換えると，50,000人中事故に遭う人数が約5.2人，そのうち死亡する人が約3.9人となる。

　この50,000人をベースとした数字をよりわかりやすくするために，東京ド―

ムで行なわれるプロ野球やコンサートにあてはめてみる。

　1回の野球観戦やコンサートで東京ドームに行く人が50,000人というのはごくありふれた日常の数字である。またエントリーレベルの講習中の事故を見ると，ほとんどが最初の1〜2時間の講習中に事故が起きている。この数字は，つまり，この野球観戦やコンサートに行くたびに約5.2人の人が事故に遭遇し，うち3.9人が死亡するということと同じことなのである。

　もし東京ドームで行なわれる興行で観客の3.9人が死亡したら，このような興行がはたして社会的に安全なものとして認知されるであろうか？たしかに50,000人のうち，実際に観客が死亡する確率は0.0078％に過ぎないが，もし興行主がこの事実を知っていながら「興行は安全である」という宣伝をし，この数字を公表せずに興行を行なったら，はたしてその行為は正当なものと言えるのであろうか？

※なお，講習中の事故発生率の，アメリカとのそれとの比較については，本書「第三章　ダイビング事故の事例研究」の「日本と海外の事故遭遇率比較」で詳しく言及している。

　以上の数字は，講習を行なう業者の事業者責任（死亡事故を避けるために正しい情報の公開義務，講習テキストの作成・講習の企画・運営，及び講習の修了を認定した時の技能習得保証に対する結果責任）について社会が強く注目し，それらが正しく果されていることを常に確認していく意思を持つべき時が来たことを雄弁に物語っている。そして，ダイビング業界の多くが一般的に主張している「ダイビングは安全」は，「虚構の安全」と言い換えるのがより真実に近い表現であろう。

3. ダイビングビジネスが「虚構の安全」を必要とする理由

　最新の資料がない（公表されない）ので，やや古いデータになるが，『'91レジャー・ダイビング年報　レジャー・ダイビング産業実態基礎調査　報告書』[5]から，ダイビングの指導団体の収入の内訳を見てみる。

(1) 売上高増加指数

　1981年（昭和56年）を100とした場合の売上高の推移は，1991年（平成3年）調査の数字で，1990年で495となっている（前掲報告書＜第Ⅰ-8表＞Cカード発行機関の売上高増加指数推移）。つまり10年で5倍の規模となっている。この10年間で指導団体数も増加してきているので，実質の成長率はこの数字より大きいと推定できる。なお，1982年に，現在日本最大のシェアを誇り，業界の指

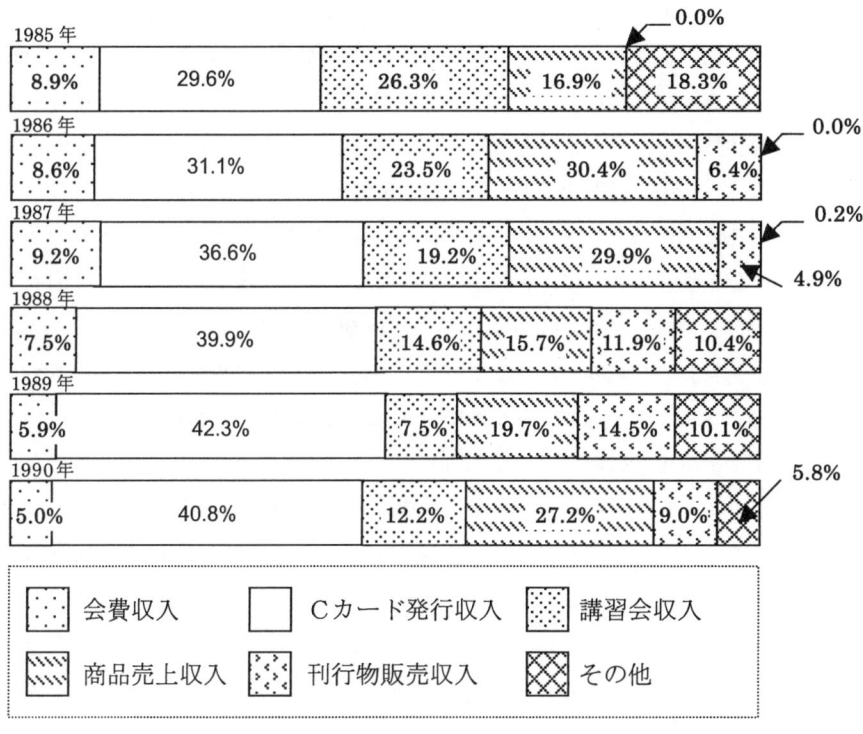

図 1-1　指導団体の売上の構成比率

1)『'91レジャー・ダイビング年報　レジャー・ダイビング産業実態基礎調査　報告書』の「＜第Ⅰ-9表＞　Cカード発行機関の部門別売上」を参考に作成。
2) このような，売上の構成比率を知るための資料は，これ以後一度も公表されていない。

導的立場にあるパディジャパン（PADI）が設立されて，現在の業界の形態を決定付けたことから，1981年を基準年とした。

図1-1のデータからは，Cカードの発行に伴う収入（申請料収入）の比率（約40％）が他を圧倒しているのが読み取れる。また現在は収入規模がより大きくなっているため，その絶対額もより高くなっている。

Cカード発行の仕組みとは，各指導団体のブランドショップなどが行なっている講習の修了後に，それを証明するために交付する事務手続上の修了証（Cカード）にすぎないものを発行する行為を，「Cカード発行権」として，それを指導団体が独占的に保持し，それを発行するときに，「Cカード申請料」という公的なイメージを連想させるような用語を用いて，ショップの講習生から6,000円程度（指導団体により多少幅がある）を送金させる仕組みのことである。この集金システムは，実際に講習の現場に赴いて，講習生が，その指導団体が作成したプログラムをまちがいなく正しい手順に添って習得したかどうかを確認することなく，また認定責任はとらず，ショップが行なった講習を修了したことを証明するために，自らのブランドの証明カード（Cカード）のカード発行のために，一方的に「申請料」の払込みを受けるという，利益率が大きい集金システム[6]である。また，そのシステムを補強するために，法的根拠はないのであるが，彼らのCカードがない場合，日本のほとんどのダイビングポイントにおいてダイビングができにくい状況を作り上げている。さらに申請料の払込みのない講習生には，ショップで講習を修了していてもCカードを発行せず，つまり講習を受けて技術を習得したという事実を，送金がないという理由で否定することで，個人がレクリエーションダイビングを行なう権利に制限をかけることを担保に利益を得ているとも言えるのである。これがCカード発行の独占による申請料システムの全体像である。

1999年9月に和歌山県の某タンクレンタル業者に聞き取り調査をしたところ，「Cカードを持っていて，ショップのツアーを経由しての申し込みじゃないとレンタルはしない」という返答があった。トップシーズンということもあって「多忙であるから」という理由ももっともではあるが，Cカードの保持（ダイバーの

技量とは関係なく）とダイビングショップの存在だけが判断の基準となっており，指導団体が作り上げた業界システムが十分に機能していることを示している。

　以上のように，指導団体は，ダイバーがダイビングを行なう際に決定的な要素となるCカードの「発行権」＝「講習を修了したことの証明」を独占しながら，認定作業のコストを引き受けず，さらに「講習＝水中にて生存のための技術の確実なる習得」の最終的な認定者としての地位に附属するべき認定責任と，彼らが作成し，講習指導者に実施させているプログラムの欠陥があった場合や，その講習指導者たるインストラクターを認定・指導していることによって発生した責任なども一切認容しない事業形態を取っているが，この問題については後の章で述べることとする。

　次に，ダイビング指導団体が「ダイビングは安全だ」という「虚構の安全」のイメージの定着に多大な努力を払っている理由を考察する。

(2) マリンスポーツにおける事故の実態

　1999年の海洋レジャーに伴う海浜事故比較表（2000年1月4日速報[7]から）
　このデータには重要な事実が含まれている。

表 1-3

	事故者	死亡・行方不明者
サーフィン中	87人	11人
ボードセーリング中	50人	5人
スクーバダイビング中	63人※	29人※

※スクーバダイビングの事故の数は，第三章にある私の調査によるデータを入れている

　ここではプロの専門家による講習を修了して，Cカードという，多くのダイビングショップが言うところのライセンス（指導団体やダイビング業界でこのように言っていることが多い[8]）を取得して，高価な器材を使用しているダイビングの事故発生比率に注目しなくてはならない。

　一般的に，見た目にも危険な感じがするサーフィンでは，資格システムはないが87人もの事故者が発生している中，死亡・行方不明者は11人であり，50人

の事故者を出しているボードセーリングでも死亡・行方不明者数が5人であることは重要である。

この数字は，スクーバダイビングが致死的な要因を強く持つレクリエーションスポーツであることを客観的に示している。

(3) 1999年におけるスクーバダイビングの事故の実態

次に紹介するのは1999年1月1日から12月31日まで，筆者が全国の海上保安庁各組織，警察庁，県警本部，各警察署，消防庁，各消防本部，消防署，消防の支所・分室の救急隊への調査，および事故遭遇当事者，またその関係者や目撃者，救助にあたった人，あるいは遺族に対して行なった調査からの数字であり，ダイビング業界側の利益の保持を目的とした分類ではない。

特にここでは，ダイビングの講習中（体験ダイビングを含む）と，一般のファンダイビング中の事故例について紹介する。

なお，第三章において，これらの事故の詳細な分析を行なっている。また個別事例概要についてコメントを付けて添付しているのでご覧いただきたい。

表 1-4 事故発生時のダイビング形態

	事故全体に占める件数・%	事故全体に占める人数・%	内，死亡に至る件数・%	内，死亡に至る人数・%	※1999年は，事故は全部で46件発生し，事故遭遇総人数は63人。左はその内の死亡事故に関する件数と人数。
講習中の事故	9件 19.6%	10人 15.9%	6件 66.7%	7人 70.0%	
ファンダイビング中の事故	29件 63.0%	44人 69.8%	16件 55.2%	16人 36.4%	

次に，参考として，基本的に無限圧潜水をするスクーバダイビングの全体平均を示す。詳細については第三章を見ていただきたい。

ここには，一般ダイビングと同じ状況下で行なわれた業務潜水（スチールカメラ・VTR撮影，インストラクト・ガイド，警察の捜索作業など）も含んでいる。ただし，いわゆる作業潜水，また減圧潜水（基本的に軍事用が主たるもの）の事

例は含んでいない。

表 1-5

	死亡に至る件数と%	死亡に至る人数と%	※死亡者数を1998年の数字（海上保安庁調査データ）の17人と比較すると、1999年は、170.6%の伸びとなっており、ダイビング事故の致死性は一段とアップしている。
件数比率	26件 56.5%	29人 46.0%	

　以上の資料が示しているのは、講習中という、「本来人間が生存できない環境である水中においての生存のための技術を、安全に習得させるための講習」を行なう、「インストラクターの指導・監督下」で「インストラクターが、講習を行なうことも中止することも決定」でき、そして「講習生はインストラクターの指示に全面的に従う」ことを前提とした契約に基づく法的関係下において、実際に事故は発生し、そのときの死亡率もまた70%という異常な高率であるという事実である。

(4) イメージコントロール
　ダイビング業界が事故の事実を基本的に非公開にして「安全」宣伝を行なってきた理由の一つは、あくまでビジネス上の問題であろう。そのため、「虚構の安全」は必ずしも新規講習生やリピートダイバーの安全確保に貢献してはいない。
　「危険の程度にも致死的であるということは他とは質的に異なるものである[9]」と、いう記述が業界の内部レポートにあるが、安全確保のために重要な、水中での生存のために重要な技術を、十分かつ確実に講習生に習得させるためには、ダイビングショップやインストラクターに高度な指導力と安全管理能力が求められる。この部分を簡略化、あるいは一部を省いて講習やガイドを行なうと利益率は劇的に向上するが、「危険の程度」を公表することはこれを阻むことになる。そのため事故が発生した場合は全て事故被害者の自己責任とするという、「レクリエーション」ではなく「危険を受容した致死的要因の強い冒険」に挑むことと同程度の免責を求める同意書の内容が採用されている。しかし、実際には、この

「レクリエーション」に「冒険」の論理を持ちこむことによる事業形態の下で，これまで多くの事故があったことを業界自身が認識していることは前述の業界向けのレポートの中の記述でも明らかである。その上で，現状を維持していこうという意思を見ることができる一例として，PADIでインストラクターを認定する側で使うコースディレクターマニュアル（COURSE DIRECTOR MANUAL）のインストラクター・ディベロップメント・コース・カリキュラム（PADI Instructor Development IDC IOC Curriculm)」（1995年版　PADIジャパン）がある。この14-1頁から始まる「スタッフ　プレゼンテーション」の「トピック：法的責任とリスク・マネージメント」の中の「アウトライン」の「I．リスク・マネージメントの必要性」の「B．イメージ・コントロール」(14-4頁）に，「1．一般大衆と，政府機関などが，ダイビングは安全だと認識してくれている限りは，ダイビングはこれからも伸びて行くし，あまり規制されることもないはずである」とある。さらに続けて「2．そのため，事故を防止することが，道徳面からもビジネス面から見ても重要である」としている。しかし現実に業界が選択した方法は，「事故の防止」も考えてはいるが，実際には講習生や一般ダイバーにとって必要な情報である事故の実態が外部に知られるのを防ぐという行為により多大なエネルギーを払うことであり，これが「イメージ・コントロール」のために情報公開を忌避して「虚構の安全」を必要としている理由の一つであると考えざるを得ないのである。

　日本でも代表的なダイビングスポットを擁する静岡県伊東市では，2000年7月から11月までの僅か5カ月間で死亡者3名，重傷者3名，軽傷者2名となったことを受けて，2000年12月5日に伊東警察署において業者を対象に講習会が行なわれた。このとき地元協議会安全対策委員会から配布された12月5日付けの「スキューバダイビング事故防止講習会　伊東市内における安全対策活動報告」では，「ここ数年で起きている事故をみると，リーダーシップが同行している，または講習中の事故が増えてきていることがわかる」と認識していたが，「今後の事故防止および安全対策を行なっていく上で目標としなければならないことは，ダイビング活動を行なうダイバー自身が，1 ダイビングに伴うリスクを十分に認

識していること。2 ダイビングの事故予防を行なうには、ダイバー自身が"健康・体調・体力"及び"技量"を知り、自己管理を行なうことと、ダイビングを実施する際の"環境、海況、グループの技量経験"に留意し"潜水計画立案，水中での安全管理，トラブル発生時の問題解決，緊急時の初期対処等"について知識と技量の向上させる。ことであり、これを十分に理解できなければならない。そしてダイバー一人一人が知識と技量維持向上の努力を行なうようなことが，最終の目標である」（※原文のまま）と，「ダイバー自身」の問題は指摘していたが，事業者側の改善を要する問題（例えばインストラクターやガイドの不適切な人数比の問題や，講習生やファンダイバーという，その目的の異なるメンバーを同一パーティに組み込むとか，個人の技量の差に考慮せずに1人ないしは2人のスタッフで多人数を見る問題，そしてインストラクターやガイド自身の技能レベルの問題など）を指摘するには至っていない。つまり業界側が見る事故の原因は，安全に潜水を行なえる技能の講習（インストラクターのコントロール下で）という商品（技能の習得という講習結果が商品）の販売契約の下に潜水計画を作って講習を行なっている，あるいは熟知している（はずであり，またそうでなくてはならない）ダイビングポイントを安全に案内すること（インストラクターの知識や経験の下に安全にダイビングを完結させることが商品）を商品として，その商品（サービス＝安全管理も含めたノウハウ全般）の購入契約の下に潜水計画を作って案内する商品を販売した側にはなく，その商品を購入した講習生や一般ダイバーの側のみに存在するとしていると受け取らざるを得ないのである。こうして，業界側の問題を根本的に改善すべき本質的な問題提起はなされなかった。この現実は，これまで法的規制をほとんどもたらさないという果実を生んだ「イメージ・コントロール」の成功によって，今後も「一般大衆と，政府機関などが，安全だと認識してくれている」現状を変更するための自己改革の必要性は認めないという意思を強く感じさせるのである。

(5) ダイビング業界の組織形態

モデルケース（図1-2[10]）

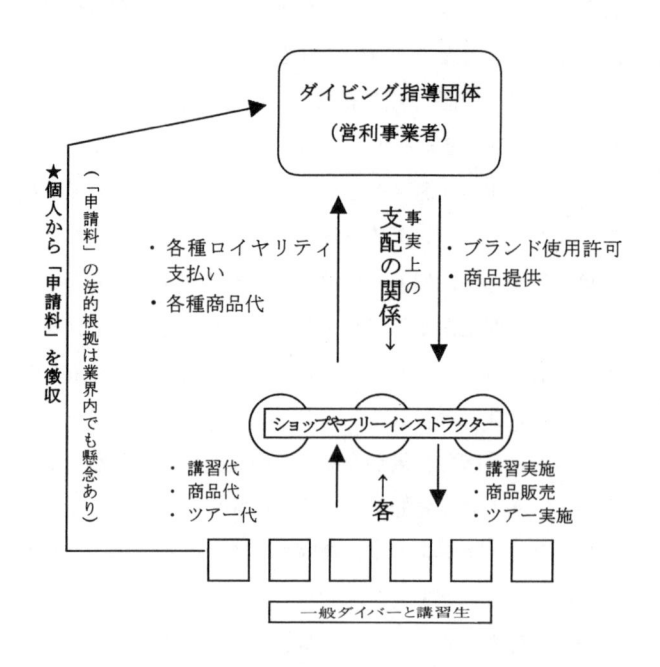

図 1-2 ダイビング指導団体による資格商法下の金銭の流れ

次は，ダイビング指導団体の主力商品であるＣカードを入手しない場合について，図1-3[11]で紹介する。これは，一般の人は，ダイビングの技術を身に付けたい場合，指導団体の商圏を全く経由しないという選択肢がほぼ存在しない状況になっていることを示している。

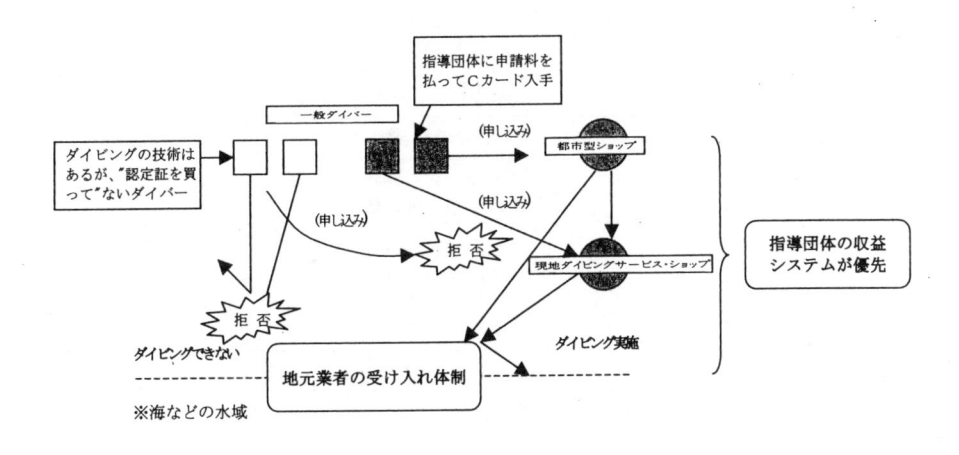

図 1-3　指導団体による「制限」のモデルケース
（これは一般的な傾向としての例である）

注・文献

1) 産経新聞 1999 年 6 月 20 日朝刊 15 版社会面 27 頁　この記事では，ダイビングの指導的立場にある識者の「ダイビングは，事故発生率がゲートボールより低い安全なスポーツ。事故の原因は本人の未熟さや潜水計画の甘さに起因している」という見解を紹介している。

　この記事の確認のための筆者の問い合わせに対して，三井海上火災保険株式会社は 2000 年 11 月 6 日に「ダイビングとゲートボールの保険リスクに差は見ていない。ダイビングは平成 8 年（1996 年）から危険なスポーツからは外れている。またゲートボールの事故についての認識は競技そのものを想定してはいない」との回答と表 1-6 のデータの提供があった。

　同様の筆者の問い合わせに関して，財団法人日本ゲートボール連合から 2000 年 11 月 6 日に「ゲートボール愛好者は約 200 万人といわれておりますが，そのうちの約 30 万人が本連合の共済見舞金制度に加入」しているとして，ゲートボールを行なっている間に死亡した方への共済見舞金支払い事例のデータの提供を受けた（表 1-7a, b を参照）。このデータからはゲートボール中の死者数がレクリエーションダイビングとさほど変わらないことを示してはいるが，その年齢構成と死亡原因を見ると，ゲートボールという「競技特性」から来るものが死亡原因ではないことは明白である。しかしながらダイビングでは，その原因は，ほとんどが溺水と減圧症に起因しており，これはダイビングという「競技特性」に起因するものであり，よって競技そのものの「安全性」

に関して，ダイビングがゲートボールより「安全」とは，少なくてもこれらのデータを見る限りにおいては言いがたい。

▶傷害保険における職種別等級（参考資料ゲートボールの共済見舞金支払い事例データ
ダイビングを職業にしている人についての傷害保険の職種級は3級である。

表 1-6

等級	危険の集合
1級	危険の少ない職業
2級	危険のやや大きい職業
3級	危険の大きい職業 ・作業潜水者 ・スクーバダイビングインストラクター ・水中カメラマン

● 三井海上火災保険株式会社提供資料（2000年11月7日）から作成

表 1-7a

年度	人数	平均年齢
1995年度	22人	74.7歳
1996年度	32人	75.6歳
1997年度	17人	76.9歳
1998年度	27人	77.2歳
1999年度	19人	72.6歳
計	117人	75.5歳
年平均	23人	75.5歳
5年間の男女別平均年齢		
	男	74.9歳
	女	77.3歳
男女別の数		
	男	89人
	女	28人

表 1-7b

傷病名	人数
急性心筋梗塞	24人
急性心不全	16人
くも膜下出血	15人
脳梗塞	10人
脳内出血	7人
心筋梗塞	5人
脳出血	5人
腹部大動脈瘤破裂	5人
その他（全て疾病）	30人
計	117人

※死亡時年齢は数え年である
※ゲートボール中の事故死者はいない

● 財団法人日本ゲートボール連合提供資料（2000年11月6日）から作成

2)（社）日本機械工業連合会/（社）レジャー・スポーツダイビング産業協会編：『平成10年度ダイビング産業に関する調査研究報告書』（1999年）のデータを参考に推定。
3) 池田知純：『日本高気圧環境医学会雑誌』 1999 Vol.34 No.1 第34回日本高気圧環

境医学会総会　予稿集』（日本高気圧環境医学会　1999年）28頁．なお，この予稿集は後に訂正され，ここではその訂正後の数字を紹介している．池田は1999年12月2日の第34回日本高気圧環境医学会総会で，訂正した数字でこの研究を発表した．
4) マリンダイビング編集部編：『海で死なないための安全マニュアル100―潜水事故なんか怖くない！』（水中造形センター　2000年）の表紙タイトルから．
5) (社) 海中開発技術協会編：『'91レジャー・ダイビング年報　レジャー・ダイビング産業実態基礎調査　報告書』（1992年）
6) スクーバダイビング事業協同組合：『21世紀・日本のダイビング業界はどうあるべきか』（1999年）27頁　これは業界内向けの本であるが，それゆえに，ダイビングその業界についての問題について率直に述べている．Cカードの問題については，現在の業界の実態を踏まえ，その本来のあるべき姿を，「Cカードは講習の修了結果を保証するもの」で，業者において「よくある誤解は品質保証が講習の「内容（過程）」に対して行なわれるという考えである」と警告し，「品質保証がなさるべきは講習の「結果」に対してである」と結論付けている．ここからは，業者の講習責任，指導団体の認定責任（いずれも技量を習得したことをCカードで保証する側）についての明確化を想起させる．Cカードの「申請料」についての同組合の見解ついては，注(16)で詳しく述べているので参照されたし．
7) 海上保安庁警備救難部：『平成11年の要救助船舶及び人身事故の発生，救助状況について（速報）』（2000年1月4日付）
8) 中田　誠：『ダイビング生き残りハンドブック』（太田出版　1999年）参照
9) スクーバダイビング事業協同組合：『21世紀・日本のダイビング業界はどうあるべきか』（1999年）25〜26頁　特にダイビングの致死性に関して，「危険の程度にも致死的であるということは他とは質的に異なるものである」（25頁），「ダイビングの本質に危険性は深く関与している．一呼吸を間違えばパニックになって，その対処を誤れば生命の危機に直面する」（26頁）としている．なお，この本は業界内部向けであるため，基本的に一般の人の目には触れない．
10), 11)の図は，中田　誠：［レジャーダイビング業界の現状について］『日本スポーツ法学会年報第6号』（早稲田大学出版部　1999年）の図1，図2　122頁から．弱冠の修正あり．

第二章 資格商法としてのスクーバダイビング

　文中で,「資格商法」と表現しているものは,民間企業などがレクリエーションスポーツの中で任意に設定した資格を,必ずしもその技能の修得の結果を表現するものとしてではなく,資格そのものの販売が目的となっていると思われる事業形態のこととする。

1. レクリエーションスクーバダイビング業界[12]

　SSIというダイビング指導団体によると,日本国内の各団体（約40）のシェアは次のようになる[13]。

表 2-1　外資系

名称	本部	シェア	出資会社	
PADI	アメリカ	50%	西武	※PADIは,自らのシェアを60%や70%等と宣材などで紹介しているが,ここでは公平を期すためにSSIの数値を採用した
NAUI	アメリカ	10%	JR関連会社など	
BSAC	イギリス	8%	ニチイ	
SSI	アメリカ	7%	日本テトラ	
NASDS	アメリカ	3%	アメリカ	

表 2-2　民族系

団体レベル	シェア
JP, JUDF, J-, ADS, SEA 等	15%
個人レベル	シェア
JDU, AAA, KDS 等	7%

(1) ライセンス（民間資格）販売というスクーバダイビング業界の特色
①指導団体（基本的に事業会社）が市場を独占しており,指導団体の商圏を一度

も経由しないでダイビングの技術を習得し，またダイビングを行なうということは，一般の人には事実上不可能であり，レクリエーションダイビングを行なうことを希望する消費者側には，基本的に彼らの商品を購入する以外に選択の余地がない。

② 一見平凡に見えるレクリエーションダイビングであるが，他のレクリエーションスポーツと異なって，一瞬の異常事態によって，単に身体の傷害だけでなく，生命まで失うという致死的な要因が顕著である。

③ 事故を防ぐために必要な事故情報が一般のダイバーの目に触れる事は極めてまれである。たまに報道される場合は事実と異なる内容になっていることもある。

④ ダイビング業界のシステムとして，契約に基づく講習中に，基本的な安全配慮義務（注意義務）がなされないことに起因する事故であっても，故意・過失にかかわらず業者側のみが一方的かつ全面的な免責を主張している。

次にダイビング業界の頂点に存在する指導団体の事業規模を例示する。

(2) 指導団体の事業規模

表 2-3　(株) パディジャパン (PADI)[14]

	売上	利益	配当	申告所得
1997年	1,282(百万円)	5,500(万円)	10%	15,545(万円)
1998年	1,357(百万円)	8,900(万円)	10%	17,258(万円)

PADIは，日本国内の経済規模が縮小傾向にあり，また新規ダイバー数も漸減傾向(注27)の表2-5参照)にある中でも着実に売上を伸ばしていた。同じく指導団体として業界で第2位程度に入ると思われる大手のNAUIも，株式会社ナウイエンタープライズとして，「ナウイエンタープライズは，将来，ヨット，クルーザー，サーフィンなどへの幅広いマリンレジャーへの進出を計画しており，マリンレジャークラブやスポーツライセンススクール，ツアー，イベント開催などへの業容拡大

を図る方針」[15] というように，成功事例である"ライセンス"事業を核として業容拡大を目指している．

(3) 指導団体の事業手法の考察

　一般的な指導団体の成功のポイントとは，ダイビングの講習プログラムとショップ運営のノウハウをフランチャイズのような形態をとってショップなどに販売（コンサルティング）し，またそのショップやインストラクターが講習を行なったことを証明する権利を，実際に講習を行なった側に認めず，講習修了者が無条件に「申請料」という名目で指導団体に送金しなければ講習の修了を証明するCカード（認定証）が得られないというシステムを完成させた事にある[16]．これは，自社ブランドの認定証（Cカードのこと．業界ではライセンスと言っていることも多い[17]）の排他的（講習を行なった現場で講習の修了を証明させないこと）発行権を握り，これがないと，一般的に講習修了者がダイビングができないような環境を日本全国に広めたことによって実現した．また指導団体の講習プログラム中の責任の所在についても，そのプログラムを作成して販売し，かつ，その自分のブランドの下にダイビング技術の指導を行なうインストラクターを認定し，その彼らから年会費を徴収することによってメンバーとしている指導団体本体が，そのプログラムやインストラクターの講習技術に起因することで発生した事故であっても，過失の有無に関係なくいかなる責任も一切負わないと宣言している免責同意書[18]（PADIでは契約書と位置付けている）の存在も重要なポイントである．実際に事故が発生しても，それに対する故意あるいは過失責任を全面的に否定して，事故に遭った本人に全ての責任を負わせる事業マネジメントを行なっている．これが2000年まで基本的な業界システムとなっている[19]．

　本来，ダイビングにおいて，事故を防ぐことを主たる目的とした技術を習得するための講習を修了したことを証明するCカードは，それを保有している者の技術の証明に大変に便利な手段である．しかし，致死性が高いダイビングにおいて，講習の目的である安全性の確保の技術講習が真摯に実施されることは少ないのも現実である．この，もっとも収益性を圧迫する「安全確保」に関する部分を，

経済性の追求ほどには重視しない（多くの事例からそう思われる）ことによって，ピラミッド型の事業構造をもつダイビング業界は，その上部に位置するほど高い収益性を確保するに至った。

　このように，個別の製造原価がかからない，自由に設定できる任意資格の販売を主たる収入源とする事業会社として継続して発展・成長しつづけることを目標とする場合，本来，講習生やダイバーがダイビングの技術講習を受けて確実に自らの安全確保のための技術を修得したことを確認して証明するための手段として存在するはずのCカードが，それ自体をいかに効率よく，かつ数多く発行して，またその発行に伴う各種コストを極力削減し，いかに大きな収益を確保するかの手段商品へと変質していったこと（経済性の追求）は否定できないし，これは通常の営利事業者にとってはごく自然な行為ではある。こうして，最も効率的な集金方法として現在の申請料のシステムが確立されたのである。つまり，Cカードという，保有者自身の生命にかかわる技術の修得レベルの証明が，その証明のための品質保証作業が直接行なわれないままに（後日の販売責任を負うことも拒否）商品化し，その商品購入者である講習生から一方的に金銭を徴収するシステムとしての資格商法が確立されたことは，その可能性ある弊害として，多くの講習現場において指導の怠慢と安全配慮義務の軽視をもたらす危険性を増大させ，結果的に長期にわたって事故を誘発する原因となり，さらに被害者の救済が十分になされないということが起こっている（と考えられる）。これは注目すべき問題であり，広く社会問題として認識すべきことである。

(4) 独占による選択肢の制限

　その功罪の軽重には，寄って立つ立場によって議論のあるところであろうが，指導団体の事業展開によって，ダイビング指導団体の商圏経由（申請料の支払い）のCカードを保持していない場合，実際に自らの持つ経験と技術レベルに関係なくほとんど全てのダイビングポイントで，ダイビングに必要な圧搾空気を入れたタンクのレンタルを拒否されたり，ダイビングショップのツアーに参加できないという業界形態が構築されている。そのためダイバーには，ダイビング技術を

習得するための方法と機会について事実上指導団体の講習以外に選択の余地がない（多くの場合，プロの作業ダイバーや自衛隊の潜水部隊の出身者でさえCカードが要求される）。これが，講習生に安全のための正確な技術を習得させた後の付属物であるべきCカードのあり方が，そのカードの販売そのものが目的であるという「資格商法」へと変質して大きな弊害を生む原因となっているのである。販売促進策としての，資格取得（上位のランクのCカード）に伴う達成感の演出は盛んである。しかし，実際には最も必要な，資格に見合ったダイビング技術の習得の確認が，「最終認定」を行なう指導団体によって直接にされることはないのである。

(5) P型事業モデルの成功

※P型（全面的（Perfectly）に業者の免責を消費者に要求することを基礎とした事業形態）

ほぼ同じ事業形態を取る外資系の大手指導団体が，1994年「レジャーダイビング認定カード普及協議会（Cカード協議会）」という業界団体を設立した。参加メンバーをそのブランド名で言うとBSAC,NASDS,NAUI,PADIである。ダイビング業界の現在の利益の柱であるCカード申請料を生み出す新規ダイバーの数において，Cカード協議会参加事業者の成功が読み取れる。

表 2-4

	1998年	1999年	増減率
全体	83,512人	77,290人	93%
内数としてのCカード協議会の数	53,174人	56,540人	106%
Cカード協議会の全体の中でのシェア	64%	73%	---

（Cカード協議会ホームページ http://c-card.org/index3.html （2000年8月）と，注27の表2-5から）

(6) 業界形態への危惧

ある，講習中の事故における判例[20]では，被告人インストラクターの過失（注意義務違反）との因果関係にふれて，インストラクターの「注意義務」につ

いて,
「潜水講習においては, 潜水指導者が絶えず受講生のそばにいてその動静を注視すべき注意義務を負うことはいわば当然」と判断された。

この講習中の「注意義務」については, インストラクターが講習生を見失って一人で漂流せしめた事故においての民事裁判[21]でも,「受講者の安全を確保しながら海洋実習を行なう責務のある指導員」と, そこに不法行為が存在したと判断している。しかしそれにもかかわらず現実には, レクリエーションスポーツで「資格商法」の成功をもたらすためのノウハウとして, 安全性向上のための施策よりも高い位置付けで責任逃避を積極的に行なう意思の現われと思われるシステムがあり, 申請料システム[22]を効果的に運用することが標準化[23]され, Cカードの本来の意味するところと乖離した現実が生まれている。

千葉正士は「事故と危険を十分に予防し, それでも万一事故が起こった場合に敏速・的確に対処する手段は, 実際上は, 当事者自身の慎重で周到な注意と配慮, そして各当事者の責任原則を明定する事前の取り決めしかありません。通常のスクーバダイビングならば, ダイバー自身が技術・方法に習熟すること, インストラクターが適切に指導すること, そして, 業者が個々でも団体でも自己自身の規約類と利用者との契約で安全体制を保障すること」[24]という提言を行なっている。この提言を生かした, ダイビング指導団体と講習生やダイバーとの間の平等な関係の構築こそが望まれるのである。

(7) ダイビング業界の成功要因の総括

① いわゆる"ライセンス"(Cカード=講習修了認定証)に公的意味を持つかのような形態をとって資格化し, さらに資格の発行権を, 講習を行なった現場に認めずに指導団体が排他的に握るという形で分離したことによるCカード(申請料)システムの構築。

② Cカードシステムの全国展開による, 消費者側の技術習得の方法の選択の自由を事実上失わせしめることになった「申請料」に依存する営利事業者による事実上の独占体制の構築。

③「ダイビングは安全である」(ダイビング業界とダイビングマスコミの一般的な主張)という，事実と異なる「虚構の安全」の宣伝の成功。

④アメリカにおける危険の引き受け（承認）の法理（Assumption of Risk）（日本ではダイビング事故訴訟では採用されていない[25]）を展開[26]することによる業者側のみの一方的な免責の主張を行なうことによる一定の成果。

⑤ダイビング指導団体の海外本部からの，「資格商法」運営ノウハウの流入の継続。

以上の要因を，今後レクリエーションスポーツにおける民間資格の販売システムから排除して行くことが，将来生まれてくるであろう同様の商業レクリエーションスポーツ産業の健全なる発展を促すものとなるであろう。

2. 致死性スポーツにおける資格商法展開の問題

今後もさまざまなレクリエーションスポーツで，「スクール」業界が誕生・発展してくると思われるが，そこに安全のための統一基準を設けるという主旨の民間資格を持ち込む場合には，その資格を管理する組織が利益と成長を追求することになった場合，結果として目的と手段が逆転する可能性が高くなり，管理組織自身が利益の拡大を追及するためにそのシステムを有効利用していこうとなっていくであろう。これは，営利事業組織のあり方としてはごく自然な現象であるとも言えるが，その際モデルとなるのが，成功事例としての事業ノウハウが確立しているスクーバダイビング業界のあり方であると推定(注12)を参照)することは自然である。

致死性が高いスポーツへの商業的アプローチが盛んになってくるであろう将来を考えれば，安全のための指針を規定すべきことは大変重要である。しかしそれには，例えば1989～1999年の11年間だけ見ても，累計で実に274人[27]（これに加えて，1993～1999年に，海外でダイビング中に死亡した日本人は判明しているだけで32人に及ぶ。表3-14, 15を参照）もの死亡者が出ているダイビング事故の主要な原因の一つを誘引している「資格商法」の弊害の是正を考えることが必要であり，しっかりとした法規制も不可欠である。それがなされない限り，消

費者の安全をより高めた健全な商業レジャースポーツの発展は望めないのである。

　スクーバダイビングは，かつては一部の人々の間で生命の喪失をも視野に入れたリスクの高い一種の「冒険」としての要素を強く持って行なわれていた。その当時は実行者による危険の引き受けはごく自然なことであり，そこに異論が入りこむ余地はないであろう。またその当時には，例えば「泳げなくてもダイビングはできます」というような認識はなかったに違いない。そういった先人たちの努力を経て，今やスクーバダイビングはレクリエーション商品となり，スクーバダイビング業界がサービス産業として確立するに至った。しかし，サービス産業の一般向け「商品」を販売する以上，そこに真の意味での「冒険」は存在し得ないのであり，またかつての「冒険」の時と同じような「危険の引き受け」の論理を持ちこみ，かつ存在せしめてはならないのである。これは全てのサービス産業の中で一般向けに商品化されたアウトドア・レクリエーションスポーツに共通すべきことである。

　現在，ダイビング業界では，この「冒険」当時の「危険の引き受け」を強く事業の中で利用しているのはＰ型免責同意書（本書第五章　免責同意書問題を参照）などを採用している指導団体とそのショップおよびインストラクターである。主として民族系の指導団体とショップやインストラクターでは，Ｐ型と多少異なる免責同意書を使用しているところもあるが，これらの指導団体なども「冒険」においての「危険の引き受け」を，その程度の差はあれ採用し，一般消費者に要求している。さらに両者とも「申請料」徴収システムとしてのＣカードシステムを事業の柱としている。そしてこの現在のＣカードシステムは「冒険」時代の「危険の引き受け」を採用することによって大きな利益を上げているのである。

　ダイビングの事業者による講習という商品は（ファンダイビングであっても），致死的要因の強い「冒険」ではなく，レクリエーション（レジャー）商品として販売されており，消費者が安心してそのレクリエーションが行なえるような技術と知識を確実に身につけさせなければ直ちに致死的要因が顕著に現われてくるという特性を持った商品なのである。この特性は明らかに他の商品とは質的に異なり，そしてまた，これは講習の過程ではなく，講習生にとって正しく習得された

という「結果」こそが商品なのである。したがって，この商品である「結果」に対して，それを販売している現場ではなく指導団体という組織が，その販売の最終局面に介入して「申請料」を徴収することでCカードを発行することから大きな利益を得ることを事業の柱としていることは，「結果」という商品に附属する責任の所在をあいまいにしやすくし，このあいまいさが，レクリエーションの中に「冒険」の危険を誘引し，そのリスクを「自己責任」という語句によって（本来のあるべき自己責任としてではなく），事業者リスクを消費者に負担させることになっているのである。

　このような，「申請料」というものを事業の柱とすることが，消費者の生命身体の保護にとって大きな障害であることが明らかである以上，現在事実上法規制がないCカード（申請料）システムから利益を得ることを，法的規制によってなさしめていくことこそが，国民の福祉として，安全にスポーツを行なうことを求めている人々に対して必要な環境整備と言えるであろう。

注・文献

12）他の業界の事情については，中田　誠：［レクリエーションスポーツに浸透する資格商法の弊害］『日本スポーツ法学会年報第7号』（早稲田大学出版部　2000年）120～129頁を参照されたし。
13）SSI内部資料『メンバーシップガイド』（1998年）
14）帝国データバンク：1999年10月5日付資料から作成
　　PADI（パディ）。株式会社パディジャパン　設立1982年5月　資本金8,000万円　帝国データバンクのデータでは従業員37人。業種は経営コンサルタント業を主として書籍卸売業を従としている。（以上，帝国データバンク　1999年10月5日付資料から）PADIは指導団体としては国内最大で，業界で50％を超えるシェアを誇る。業界の2位以下のシェアは最大でもこの数分の1以下である。PADIは各種業界団体などで強い発言力をもつ。
15）沖縄タイムズ：1989年8月11日　朝刊11頁
16）このCカードシステムとは，ダイビング業界の主要な事業者が参加しているスクーバダイビング事業協同組合が発行したダイビング事業者向けの本，『レジャーダイビング・ビジネス・ガイドライン』（スクーバダイビング事業協同組合　1995年）の29頁で，「レジャーダイビングの今日的意味あるいは位置づけ（ポジショニング）」として，「レジャーダイビング産業においては，（中略）講習とかガイドといった提供サービスの市場商品化である。これはCカードのシステム等によっていち早く実現されようと

してきたものである」と，そのシステムの実現を目的としてきたことを認めている。また同書の 26～27 頁では，この C カードシステムにおいて，本来，講習などを行なった後に僅かな実費だけで実際の講習先で事務的に発行されるのが自然な「講習修了認定証」，いわゆる C カードを，公的資格をイメージさせるような演出をして，講習生から，その資格の発給を担保にして「申請料」を「徴収」することで，指導団体がそこから大きな利益を獲得していることに対しては，「「C カード」は，講習終了の認定証であり，なんら公的な資格を証明するものではない。したがって，認定証の発行のみを別途料金を表示ないし徴収して行なうことが適切かという問題を含んでいる」とし，さらに「C カード申請料」という表現は，「「申請」という表現が公的機関に対してなされるという印象を与え，C カードが公的な資格であるかのような誤認を与えるので不適切である」と自らの事業形態への疑問を表明している。ただし，この業界内部の見解は，通常は一般ダイバーの目に触れることはない。

17) 中田　誠：『ダイビング生き残りハンドブック』（太田出版　1999 年）196～198 頁
18) 第五章「免責同意書問題」を参照
    『レジャーダイビング・ビジネス・ガイドライン』の「「標準ダイビングサービス業モデル約款」の解説」では，「SAMPLE」として「ファンダイビング参加申込書」を提示している。これについては本書第五章「免責同意書問題」とその中の「消費者契約法」を参照されたい。このモデル約款では P 型（第五章参照）の文言を採用し，この中の「誓約事項」は P 型免責同意書とほぼ同じ物である。そして，文言は，無条件に事業者側のみを免責し，記入する消費者側には，死亡を含む損害に至っても業者と交渉する権利すら認めていないものである。
19) 第五章の「消費者契約法」の項を参照
20) 「業務上過失致死被告事件」1992 年 3 月 11 日，大阪高等裁判所結審〔刑集 46 巻 9 号〕683 頁
21) 「死の恐怖による慰謝料（25 万円）が認められた事例」〔損害賠償事件，東京地方裁判所，昭和 61 年 4 月 30 日民事第二四部判決，一部認容・確定，昭六〇（ワ）第二二六〇号〕（判例タイムズ　629 号）
22) 「年間 1,500 人分の申請料がはいればやっていける」　1995 年　民族系某団体の理事長へのインタビューから。
23) 『日本スポーツ法学会年報第 3 号』（早稲田大学出版部　1995 年）の拙稿〔スポーツダイビング業界における「免責同意書」の実態〕118～128 頁で免責同意書問題をその一つとして取り上げており，また 1999 年に出版した拙著『ダイビング生き残りハンドブック』（太田出版　1999 年）第二部 257～288 頁の中でも言及している。
24) 千葉正士：〔中田誠氏のダイビング事故資料について〕「ダイビングで死なないためのホームページ」（http://www.hi-ho.ne.jp/nakadam/diving/index.htm　1999 年 2 月 16 日寄稿）
25) 松田政行法律特許事務所・松田政行・早稲田裕美子（訳・日本語版著作）：『The Law and Diving Professional』（日本版第 7 刷　パディジャパン 1998 年）47 頁　「わが国においては，原則として「危険の承認」理論は訴訟において採用されていない」と

翻訳者である弁護士が本文にコメントを付けている。

26) PADIインストラクターマニュアル付録 GENERAL STANDARDS AND PROCEDURES A-32 1997年改訂の「PADI免責同意書」では，これを「ここに記載されている条件が契約であって単に注意書にとどまるものではない」(20行)としている。

27) エントリーレベルCカード（オープンウォーター）認定数の推移(暦年)と事故数比較
※1997年3月発行の（社）海中開発技術協会『平成8年度ダイビング産業の実態に関する動向調査報告書』と1998～2000年の各年発行の（社）レジャー・スポーツダイビング産業協会編，平成9, 10, 11年度の『ダイビング産業の実態に関する動向調査報告書』より編集。但し，表の「'99」の「事故者総数」以下の数字は著者の直接調査による数字を用いた。

表 2-5

	'89	'90	'91	'92	'93	'94
単年度(人)	60,460	56,992	59,531	54,355	80,660	91,977
累計数(人)	191,870	248,862	308,393	362,748	443,408	535,385
発行数対前年伸び率	168%	94%	104%	91%	148%	114%
事故者総数(人)	55人	64人	58人	62人	50人	69人
事故数対前年伸び率	108%	116%	91%	107%	81%	138%
死亡・行方不明者	30人	27人	31人	20人	26人	29人
死亡・行方不明者比率	55%	42%	53%	32%	52%	42%

	'95	'96	'97	'98	'99
単年度(人)	97,999	88,750	87,572	83,512	77,290
累計数(人)	633,384	722,134	809,706	893,218	970,508
発行数対前年伸び率	107%	91%	99%	95%	93%
事故者総数(人)	30人	52人	37人	33人	63人
事故数対前年伸び率	43%	173%	71%	89%	191%
死亡・行方不明者	17人	31人	17人	17人	29人
死亡・行方不明者比率	57%	60%	46%	52%	46%

※1989年から1999年までの日本国内での死亡・行方不明者数合計は274人である。
※以上に加えて，1993～1999年までの，海外における日本人ダイバーの死亡者数は判明しているだけで32人である。

第三章　ダイビング事故の事例研究

　事故の事例は，主に1999年に筆者が調査したものから分析する。各データは，海上保安庁，全国各海上保安部，全国の警察組織，また全国の消防組織，同じく全国のダイビングショップ，インストラクター，事故当事者，目撃者，各業界関係者，地元ダイビング協会，ダイビング関連業者，報道関係者などに対して筆者が直接行なった調査によるものである。

1．1999年中，日本国内事例紹介

▶事例分類上の種別記号の説明
- ○は回復，△は怪我・減圧症など，▲は後遺障害あり，●は死亡・行方不明…1人に1個
- スタイルに「単」とあるのは，単独ダイビング，あるいは講習中やバディ潜水時などに，本人の意に反して単独状態に置かれたときに起きた事故のこと。
- スタイルに「反」とあるのは，イントラの安全配慮義務（注意義務）違反と思われるもの。
- スタイルに「自」とあるのはダイバーの自責と思われるもの（海況の判断ミス，無理なダイビングや病気も含む）。自分の意思による単独行動中の事故は原則として全て自責と分類。
- スタイルに「業」とあるのは業務的ダイビングのためと思われるもの。
- スタイルに「他」とあるのは，外部の人為的なミスによると思われるもの。
- スタイルに「不」とあるのは，情報が少なく分類できないもの。
- 「ファン」とはファンダイビングの略で，「イントラ」とはインストラクターの略のこと

※自然条件による分類はしない。それは自然条件が悪いときは，本来ダイビングを中止すべきであるからである。
※「スタイル」の判断は私見である。

表 3-1 1999 年 国内事故状況表

	発生日	県名	ポイント	事故者	分類	概要	結果	スタイル
1	1/1	沖縄	与那国島沖	男(19)	業務中	ガイド減圧症事故。1日3本	△	業
2	1/17	沖縄	恩納村	男(31)	ファン	バディが見失う。水中で気を失っていたのを発見。エア切れ事故	○	単不
3	3/20	東京	小笠原	男(49)	業務中	単独で鯨を撮影中に行方不明	●	単業
4	4/29	山口	下松市深浦沖	男(58)	ファン	水面で足がつり溺死	●	自
5	5/1	沖縄	下地島沖	女(24)	ファン	下半身マヒ等の減圧症。再圧治療	△	自
6	5/5	沖縄	恩納村	男(34)女(35)	ファン	悪天候で漂流	○○	自
7	5/23	岡山	玉野市	男(53)	ファン	経験30年。浮上途中水没。翌日遺体で発見	●	自
8	5/29	静岡	土肥	女(61)	ファン	急性心不全	●	自
9	6/20	長崎	佐世保市 高後埼沖	男(26)男(36)	ファン	浮上したところ船舶に接触	△△	他
10	6/27	和歌山	西牟婁郡串本町 須江 通夜島沖	男(61)	ファン	単独行動中。仰向けに浮いているのを発見	●	単自
11	7/5	神奈川	茅ヶ崎市 烏帽子岩近辺	男(41)	ファン	水中で単独行動中。心筋梗塞	●	単自
12	7/5	沖縄	宮古島沖	男(30,33,37)男(38,39)	ファン	ドリフトダイビング後漂流	○○○○○	他(自)
13	7/6	神奈川	江ノ浦	女(21)	講習中	イントラ見失う。比率1対7	●	単反
14	7/20	和歌山	串本	女(20代)	講習中	イントラが気づくと意識喪失	○	自
15	7/24	神奈川	三浦剣崎 灯台沖	男(42)	ファン	潜水終了後、バディの落としたフィンを取りに水深3mにもぐって意識障害。経験20年	●	自
16	7/31	和歌山	東牟婁郡那智勝浦町那智海水浴場	男(55)	講習中	潜水が終わって水面移動中に意識障害、水没	○	自
17	8/7	東京	伊豆大島秋の浜	女(36)	ファン	イントラ見失う。バディは写真撮影中	●	単反
18	8/11	和歌山	串本	女(26)	講習中	イントラ見失う。OW講習で書類をごまかしてナイトロックスガスを使用。海況悪し。水深40m	●	反
19	8/11	和歌山	北港魚釣公園	男(50)	ファン	単独ダイブ中。テトラに器材がはさまれて窒息死	●	単自
20	8/14	東京	八丈島	女(50代)	?	水面でスクリュー巻き込み	△	他
21	8/14	新潟	佐渡島両津港	女(47)	講習中	イントラ、海から上がって事故者がいないのに気づく	●	単反
22	8/14	福井	越前沖	女(47)	ファン	イントラが後で沈んで行くのを発見	●	反
23	8/17	沖縄	恩納村	男(40)女(32)	ファン	漂流。海況悪し。男は溺水で入院	△○	自自

No.	日付	都道府県	場所	性別(年齢)	状況	内容	結果	分類
24	8/18	兵庫	神戸市垂水区沖	男(27)	ファン	潜水終了後，上陸中水深0.5mのところで倒れて水没。溺死	●	自
25	8/21	静岡	伊東市富戸	男(20代)	業務中	ガイド中のヨーヨー潜水による減圧症。植物状態から回復。強い後遺傷害	▲	業
26	8/22	北海道	積丹沖	男(28)男(28)	ファン	漂流。海況悪し。ダイバーとショップのミス。翌日自力で上陸	○○	自他自他
27	8/25	兵庫	淡路島	男(54)	ファン	水中で単独行動中。水面で発見	●	単自
28	8/27	高知	大月町浦葵島(びろうとう)沖	男(39)	ファン	漂流。単独行動中。	○	単自
29	8/29	京都	舞鶴冠島	男(40)男(35)	講習中	水面で溺死	●●	反反
30	9/1	福井	越前沖	女(20代)	講習中	漂流。海況悪し。比率1対5	○	反
31	9/6	沖縄	恩納村	男(29)	体験	イントラ気づかず，事故者は水深2mのところで発見	●	単反
32	9/8	沖縄	石垣島	女(22)女(19)	ファン	水面で船舶に接触	●△	他他
33	9/10	静岡	伊東市富戸	男(21)	？	潜水終了後，上陸途中でフィンを流して，それを取ろうとして溺水。イントラが救助	○	自
34	9/19	静岡	伊東市赤沢	女(24)	講習中	イントラの注意義務違反。水深40mの海底で発見	●	反
35	10/10	静岡	神子元島沖	男(29)女(32)	ファン	強い流れでバラバラになる。浮上後，ボートの捜索ミスで漂流	○○	反
36	10/12	兵庫	神戸市垂水区舞妓ヶ浜海岸	男(57)	ファン	水深30mのところでライトをつけたまま死亡していた。初心者	●	単自
37	10/15	静岡	神子元島沖	男(62)男(21)	業務中	ビデオ撮影中，強いダウンカレント発生。62歳男は急浮上による肺破裂。21歳男は行方不明	●●	業業
38	10/16	神奈川	横浜市金沢区沖	男(61)	ファン	単独ナイトダイビング中。心筋梗塞。経験10年	●	単自
39	10/27	沖縄	真栄田岬	男(42)男(49)	ファン	海況が悪い中，ナイトダイビング。水面で漂流し，1名溺死。	●○	自自
40	11/6	北海道	大成町平浜	男(41)	業務	死後数日して浜に流れ着く	●	自単
41	11/13	静岡	伊東市富戸	女(24)	ファン	ドライスーツの扱い技量不足。水面でテトラに打ちつけられ水没	●	自
42	11/16	高知	大月町	男(30)男(23)	業務中	遭難者を捜索中水没。海底で発見	●●	業業
43	11/26	静岡	伊東市八幡野沖	女(57)	ファン	浮上したところ意識障害になって浮かんでいた。約1ヶ月の入院後死亡。直接の死因は脳溢血。	○(後日●)	自
44	12/26	静岡	伊東市富戸	男×4女×1	ファン	水深30mから全員急浮上。減圧症で2人入院。3人軽症	△△△△△	自
45	12/29	高知	宿毛	男(52)	ファン	浮上時，船のスクリューに接触	▲	他
46	12/31	静岡	伊東市富戸	女(40)	ファン	浮上後，減圧症の症状	△	不

2. 事故内容分析

①全体における死亡事故発生件数と比率

表 3-2

	事故数	●	●比率	コメント
件数	46 件	26 件	56.5%	事故者中、○は10人、△は14人、▲は2人。○の内1人はCPRを受けて息を吹き返した後入院し、入院1ヵ月後に脳溢血で死亡。▲1人は重度後遺障害。
人数	63 人	29 人	46.0%	

②事故分類（※計の％は全体数に対する比率。それ以外は分類項目に対する比率）
　複合事故は、よりトラブル度合いが高い方を取って集計。

表 3-3

分類		計	○	●	△	▲	コメント
講習中 (体験1含)	件数	9 件	3 件	6 件	---	---	発生件数の66.7%が死亡事故に至り、人数の70%が死亡している。事故時の致死率は70%。
	%	19.6%	33.3%	66.7%	---	---	
	人数	10 人	3 人	7 人	---	---	
	%	15.9%	30.0%	70.0%	---	---	
ファンダイブ中	件数	29 件	7 件	16 件	5 件	1 件	○の1名は入院1ヵ月後死亡。 件数中55.2%が死亡事故。 事故者中の致死率は36.4%
	%	63.0%	24.1%	55.2%	17.2%	3.4%	
	人数	42 人	15 人	15 人	11 人	1 人	
	%	66.7%	23.8%	23.8%	25.0%	2.3%	
業務中 ※※	件数	6 件	---	4 件	1 件	1 件	業務中の事故発生時の件数の66.7%が死亡事故で、事故者の75.0%が死亡。またファンダイブのガイド中に事故に遭遇して（）の1人が死亡している。
	%	13.0%	---	66.7%	16.7%	16.7%	
	人数	8 人 (10 人)	--- (1 人)	6 人 (7 人)	1 人 ---	1 人 ---	
	%	17.4% (21.7%)	--- (10.0%)	75.0% (70.0%)	12.5% ---	12.5% ---	
不明	件数	2 件	1 件	---	1 件	---	事故原因不明者の死亡事故はない。助かったために記録が残りにくいためと思われる。
	%	4.3%	50.0%	---	50.0%	---	
	人数	2 人	1 人	---	1 人	---	
	%	3.2%	50.0%	---	50.0	---	
計	件数	46 件	10 件	26 件	7 件	2 件	発生件数中56.5%が死亡事故。事故者の46.0%が死亡。
	%	---	21.7%	56.5%	15.2	4.3%	
	人数	63 人	19 人	29 人	13 人	2 人	
	%	---	30.2%	46.0%	20.6%	3.2%	

※1998年の死亡者は17名だったので，死亡者人数は前年比約170.6%の伸び。
※※ファンダイブのガイド中に，客と共に事故に巻き込まれたガイドに関しては，ファンダイブ中の事故遭遇人数から引いて，その人数のみを「業務中」の分類に（　）に入れて表示した。

③事故種類概観（一部のみ取り出してみた）…1件に複合事故あり。

表 3-4

分類		計	○	●	△	▲	コメント
病死が明白	件数	3件	---	3件	---	---	ダイビング中に重度の病気が発生した場合は全て死に至っている。
	%	6.5%	---	100%	---	---	
	人数	3人	---	3人	---	---	
	%	4.8%	---	100%	---	---	
漂流	件数	8件	6件	1件	1件	---	平成11年(1999年)は漂流中の死亡事故が1件のみだった。
	%	17.4%	75.0%	12.5%	12.5%	---	
	人数	17人	15人	1人	1人	---	
	%	27.0%	88.2%	5.9%	5.9%	---	
船舶と接触・衝突	件数	4件	---	1件	2件	1件	船舶と衝突，またスクリューへの巻き込み事故の中で，死亡者が1人ですんだことは幸運である※。
	%	8.7%	---	25.0%	50.0%	25.0%	
	人数	6人	---	1人	4人	1人	
	%	9.5%	---	16.7%	66.7%	16.7%	

④ダイビング形態別概況（スタイル別）

表 3-5

分類		計	○	●	△	▲	コメント
単独（単）	件数	13件	2件	11件	---	---	スタイル別の単独時，件数で28.3%，人数比で20.6%。致死率は84.6%と高率である。
	%	28.3%	15.4%	84.6%	---	---	
	人数	13人	2人	11人	---	---	
	%	20.6%	15.4%	84.6%	---	---	
安全配慮義務違反（反）	件数	10件	2件	8件	---	---	スタイル別の安全配慮義務違反は，件数で21.7%，人数で19.0%。致死率は75.0%である。
	%	21.7%	20.0%	80.0%	---	---	
	人数	12人	3人	9人	---	---	
	%	19.0%	25.0%	75.0%	---	---	

⑤講習中(体験ダイビングを含む)の安全配慮義務違反

※講習中全体の(反)の比率は,講習中全体数から見た比率である。

表 3-6

分類		計	○	●	△	▲	コメント
安全配慮義務違反(反)	件数	7件	1件	6件	---	---	講習中にインストの安全配慮義務違反があると,件数で85.7%の死亡事故。致死率は87.5%。
	%	15.2%	14.3%	85.7%	---	---	
	人数	8人	1人	7人	---	---	
	%	12.7%	12.5%	87.5%	---	---	
講習中の(反)の比率	件数	7件	1件	6件	---	---	講習中の死亡事故は,全てインストラクターの安全配慮義務違反に起因している。
	%	77.8%	33.3%	100%	---	---	
	人数	8人	1人	7人	---	---	
	%	80.0%	33.3%	100%	---	---	

　講習中(体験ダイビング中)は,インストラクターと講習生(体験ダイバー)は,契約という法的関係にある。その契約下でインストラクターの**安全配慮義務違反があると,85.7%の確率で死亡事故が発生し,人命が失われている**。この人為的な死(不法な死)には刑法による業務上過失致死罪が積極的に問われるべきではないか。

　ダイビングの事故が発生すると即座に死に繋がる。これは現在ダイビング事業に対して法的規制が事実上ないことも大きな原因と考えられる。よって事故防止のためには,インストラクターと雇主,また指導団体への強い法的規制(注76)参照が望まれるのである。

⑥都道府県別発生状況ベスト3（4位以下は別表にまとめた）

※件数・人数比はそれぞれの項目全体に対する比率

表 3-7

事故件数上位3県の，発生件数と事故遭遇人数，及びその全体に対する割合と内訳

順位	都県名	※↓発生数と割合		○	●	△	▲	コメント
1	静岡	10件	右は，左の数値に対する内訳の数字	3件	4件	2件	1件	静岡は日本全体の事故件数の21.7%を占め，内，死亡事故件数の割合は，40.0%で，事故遭遇人数の内，31.3%は死亡している。業者やダイバーへの早急で効果がある対策が望まれる。
		21.7%		30.0%	40.0%	20.0%	10.0%	
		16人		4人	5人	6人	1人	
		25.4%		25.0%	31.3%	37.5%	6.3%	
		分類別		講習	ファン	業務	不明	
		右は，分類項目別件数と，全体に対する割合		1件	6件	2件	1件	✕
				11.1%	20.7%	33.3%	50.0%	
				1人	11人	3人	1人	
				10.0%	26.2%	30.0%	50.0	

順位	都県名	※↓発生数と割合		○	●	△	▲	コメント
2	沖縄	9件	右は，左の数値に対する内訳の数字	3件	3件	3件	---	沖縄は，全国の事故件数全体に占める割合は19.7%だが，事故に遭う人数は27.0%と全国一位である。ファンダイビング中の事故が多く，また，ガイドが業務中に事故に遭う事例が目立つ。※業務中の事故の人数の内2人は，ファンダイブ中の事故から算入。
		19.7%		33.3%	33.3%	33.3%	---	
		17人		10人	3人	4人	---	
		27.0%		58.8%	17.6%	23.5%	---	
		分類別		講習	ファン	業務	不明	
		右は，分類項目別件数と，全体に対する割合		1件	7件	1件	---	✕
				11.1%	24.1%	16.7	---	
				1人	13人	3人	---	
				10.0%	31.0%	42.9%	---	

順位	都県名	※↓発生数と割合		○	●	△	▲	コメント
3	和歌山	5件	右は，左の数値に対する内訳の数字	2件	3件	---	---	和歌山では，事故件数が全国に占める割合は10.9%であるが，講習中に占めるの事故件数の割合は33.3%であり，死亡者数も30.0%を占め，第一位である。ダイビング業者に対する強い指導が望まれる。
		10.9%		20.%	11.5%	---	---	
		5人		2人	3人	---	---	
		7.9%		10.5%	10.3%	---	---	
		分類別		講習	ファン	業務	不明	分類別
		右は，分類項目別件数と，全体に対する割合		3件	2件	---	---	
				6.9%	---	---	3人	
				2人	---	---	30.0%	
				4.8%	---	---		

⑦全国の事故件数4位以下一覧

表 3-8

順位	4	5	6	7	8	9	10	11	12	13	14
道府県名	神奈川	兵庫	東京	高知	福井	京都	北海道	新潟	岡山	山口	長崎
件数	4	3	3	2	2	1	2	1	1	1	1
死亡者数	4	3	2	2	1	2	1	1	1	1	0

3. 注意義務の及ぶ人数の限界の検証

▶インストラクターと，管理されたダイバー（講習生，体験ダイバー）および一般ダイバーとの人数構成の問題

　ダイビングを行なう際，それは講習やファンダイビングであっても，1人のインストラクターが，その注意義務を果すために発揮できる能力にはおのずと限界がある。この限界の領域を，指導団体では，例えばPADIでは8人としている。また沖縄県条例[注77]を参照でも，初級潜水者に関しては「おおむね6人」とし，中級潜水者に関しては「おおむね8人」としている。この数字の算出にはどのような根拠があるのだろうか。これまで，この基準を作った企業（指導団体）からは，その根拠となったデータや，この数字がどのように安全を保証できるのか，その設定の過程についての情報の公開はなされていない。沖縄県条例においても，2000年10月16日に沖縄県に確認したが，その成立過程の情報は存在していなかった。

　この，インストラクターの注意力が不足なく及ぶ限界の人数について，沖縄県条例や代表的な指導団体の基準が適正な値であるかどうかを，実際に発生した，1999年と2000年の重要事故の一部を事例として揚げ，それを検証する。

(1) 事故概要17例

　事故例1

1999年7月20日　和歌山県串本町　女性（20歳代）事故

　ボートダイビングでの講習中に，インストラクターが，講習生（初心者）であ

る女性（20歳代）が意識を無くし，水中でレギュレーターが口から外れて歯に引っかかっている状態であるのに気付き，すぐに浮上した。インストラクターは，浮上中に，事故者には多少意識があるように見えたと関係者に語っている。事故者を浮上して船に上げたところ意識を回復し，10時24分に119番通報をし，到着した救急車によって病院に運ばれた。後に完治して退院。事故時の，インストラクターと講習生の人数比は不明である。

> コメント：これはアドバンスの講習中に，インストラクターが，講習生が危機的な状況に陥ったのを発見して対処が成功した例である。水中で注意義務が正しくなされていれば，人命が助かる実例として有効な事例である。業者側の注意義務とは，このように，契約によって安全に講習を終了させるために必要な「注意」を，「確実かつ実効性のあるものとして行なう」ことであり，それができる体制をもって講習を行なうべきであることである。これができない場合は，例え業者が，「それは指導団体の規定である」と主張したとしても，指導団体の業務上の私的基準が，「業者には加重された注意義務がある」（業務上過失致死傷被告事件、那覇地方裁判所　平成11年（わ）第二八号。平成12年.5月10日判決。確定。判例集未掲載）という司法判断より上位にあるとは認めがたく，こういった業者の主張は否定されるべきと思われる。

事故例2

1999年8月11日　和歌山県串本町　女性（26歳）死亡事故

これは，ショップの男性インストラクター（52歳）と女性インストラクター（28歳）に，ファンダイバー4名と講習生2人の計6人で，ファンダイビングとNAUIの初級者レベルの講習をボートダイビングで同時に行なったときに発生した事故である。

講習を行なった場所は，岸から約1.5kmのところにあり，地元のダイビング関係者からは上級者ポイントと言われている「浅地」のポイントであった。また，

ボートダイビングで行なったポイントは，根を少し離れると水深 40〜50m のところであり，事故者が発見された場所も水深 30m くらいのところであった。

事故は，ファンダイバーと講習生が水中で同じコースを隊列を組んで行なっている時に発生した。このとき隊列が乱れ，事故者は一度急浮上して水面に浮上したが，再び水没し，その後水底で発見された。インストラクターはこれに対処できていなかった。講習生の器材はショップよりのレンタル品である。司法解剖の結果は溺死と発表された。

警察は，講習生を率いていた女性インストラクターと共に，男性インストラクターに対しても水中における監督責任がされていなかったとして書類送検を行なった。

なお，2000 年 2 月 19 日の毎日新聞の地方版の記事で，この事故を「上級者向けの講習会」の事故とした報道をしていたが，2000 年 3 月 10 日に，串本警察署にこの新聞報道について再確認したところ，「初級者の講習中の死亡事故として書類送検したというのが正しい」と新聞報道を否定している。

> コメント： この場合，業者側が酸素濃度を高めた圧搾空気（ナイトロックスガス）を使って，初心者の講習を深場で行なうという行為を行なっており，さらにインストラクター 2 人対，ファンダイバー 4 人，講習生 2 人の，2 人対 6 人という人数構成では，講習生の異常を目のあたりにしても正しく安全確保のための注意義務が果せないという事実を物語る事例ではないかと思われる。インストラクター 1 人に対してダイバー 3 人という構成は，事実として人命が失われている現実を見ても，単なる言葉上の問題ではなく，「3 人」という数字が，インストラクターが管理できる能力限界を超えている数字なのではないだろうか。なお，当日の海況は悪く，地元のダイビング業者もダイビングの実施を控えていたのであるが，業者側がこの自然現象を理由にして講習生やファンダイバーへの注意義務が十分に果せなかったと主張したとしても，北海道でガイドつきの雪中散策（スノーシューイング）の時に発生した雪崩による死亡事故判決（第四章 安全配慮義務 1

刑事責任についての判例研究(5)ニセコ雪崩事件参照）を参考にすれその主張が適切でないことが分かる。その判決文によると，弁護側は，自然環境である雪崩発生を予見することは不可能であり，たとえあったとしても，雪崩という突発的自然現象がゆえの事故であり，被告人両名の過失と結果との間に相当因果関係はないと主張していたが，司法は，「具体的な予見可能性は必ずしも発生メカニズムの学問的解明を前提とするものではない」として「雪崩発生の予見が十分可能であった」とした。つまり，ガイドという業務中の事故においては，雪崩などの自然現象が原因であっても，ガイドにはそれを予見して避けるための注意義務があり，それを司法は「ガイドとして最も基本的な注意義務」としたのである。このガイドの注意義務は，経験の未熟な講習生に対しては，なおさら強く求められるものと考えて差し支えないであろう。

事故例3

1999年8月14日　新潟県佐渡島両津港　女性（29歳）　死亡事故

両津市北小浦の北小浦漁港内で初級講習を受けていた女性（29歳）が事故に遭い，翌8月15日朝に病院にて死亡した。

事故当時の新潟日報8月15日朝刊と両津警察署の発表によると，当日11時30分ごろから，インストラクター3人の指導によって講習生8人が初級講習を受けていた。そして海洋実習の終了時間の15時に，海から上がると事故者女性がいないことに気付き，インストラクターが海中を捜し，約30分後，水深3.8メートルの海底に沈んでいる事故者を発見した。当時海は濁っていたとの事である。新聞報道では透明度は3mであった。

当時の状況は，講習を行なっていたインストラクターが，上がる（エキジットする）10～15分前に水中で最後の点呼を行なったが，上がってから事故者がいないのに気付いて捜索を開始している。そして発見まで10～15分かかっていた。

この事故を捜査した両津警察署では，指導員3人が，海の中で事故者の女性を見失うなど，適切な指導（指示・誘導）や安全確保を怠ったとして，2000年4

月11日に、当時の指導員3人を業務上過失致死の疑いで書類送検を行なった。

> コメント：ここでも業者側の注意義務違反によって人が死亡している。ここでは、インストラクターが講習生の動静を注意深く観察しつづけていなかったことが、講習生のロスト（見失い）を招き、これが死亡事故につながったものと思われる。インストラクターの注意義務の重要な部分は、水中という特殊な環境で、陸上での一般的な安全確保のための対策を打てる状況に準じた状況を達成することであり、そのためには、水中では、トラブル発生時、陸上のように常時呼吸が確保できるという環境でないので、契約関係にあるダイバー、特に講習生に対しては「潜水講習においては、潜水指導者が絶えず受講生のそばにいてその動静を注視すべき注意義務を負うことはいわば当然」（業務上過失致死被告事件　1992年3月11日、大阪高等裁判所結審　刑集46巻9号683頁）という司法判断を忘れたり無視してはならないのである。また、この講習における人数比が3人対8人であったが、これでもインストラクター1人当たりの担当人数が2.67人であり、2人を超えている。このあたりに、インストラクター1人当たりが、注意義務を果せる担当人数の限界が見えてくるのである。

事故例 4

1999年8月29日　京都府舞鶴冠島　男性2人（40歳・35歳）死亡事故

当日9時45分頃、京都府舞鶴市沖の冠島北、通称トドグリで、大阪のダイビングショップ主催の講習ツアーに参加中のダイバー2人が立て続けに溺れ、病院に搬送され手当てを受けたが、男性A（40歳）は11時24分死亡が確認され、男性B（35歳）も12時33分死亡が確認された。この事故は、インストラクター2人とツアーの一行13人がチャーター船で冠島トドクリに到着、9時44分からダイバーが順次入水していったが、このとき水面で2人が溺れて死亡したもの。

> コメント：この事故は，インストラクター2人とダイバー13人という人数比で行なわれたボートダイビングの講習であり，インストラクター1人に対して，担当人数が6.5人であった。同時に2人が死亡したのは，担当人数が無謀な数字であったために，立て続けに発生した事故に対応できなかったのではないかと推定できる。

事故例5
1999年9月1日　福井県越前町沖　女性（20歳台）漂流事故

　場所は丹生郡越前町米ノ海水浴場。岐阜県のダイビングショップが，学科が終わって海洋実習のためやってきた。インストラクター（男）とサブのインストラクター（男）と，5人の女性客を連れてやってきた。業者は，当時波が3mもあったにもかかわらずダイビングを強行したため，強い波などにより2人がテトラポットの間に吸い込まれた。インストラクターが彼女達の器材を外させてテトラポットに上げ，また他の2人は自力で岩場に這い上がったが，1人は波にもまれて漂流状態になった。上がったインストラクターが119番通報を行なった。小型の漁船（小さく長い形の伝馬船のような形）が救助に出てこの女性を救助した。また岩場にいた女性も岸にもどした。漂流していた女性は病院に搬送されたが異常なしと言うことで退院した。警察は，この漁師を人命救助で表彰している。

> コメント：海況を無視した業者の行為であったが，2人の男性インストラクターのうち一人はテトラポットに挟まった2人のトラブルには対処できたが，結局1名は海上に置かれたままであった。業者側の海況の判断の無謀さと，それがもたらす結果について深く考えてなかったのではないかと思われるが，ここでもインストラクター2人対ダイバー5人では，インストラクター1人の担当するダイバー人数が2.5人であり，この人数比では安全のための義務をはたすための行動は十分に機能しなかった。人命が助かったのは，ひとえに救助に出動した漁船の行動によるものであった。

事故例6

1999年9月6日　沖縄県恩納村　男性（29歳）死亡事故

　当日11時55分頃、恩納村瀬良垣ビーチ西方沖約100m地点（水深約2.5m）で、インストラクター1人に客2人で体験ダイビングをしていたうちの男性（29歳）1名が、水深約2m程度のところの海底に沈んでいて（レギュレーターが口から外れていた）意識がなくなっているのを一緒にダイビングをしていた男性が発見した。すぐにインストラクターと引き揚げたが、引き上げたときには、男性は既に心肺停止状態であった。12時45分に事故者は救急車によって病院に搬送されたが、13時10分、死亡が確認された。

　コメント：この事例は、水深が2.5mという程度で、しかも海況の問題もなかった体験ダイビング（初級者講習と同じように、インストラクターによって管理されたダイビング）が、そのインストラクターの担当人数が2人であっても、常に動静確認を行なうという注意義務を怠ったことが死亡事故に結びついたものであると考えられる。この事例においては、人数比については無理はなかったと思われるが、それでも注意義務を果さない場合、このような形で人が命を落としていくというのが、ダイビングにおける事故の特徴であることを示している。この場合、インストラクターがダイバー2人の前方を移動していたのであるが、2人の後ろにサブのインストラクター等がいない状況では、例えば軽く首を曲げるだけで2人の動静を確認できるように、自分の両脇にダイバーを並べて水中を移動し、5秒に1回程度首を振るような形で動静確認を取れば事故は防げた可能性が高い。ここでも、人数比に関して、これまでの事例を参考にしていない実体が見える。

事故例7

1999年9月19日　静岡県伊東市赤沢　女性ダイバー（25歳）死亡事故

　当日13時20分頃、静岡県伊東市赤沢漁港の沖約400mの地点でPADIのアド

バンスの講習ツアーの一環としてボートダイビングを行なっていた女性が死亡した。この日は，インストラクター1人に対して講習生4人だった。事故者は水中で体調に異常を感じ，インストラクターにそれを伝えようとしたが果せず，止むを得ず自主的に浮上を開始したところ，途中で意識を失って沈降し，死亡したもの。

事故者は，港に到着後，救急隊により伊東市内の病院に搬送されたが，14時20分死亡が確認された。警察の調べによると死因は溺死であった。事故者の女性は7月頃からダイビングスクールに通い始めた初心者だった。

> コメント：インストラクター1人では，4人という大人数の講習生の状態を把握できなかった，あるいはしようとしなかったために発生した事故と思われる。事故者が自主的に浮上を開始したということは，それまでにインストラクターからのチェックがあれば生還できたかもしれないという可能性は否定できない。インストラクターが正しくこの講習生の状況を把握しつづけていれば避けえたかもしれない事故である。

事故例8

2000年3月25日　静岡県大瀬　男性（55歳）死亡事故

PADIのアドバンス講習の最初の実習のとき，立てば背が立つくらいの浅瀬を，ダイビングを行なうために移動中，インストラクターが男性を見失った。探してみると海面に浮かんでいた。救急隊により病院に搬送されたが死亡が確認された。死因は溺死であった。人数比はインストラクター1人に対して講習生3人であった。

> コメント：ここでも1人のインストラクターが，前述の「潜水講習においては，潜水指導者が絶えず受講生のそばにいてその動静を注視すべき」という注意義務を果さなかったために講習生の事故に気付かず，よってその講習生の助かる可能性を失わせしめたのではと思われる。ここでもし，もう1人が最後尾について動静確認を行なっていたら，この男性の事故が

重大にならないうちに発見・対処するのは容易であったろうし，人命喪失にはいたらなかったのではと思われる。注意義務を果たせない潜水（講習）計画は，そもそも立案すべきでないのではないか。

事故例9

2000年6月3日　静岡県伊豆海洋公園　女性（20歳台前半）の事故

　事故者の女性が，某大学のサークルの一員として，女性インストラクターとメンバー4人がダイビングを行なった。事故者は久しぶりのダイビングだったとのこと。

　事故は，潜水中にインストラクターとはぐれた事故者が，何らかの理由でパニックと思われる状況に陥り，水深約30mから急浮上した結果発生した。

　119番通報は11時5分であり，救急車は11時11分には現場に到着した。このとき事故者はタンカに乗っていたが意識はしっかりしていた。彼女は呼吸が苦しい，頭が痛いという症状を訴えていたため，一旦某病院に搬送された後，減圧症の疑いがあるということでチェンバーがある相模原の自衛隊施設に搬送された。命には別状はない模様であった。

　コメント：事故は，人数比1人対4人の中で発生し，事故者が潜水中にインストラクターとはぐれたのが最初の原因であったと思われるが，インストラクターによって十分な注意義務が果たされていなかったことが，事故者が集団から離脱したことが次のパニックを誘発したのではないだろうか。また水深約30mから急浮上したことにより減圧症らしき症状が発症している。パニックになった（ならなくても何らかのトラブルに遭った）ダイバーの典型的な行動の一つが，人間の生存を可能とする空気が限定されていない海面への浮上行為というものであるが，インストラクターがこの事故者の行動を注視しておれば，そもそも事故者がパニックに至る要因を排除できたのではないだろうか？インストラクターの管理能力の限界の外に置かれ，十分な訓練と経験のないダイバーにとって，たとえささいなことであっても，それは精神的肉体的に過酷なものであると言えるのである。

> 事故例 10

1999年1月1日　沖縄県与那国島沖　男性（19歳）ガイド減圧症事故

　事故者の男性は，1月1日，与那国島南側海域のダイビングポイント（水深27m）で，9時40分，12時20分，14時20分の3回，各30分から40分程度，9人のダイバーをインストラクターの助手としてガイドをしていた。15時10分頃，彼がボートに上がった際，めまいと吐き気を覚えたことから，15時30分ごろ久部良港に着いたところを診療所に搬送され診察を受けた。この結果減圧症の疑い有りと診断され，Y病院で検査が必要とのことでヘリコプターが要請された。17時5分に診療所からの連絡を受け，警察を通じて海上保安庁のヘリコプターが要請され，18時53分に与那国空港に到着した。18時57分，患者はこのヘリコプターで石垣島に搬送され入院。治療の後1月3日に退院した。

> コメント：この事例は，インストラクターのアシスタントについていたダイバーが減圧症になった事例であるが，もしもこの減圧症の発症がダイビング中であった場合，例え事故者が単独で浮上したとしても，それ以降の多人数の安全確認を水中のインストラクター1人にまかせることになり，そもそも人数比で2人対9人，1人あたり4.5人という危険と思われる人数を担当しており，業者のリスクが，容易に客へと転嫁される状況下でのダイビングであったと言える。

> 事故例 11

1999年8月18日　兵庫県神戸市垂水区　男性（27歳）ダイバー死亡事故

　神戸市垂水区（タルミ）カリグチ台海岸沖20mのところで，初心者の会社員の男性（27歳）が2人でダイビングを行なった。それを終えて2人で水深50cm前後程度のところ（ひざまでの深さ）を陸に向けてエキジットして（歩いて）いると，後方にいた男性が「先に上がってくれ」と言ったので，バディが先に陸に上がった。そしてバディが振り返ってみると，その男性はいなくなっていた。探して見ると，水深約50cm前後のところに沈んでいるのを発見した。119番通報

は 14 時 41 分になされた。救急車は 14 時 51 分に現場を出発して 14 時 57 分に病院へ到着。後に事故者は死亡と診断された。警察ではこの状況を不審に思って捜査したが，事件性はないと判断をした。解剖所見では溺死であり，減圧症の症状もなかったとのことである。

> コメント：歩いているうちに意識を失い，そのまま溺死に至った事故であるが，なぜ減圧症の症状もないままに意識を失ったのかが問題である。エキジット時，事故者が「先に上がってくれ」と言ったときにはすでに何らかの症状が出ていたものと思われる。事故者が初心者であるということで，ダイビングを終えた時点で酸欠状態か錐体内出血を起こしていた可能性がある。これは陸上での意識障害と思われる重要な事例として，本来は潜水医学の面からも原因の究明をすべき事例であったと思われる。そして，このようなことがあるために，特に講習（体験を含む）やファンダイビングの時に，インストラクターが注意義務を果す際に，常に講習生や一般ダイバーの動静の確認を怠らないことが必要なのであり，それが正しく果せる人数に限定した担当人数の設定が必要なのである。

事故例 12

1999 年 8 月 21 日　静岡県伊東市富戸　男性インストラクター（20 歳台）事故

男性インストラクターが，当日 1 本目のファンダイビングのガイドを終えて，陸上で次の講習の準備をしている途中に突然意識不明となって倒れた。119 番通報は 10 時 46 分で，救急隊は到着は 10 時 53 分に現場に到着している。通報では，倒れた男性が「意識（は）ないけど呼吸している」という連絡であったが，現場に到着すると事故者には CPR が実施されていた。このとき事故者にはかろうじて自発的呼吸があったが，救急隊はこのままでは危険と判断して補助呼吸を行なった。この事故者が現場で死亡とならなかったのは，ひとえに救急車が到着するまで続けていた CPR のおかげであったと関係者は語っている。

事故者は，この日ファンダイブのガイドをしていた。ダイビング中，浮上して

しまったダイバー(バディ同士なので2人)を水面まで迎えに行ってダイビングを続けたが,それがこのダイビング中に2回あり,したがって,このインストラクターは,短時間に休憩時間のないままに3本ダイビングをしたことになる。(いわゆるヨーヨー潜水)

　各1回づつ浮上したダイバーたち(4人)はその後も異常がなく,2本目のダイビングを終了したのだが,このインストラクターはこの1本目のダイビングが終わって次のダイビングのために陸上でタンクの準備をしていたところ突然倒れている。この後,2本目のダイビングを行なったダイバーたちには,起こったことについてはショップからは知らされていない。

　事故者が陸上で倒れたということもあって,到着した救急隊は,これが一般の他の病気かどうか判定できなかった。途中,救急隊は事故者の蘇生のための処置を行なった後,某大学病院に搬送した。そこで医師から減圧症との診断が出て,減圧症の治療設備と専門知識のある医師がいる某病院にヘリコプターで搬送した。この後,事故者は重度の減圧症で植物状態となり入院していたが,数ヵ月後奇跡的に意識を回復して退院し,その後リハビリ中であると聞く。

> 　コメント:減圧症は,体質や体調によってかかりやすい,かかりにくいがあると言われる。それは事前にはわからないのである。この事例は,熱心な(という評判である)インストラクターが,さほど深くない場所でガイドを行ない,その修了後に元気に次の準備をしていたときに突然倒れ,それが生命の危険を伴うほどの症状であり,また重度の減圧症であったことが問題であり,例え水深が深くなくても,1本のダイビングで何度も潜水・浮上を繰り返すと減圧症が現出する顕著な例である。そしてこれは,1人のインストラクターが,万が一,自分自身が水中で減圧症を発症したり,他のトラブルに見舞われた場合,水中で他のダイバーたちをサポートすることが不可能になってしまうことを示している。つまり,人数比の問題は,商業的には採算性の確保の問題もあるが,理想としては常にサポートする側が複数求められていることを示す事例である。

> 事故例 13

1999 年 11 月 13 日　静岡県伊東市富戸沖女性（24 歳）ダイバー死亡事故

インストラクターが水中で事故者の女性を見失って探していたら，事故者が水面に浮いていたとのことである。事故者はこのとき 12 回目（12 本目？）のダイビングであり，この日，事故者はバディと 2 人でやってきて，ガイドをつけて他の人たちとファンダイビングを行なっていたとのこと。事故者は救急車によって病院に搬送されたが，11 月 15 日死亡した。

> コメント：このときの人数比は不明である。しかし，インストラクターが事故者を見失ったことが問題であり，これもインストラクターのロスト（見失い）が，事故を構成する重要な要因となっている。

> 事故例 14

2000 年 9 月 20 日　新潟県寺泊　男性（62 歳）死亡事故

三島寺泊町郷本海岸の沖合約 1 キロで，ファンダイビングでやって来た，インストラクター 1 人に，ダイバー 3 人のツアー中の事故である。ダイビング中，事故者の空気の消費が早く，残圧が 40 になったので，インストラクターが同行して先に浮上させた。しかし，ボートまで 10m 以内程度の距離に浮上して，インストラクターが「大丈夫か」と聞くと，事故者が「大丈夫だ」と答えたので，事故者の BC に空気を入れてインストラクター再び潜行。その後 5〜6 分程度で水中にいた 2 人と共にインストラクターが浮上した。すると男性が水面に浮いていた。検死結果は溺死とのこと。

> コメント：インストラクターとダイバーの人数比は 1 人対 3 人であったが，インストラクター側が 1 人であったことが事故者を水面で放置することになった。5〜6 分という僅かな時間ではあるが，海においては，この 5 分が決定的な意味を持つということで，やはりインストラクターによる動静確認間隔は 5 秒〜20 秒以内で行なうべき必要性を痛感させる事例である。

> 事故例15

2000年9月21日　静岡伊豆海洋公園　男性（40歳台）死亡事故

　PADIのオープンウォーター講習中の事故。女性インストラクター1人と講習生2人で行なわれた。事故者は水深6mのところでマスクの脱着とかベルトの脱着をしていた。すると事故者男性が急に浮上したので，インストラクターが抑えようとした。この時事故者はレギュレーターを外してパニックになった。インストラクターは事故者にレギュレーターをくわえさせてゆっくりと浮上させたが，事故者は溺水による肺水腫のため死亡した。

　コメント：これは，海洋実習以前のプールなどの限定水域においての講習がしっかり行なわれなかった可能性が否定できない。このため海洋実習の時に事故者がパニックに陥ったと推定可能である。事故者は，インストラクターが浮上を抑えようとしたことでパニックになったとのことであるが，これは水深6mでの緊急浮上が危険なために行なわれた必要な行動ではある。ここでは，たとえ1人対2人の講習の構成であっても事故は防ぎ得ないことを示している。今後はこれを教訓にその対処に問題がなかったかの検討が必要であると思われるが，今回の場合，1人対2人の講習の人数構成が，その結果はどうあれ，インストラクターによる遅滞ない対応を可能にしたものと思われる。

> 事故例16

2000年9月24日　静岡県八幡野　女性（24歳）死亡事故

　インストラクター1人とダイバー2人によるビーチエントリーのダイビングである。事故者はオープンウォーターの認定を受けていた。事故は，水深15mくらいのところで海中遊泳をやっていた時に，事故者は自分のフィンが外れたので，それを直すときに呼吸が荒くなってパニックになり，彼女はレギュレーターを外した。それを見ていたインストラクターが自分のオクトパス（予備のレギュレーター）をくわえさせてゆっくり浮上したが事故者は溺死に至った。

> コメント：これは事故者のパニックによる自過失事故であると思われるが，インストラクターが2人だけを担当していたことが，パニックに陥った事故者に対して対応が取れた理由ではないのだろうか。いわゆるロストによって起きた事故ではない。またインストラクターが自分のオクトパスをくわえさせて共に浮上したということは，この情報だけをみればインストラクターはこの点では注意義務を果していたと思われる。結果は残念であったが，この人数ならインストラクターがその義務を果せる，つまり義務遂行能力の限界内にあったというべきではないか。

事故例17

2000年4月14日　沖縄県伊良部島白鳥埼　女性（52歳）事故

ダイビングポイントにダイビングボートで行き，インストラクター1人及び補助者1人，客のダイバー6人の計8人で水深8mの海底で全員が集まるという潜水計画の下に潜水を開始した。事故者の女性は，ダイビングポイントに着いて入水したところ，潜水を行なう前の水面でスノーケルでの呼吸が苦しく感じ，それを取り替えようとしたところ水を飲んで意識を失った。事故者以外のダイバー達はすでに水底で集合していたが，インストラクターが上を見た時，事故者の女性が仰向けの不自然な状態で沈んできたため，女性の異常に気がつき，直ちに海面に引き揚げた。運良くショップのスタッフの側に看護婦がいたため，船上でマウスツーマウスのCPRを実施しながら移送した。この間海上保安庁に連絡が入り，そこから救急隊へも連絡が入った。事故者が港に着くまでの間，水を飲んでいたのでそれを吐き出させるのに手間取った模様だったが，このおかげで，船がN漁港に入って，救急隊に引き継いだ時には意識は朦朧として話せる状況でもなかったが自発的呼吸は確保されていた。事故者はこの後病院に搬送され，2日ぐらいは意識もなかったが，その後回復し退院した。

コメント：この事故は，インストラクターが，水中で事故者の女性の異常に気がつき，さらに船上で医学的知識のある人によるCPRがあったため人命が救われたと思われる事故である。人数比は2人対6人であり，これまでの事例から無理のある人数比とは思われるが，この事故者の動静の異常にインストラクターが早期に気づいて対処したことが，結果的に人命を救ったと言えるのではないか。この場合は，潜水計画自体は人数比の限界を超えていたと思われるが，①海底に全員で待機していたこと，②事故者がそこに潜降してくるという確実な予定があった，③インストラクターは，他のダイバーたちがそこに待機しているということで，彼らの動静への配慮が少なくてすみ，よって事故者の潜降予定に意識を向ける余裕があった，という3つの理由があったことが事故者の生命を救ったのではないかと思われる。このように，他のメンバーの動静に対してのインストラクターやガイドの注意力の重要さが，この事例ではより鮮明に現れたと言える事例である。

　以上の事例は，私自身が直接に調査したもののほんの一部である。なお，コメントの部分は私の見解である。

(2) 静かなる事故

　水中での事故の発生の要因とその現出のし方は，当然ながら陸上とは大きく異なる。陸上では，目の前5～10m以遠が見えないような濃霧の場合，人々は日常と異なる事態としてことさらに用心して行動するだろうが，水中では，特に日本近海では，水中での透明度，特に水平透明度がこの程度というのは日常的なことである。そして陸上では，誰かが苦しくてうめき声を上げたり，気を失って倒れたりした場合には，自分の周囲5～10m程度なら，普通はすぐ気づくことができる。さらに空気の心配がないので，多少の時間的余裕もある。しかし水中では自分の周囲とは前後左右だけではなく上下も含み，そこで自分の周囲の状況を把握するためには，立体的な感覚と言葉や身近な音に頼らない情報の収集が必要とな

る。そのような状況でも，装着しているマスクによる視野の制限や，他の潜水器材による動作の制限，そして陸上ではありえない水中での潮の流れによる影響などがある。さらに水中で身近な人に異常事態に陥ったときでも，その状況を目視していなければ，その助けを求める意思は伝わってこない。事故者にとって，それこそ自分の苦境を知ってもらいたい人（特にインストラクターやガイド，バディ）が自分の動静に常時注意を払ってくれていないと緊急事態を伝えることはできないのである。しかも，ダイビングの講習やダイビングを行なう前のブリーフィングでは，自分やバディにそのような苦境がやってくる可能性と，その時にインストラクターが注意義務を重要視せず，バディシステムも機能しない可能性があるという情報提供はなく，ただダイビングは安全で楽しいという情報を信じるような演出だけを受けているときには，当然ながらイザという緊急時の対処方はわからないままである。確かに，水中ナイフを抜いて自分のタンクをたたいて音を発するという方法もあるが，これから紹介するような，数秒を争う緊急事態に陥ったときにはその余裕すらない。すべてが事故者の異常事態の時に気がつかれていたかどうかにかかってくるのである。実際に事故が発生すると，関係者から，事故者が「いつのまにか沈んでいた」「気がついたら溺れていた」などという言葉をよく聞くが，これは事故者の異常事態の時に気がついていなかったことから出てきた言葉であろう。何故このようなことが起きるのであろうか。次に，このように常にお互いに動静確認を続けていないかぎり助かる可能性が極端に小さくなるような，潜水時に溺水などを誘引する要因をここでいくつか簡単に紹介する[28]）。なお，詳細は医学専門書にて確認していただきたい。

①錐体（中耳）内出血

　　呼吸のミスなどによって鼻や口から水を吸い込むと，咳き込みなどにより，まれに耳管に水が入ることがあり，このため錐体内の圧力が変化して内出血を起こすと考えられている。鼓膜が破れて出血している時もこれと同じ理由と考えられている。この出血があると，耳鳴り，頭痛，吐き気，めまいなどが現出し，泥酔状態のような平衡感覚の失調になり自分の身体の自由がきかなくなる。そのため背の立つような浅瀬でも倒れて溺れてしまうことがあるのである。こ

ういった状況での死亡事故を，原因不明のまま溺死などとひとまとめに処理することがあるが，医学的にはこの出血が溺死に至る溺水を誘引すると考えられている。なお，溺死に至る原因を探るために，この出血の有無を確認するには，検死の際に死亡者の錐体部を取り出して乳突蜂巣内を観察することによって，本来，空であるはずの錐体内に出血によって血液が充満しているかどうかを確認できる。実は何らかの原因で錐体内に出血があっても，これが陸上の場合なら空気の心配もないので2週間程度で回復できるのである。なお，ダイビングにおいては，通常の耳抜きの失敗でも，これと同じではないかと思われる事故が起きている。本書第六章の3の事例を参照していただきたい。

②気管内給水

これも呼吸のミスや大きな不安感などからひどい呼吸切迫感が発生し，水を気管に吸ってしまうことによって起こるものである。このように気管内に水を吸引した人のうちのごく一部の人は，極端な徐脈から一過性心停止を起こして意識を消失して沈んでいくことがある。この，気管内に水が入って，そのショックで心臓に抑制反射が起こるまでの時間はほとんど瞬間的（10〜20秒程度とも言われている）であり，急速に意識を消失してしまうのである。またその人は通常数十秒から約2分後に意識を取り戻すのであるが，水中ではこの意識回復の前に起こる喘ぎ呼吸によって水を吸ってしまうので溺水に至るのである。この時に吸引する水の量は，喘ぎ呼吸運動の長さによってその量に大きな差が出る。したがって検死時の肺の中の水の量はそれぞれのケースで大きく異なっている。また動物実験の結果からも，このような激しい心臓の抑制反射は，大きなストレスなどによって，より起こりやすくなることが確かめられている。

③ノーパニック症候群

これは「水中で前兆・恐慌・吸気へのもがきがなしに，急速に意識を消失する症候群」のことである。

(イ) 過呼吸型：深呼吸を繰り返し行なう過呼吸によって，脳血流量減少による酸素欠乏症に起因して意識を失うが，後に自発呼吸が再開されたときに溺水となるものである。

（ロ）間欠呼吸型：長時間の潜水をすることを目的として，そのために空気の消費量を少なくしようとして，いわゆるスキップ呼吸（skip breathes）を行なっている時に発生する危険性があり，これによって意識を消失するのである。

　（ハ）窒素型：深く潜った際に，窒素の麻酔作用により，いわゆる窒素酔いの状態になって，ついには意識を失うことになるのである。

　（ニ）血管迷走神経型：大きな驚きによって血管迷走神経発作を起こし易い人は意識を消失することがある。

　（ホ）潜水器材型：スチール製（鉄製）タンク内にサビが発生すると，そのサビによって空気中の酸素が消費され，これによってタンク内の酸素濃度が低すぎれば，苦しさもないままに低酸素血症から意識を消失する。またタンクの中に一酸化炭素が混入した場合，一酸化炭素中毒を起こすこともある。

④食事直後：満腹状態の胃が肺と心臓を圧迫し，これによって呼吸に問題が発生し，血液の脳への供給が悪くなり意識障害を引き起こすことがある。食事後は，100分以上経てからのダイビングでないとリスクは高い。

　ここで紹介したものは，いわゆる「いつのまにか」「たぶんパニック」などという言葉で「原因不明」「心臓麻痺（急性心不全）」あるいは単なる「溺死」と分類されてしまうもののうち，それらを直接に誘引する要因と思われるものの一部である。そしてこれらの事態から助かるためには，それこそ潜水指導者やバディによって10秒に1回程度は，その動静を観察されることが安全上必要であるということであり，状況によって変化するが，5〜20秒間隔の動静観察の必要性の根拠を示しているのである。

　では次に，潜水指導者が，その注意義務を果たすために，この動静確認を十分に行ない得る人数の限界点を考えるために表3-9をご覧いただきたい。

(3) 適正人数比検討表

表 3-9

事例番号	分類	講習種類	全体の人数比	イントラ1人の担当人数	生死	イントラ側の状況
(1)	講習	OW	不明	--	△	発見・対処
(2)	講習	OW	2対6	1対3	●	見失う
(3)	講習	OW	3対8	1対2.67	●	見失う
(4)	講習	OW	2対13	1対6.5	●●	対処できず
(5)	講習	OW	2対5	1対2.5	○	対処できず
(6)	体験	T	1対2	1対2	●	気付かず
(7)	講習	AD	1対4	1対4	●	見失う
(8)	講習	AD	1対3	1対3	●	見失う
(9)	ファン		1対4	1対4	○	見失う
(10)	ガイド		--	--	△	減圧症
(11)	--		2人組	--	●	気付かず
(12)	ガイド		--	--	▲	減圧症
(13)	ファン		不明	不明	●	見失う
(14)	ファン		1対3	1対3	●	見失う
(15)	講習	OW	1対2	1対2	●	対処
(16)	ファン		1対2	1対2	●	対処
(17)	ファン		2対8	1対4	△	運良く発見

用語定義：講習……講習中

　　　　　OW………オープンウォーター講習

　　　　　AD………アドバンスコース講習

　　　　　T…………体験ダイビング

　　　　　ファン……ファンダイビング

　　　　　ガイド……ガイド側のトラブル

　　　　　●…………死亡（印1つが1人）

　　　　　▲…………怪我など（障害が残る）

　　　　　△…………怪我など（障害なし）

　　　　　○…………入院などなし

　　　　　イントラ…インストラクター

4. 17の事故例に見る適性人数比の試算出

▶インストラクターがその注意義務を果すための能力を果し得る限界人数についての考察

　これら17の事例から分かることは，インストラクターがその注意義務を幸運に頼らずに，実効性のあるものとして果すために必要な人数の限界は2人であり，この2人に対してなら，(6)の事例のように，インストラクターがそもそも被害者の動静を見ていなかったという状況を除けば，結果は死亡に至っても，彼らは期待された義務を果せていたのではないか。そして死亡事故などの最大の原因である，講習生や一般ダイバーのロスト（見失い）は，この限界人数を超えた，動静確認の行為が正しく実行されないことによって発生している。つまり，一般的なインストラクターやガイドの注意義務が及ぶ能力範囲限界は，事業者側の過失を起因とした死亡事故を減らすことを目的とすれば（そうするべきであるが），2人をもって適当であると判断するべきである。また特に，(10)と(12)から，講習や体験ダイビングを行なっている最中に，インストラクターやガイド自身がトラブルになる可能性の危険を考慮に入れれば，講習生・体験ダイバーに関係なく，必ず複数で指導やガイドを行なうことが，消費者側の安全を確保する，より確かな手段であると言えるのである。この，オープンウォーターなどのエントリーレベルと，少ない経験本数のままアドバンスの講習を行なっているような初級者への講習や，正しい潜水計画を含むインストラクターのガイドとサポートを期待して契約したダイバーに対しては，ダイバー側の人数が2人を超える場合は，2人を超えた2人ごとまでに1人のサブのインストラクターをつけることが必要であり，指導団体の基準や沖縄県の条令にある人数設定は，「潜水講習においては，潜水指導者が絶えず受講生のそばにいてその動静を注視すべき注意義務を負うことはいわば当然」という大阪高等裁判所における司法判断に添った行為ができない，不適切な人数であると言わざるを得ない。

　また，PADIにおいても，「コースと概要　Advanced Open Water Program Instructor Guide インストラクターの監督」(1997年9月改訂版1-15)で，ア

ドバンスの講習時には,「認定されているアシスタントが,各バディごとに付き添うことが推奨される」として,1人の講習生に対して1人のサポートダイバーをつけることを推奨しており,彼らが,自ら設定した人数基準の危険の可能性を予見しているものと推定できる。

以上の事実の検証から,沖縄県条例で定める人数比と,指導団体が基準としている人数比は,これをもって消費者である講習生・体験・一般ダイバーの生命・安全を保障するための数字として不適切であると判断できる。したがって,沖縄県とダイビング事業者(指導団体・ショップ・インストラクター)には,基準値の早急なる改正が求められるのである。

5. 海外事故概況

(1) アメリカおよびその周辺地域の死亡者数

アメリカ合衆国と海外領土,およびその周辺地域の状況を見てみる。2000年1月時点で入手できる最新のデータ[29]から1997年のダイビング事故の死者数状況を見る。

1995年から1997年の死亡者数推移

表 3-10

年	死者数
1995年	104人
1996年	85人
1997年	82人

※アメリカのデータには,商業ダイバー,科学的ダイバー,公共的役割を持つダイバー,スノーケルを使ったフリーダイバーなどは除いてある。

1997年死者発生地域別内訳

表 3-11

地域名(州名・国名等)	死亡者数
フロリダ	19人
カリフォルニア	8人
ハワイ	4人
ニュージャージー	4人
テキサス	4人
ノースカロライナ	3人
ワシントン	3人
マサチューセッツ	2人
ニューヨーク	2人
ウィスコンシン	2人
アラバマ	1人
アリゾナ	1人
メイン	1人
ミシガン	1人
ミシシッピ	1人
モンタナ	1人
オハイオ	1人
ペンシルバニア	1人
サウスカロライナ	1人
ユタ	1人
バージニア	1人
アメリカ合衆国小計	62人
メキシコ	7人
ボネール	4人
バハマ	2人
英領バージン諸島	2人
ベリーズ	1人
プエルトリコ	1人
ソロモン諸島	1人
タークス諸島・カイコク諸島	1人
米領バージン諸島	1人
アメリカ合衆国外小計	20人
計	82人

表 3-12

ダイビング種類別	Cカード保持者	Cカード未保持者	不明	計(人)
一般のファンダイブ	35人	2人	7人	44人
モリ突き・狩猟目的	10人	1人	1人	12人
講習中	5人	6人	0人	11人
沈船ダイビング	5人	0人	0人	5人
大深度ダイビング(水深40m超)	3人	0人	0人	3人
ナイトダイビング	3人	0人	0人	3人
洞窟ダイビング	1人	0人	0人	1人
写真撮影	1人	0人	0人	1人
業務中	0人	1人	0人	0人
沈船ダイビング(テクニカル)	1人	0人	0人	1人
計	64人	10人	8人	82人

参考：実働レクリエーションダイビング人口
- アメリカのダイバー人口(1998.7)　約250万人
- 日本のダイバー人口(1999.7)　　約50万人

※山見信夫「スポーツダイビングへの関与とネットワークの拡大」54頁，表12から（日本高気圧環境医学会雑誌）1999 Vol.34 No.4

(2) イギリスにおける死亡者数

アメリカの数と比較するため1995年から1997年のデータ[30]を取った。ただし年間死亡者数のみ記載する。イギリスにおいては死亡者数のみであるが，詳細なデータがないので参考に留める。

表 3-13

年	死者数
1995年	18人
1996年	16人
1997年	16人

(3) フランスの事故における死者数の推定値

B. GARNDJEANは，1996年に減圧事故が年間250件あり，年間の死亡者が20人程度，概算で約10,000人当たりに1人が減圧症に罹患しているという数字を示している[31]。

(4) 海外における日本人の事故事例（1993年～1999年）

● 年度別事故件数

表 3-14

年度	事故件数	罹災者	死者
1993年	3件	3人	2人
1994年	2件	2人	2人
1995年	4件	4人	4人
1996年	7件	8人	5人
1997年	7件	11人	9人
1998年	13件	13人	10人
1999年	4件	4人	0人
計	40件	44人	32人

● 地域別事故件数

表 3-15

国名	地域	事故件数	罹災者	死者
アメリカ	ハワイ	8件	8人	6人
	グアム	4件	4人	1人
	サイパン	4件	4人	2人
	テニアン	1件	1人	1人
	アラスカ	1件	1人	0人
	ケイマン	1件	1人	1人
アメリカ計	－	19件	19人	11人
オーストラリア	－	5件	5人	3人
インドネシア	－	3件	7人	6人
フィリピン	－	3件	3人	3人
マレイシア	－	3件	3人	3人
モルジブ	－	3件	4人	2人
他地域	－	4件	4人	4人
アメリカ以外計	－	21件	26人	21人
総計	－	40件	44人	32人

（資料提供：外務省邦人保護課，在ホノルル日本総領事館，三井海上火災保険株式会社，筆者）

ハワイで入院中の
事故者（'93, 著者本人）

※以上は，外務省邦人保護課と在ホノルル日本総領事館提供の資料，また三井海上火災保険株式会社提供の保険支払い事例資料と筆者の収集データから構成した。なお，外務省でも，在外公館を含めて事故の全数は把握していないことを表明しており，筆者が知っている数年前の紅海での死亡事故（年度が'97年か'98年）を含めてこれ以外にも事故が多数存在することに留意されたし。

(5) 日本と海外の事故遭遇率比較

　前述の，「海外事故事例概況　アメリカおよびその周辺地域の死亡者数」の「実働レクリエーションダイビング人口」から，データは1997年と1998年が混交するが，アメリカの実働ダイバー人口約250万人と，日本のダイバー人口約50万人の事故遭遇率を比べると大きな問題が浮き出てくる。それはアメリカ合衆国の1997年の年間死亡者が62人（表3-11参照）であり，日本の1999年のそれは29人であったことである。これは，実働ダイバーの1人当たりの事故遭遇率が，日本はアメリカの約2.34倍という驚くべき数字になっているという事実である。また，日本の初級者講習時の死亡者数は1999年で6人だったが，カナダを除きメキシコを含む北アメリカ全体でも，1997年で年間6人（表3-12参照）でしかないことは，日本の講習で死亡する危険率は，メキシコを含む北アメリカ全体で行なわれている講習よりも，少なくとも5倍は高いということになる。これは，日本における初級者に対する講習を行なう業界のノウハウのレベルの低さと，死亡事故を阻止できないインストラクターの技量の低さが深刻であることを物語っている。

　これらの事故発生の原因は，多くの講習やガイド中にインストラクターの安全配慮義務の正しい履行がないこと，特に講習中に，正しいダイビング技術を習得させる講習を行なっていないという，契約債務の正しい履行がされていないということと，指導者側の安全配慮義務への認識レベルと講習技術の個別能力に重大な問題があるからである。

(6) DAN JAPAN の保険金支払い事例から見る C カード保持者の事故の実態

　財団法人日本海洋レジャー安全・振興協会は，主として C カードを保有する一般ダイバーのために DAN　JAPAN（ダン・ジャパン　以降 DAN）という組織を運営している。DAN は会員制の組織でその会費で運営されており，DAN が認定した指導団体発行の C カード所有者は年間 5,000 円の会費で会員になることができる。DAN では会員向にさまざまなサービスを提供しているが，特に日本で唯一（2000 年現在），一般ダイバー向けのダイビング事故専門の保険（通常の傷害保険よりカバー範囲が広い）を提供している。この保険は会員になると自動的に付与されるものであり，また国内外の事故をカバーしている。

　従来から，事故の実態の一面が見られる保険金の支払い事例については，一般的にそのデータは公開されていない。しかし，2000 年 11 月，筆者は DAN の協力により特にそのデータの提供を受けることができた。このデータは，従来，ダイビングを行なったことを原因として発生した，医療行為などを必要とした事故の実態を捉えるシステムがどこにも存在していなかった中で極めて重要なものである。今回，提供を受けた資料をもとに，海外で発生した日本人の事故も合わせて見ることによって，ダイバーが遭遇する事故の内容を検討する。なお，図 3-1〜5 は，DAN より提供を受けたものをほぼそのままのスタイルで筆者が本書用に作り直した。その際，必要に応じて筆者が一部データを付け加えているものもある。また，提供を受けたデータの特性上，前述の「海外における日本人の事故事例」の個別の事例と重なっているものがあるかどうかの確認ができないため，このデータは独立して扱うことにする。

　なお，このデータでいう「年度」とは，4 月 1 日から翌年 3 月 31 日の 1 年間である。また，各図間の合計が合わないものがあるのは，「①事故報告があったが，保険請求がなかった」「②事故報告などで情報収集が出来なかった」（提供資料添付文書から）などの理由によるものである。

　この図 3-1「年度別事故発生状況（件数）」は，ここ数年の事故件数の伸びだけでなく，ダイバーが事故に遭う確率そのものの増大を顕著に示している。1997 年を基準年とすると，DAN 会員のダイバーの事故遭遇確率は，1998 年には 134

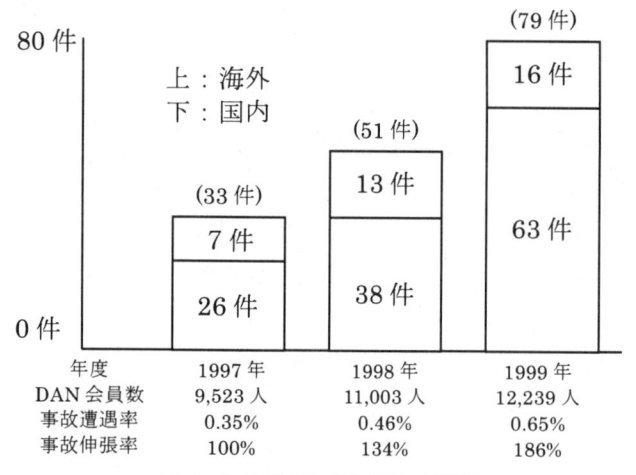

```
80件                               (79件)
                                   ┌──┐
         上:海外          (51件)    │16件│
         下:国内          ┌──┐      ├──┤
              (33件)      │13件│    │   │
              ┌──┐        ├──┤      │63件│
              │7件│        │   │    │   │
              ├──┤        │38件│    │   │
              │26件│      │   │    │   │
 0件          └──┘        └──┘      └──┘
    年度        1997年     1998年    1999年
    DAN会員数   9,523人    11,003人  12,239人
    事故遭遇率  0.35%      0.46%     0.65%
    事故伸張率  100%       134%      186%
```

図3-1　年度別事故発生状況（件数）

%に伸び，そして1999年には186%と大幅な増加となった。日本で活動をしているダイバー（約50万人）数を考えると，DANの会員がダイビングにより積極的で活動的であることで一般にリスクが高いことは推定できるにしても，ここに現れた数字は，昨今のダイバー全体の事故件数が大きく増加していることをあらためて裏付けている。

次に，海外の人気ダイビングスポット別に，日本人ダイバーの事故遭遇状況を図3-2「年度別海外ダイビングスポット別事故発生状況（件数）」に見る。

図3-2から分かることは，日本人にとっての人気スポットでは，そこに行くダイバー数に比例して事故も多いという事実である。

これらの人気スポットについて，ダイビング雑誌などでは年間幾度となく特集が組まれてキャンペーンが行なわれているが，そのスポットの事故の実態について報告されることはまずない。

では次に，実際の事故の実態について，国内外の日本人の事故の内容を見てみることにする。

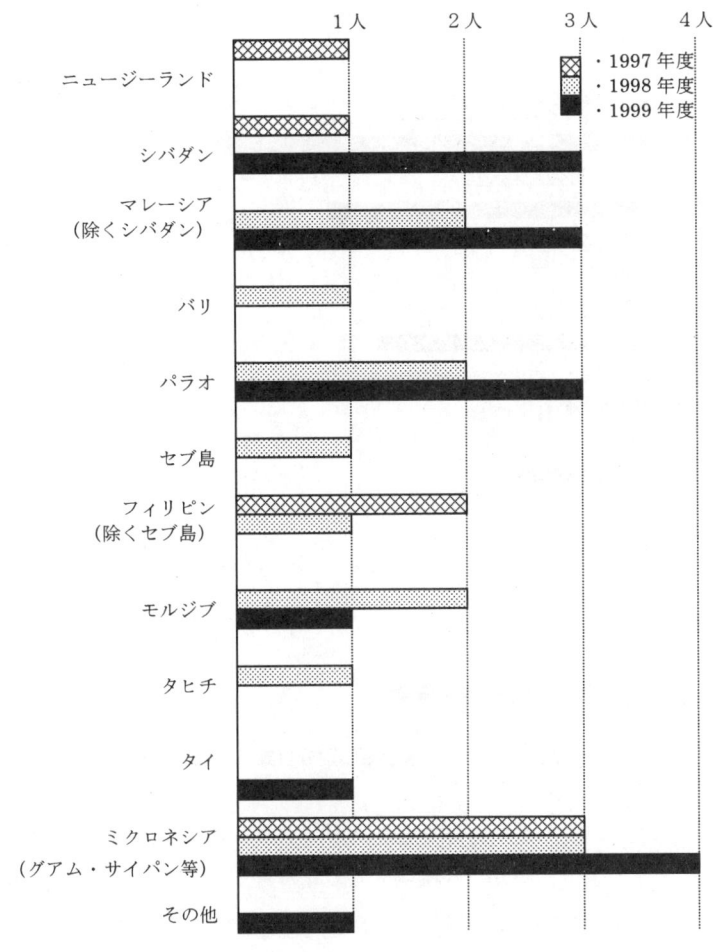

図 3-2 年度別ダイビングスポット別事故発生状況（件数）

　この図3-3「年度別原因別分析表」のデータからは，ダイバーが遭遇する事故の第一位が減圧障害（減圧症に起因するもの）であり，次いで二位に耳の障害，三位に外傷になっているということが分かる。
　この減圧障害については，活動的なダイバーが集まる静岡県の大瀬での聞き取り調査から，ダイバーの約2％が減圧症経験者であるという報告[32]もなされて

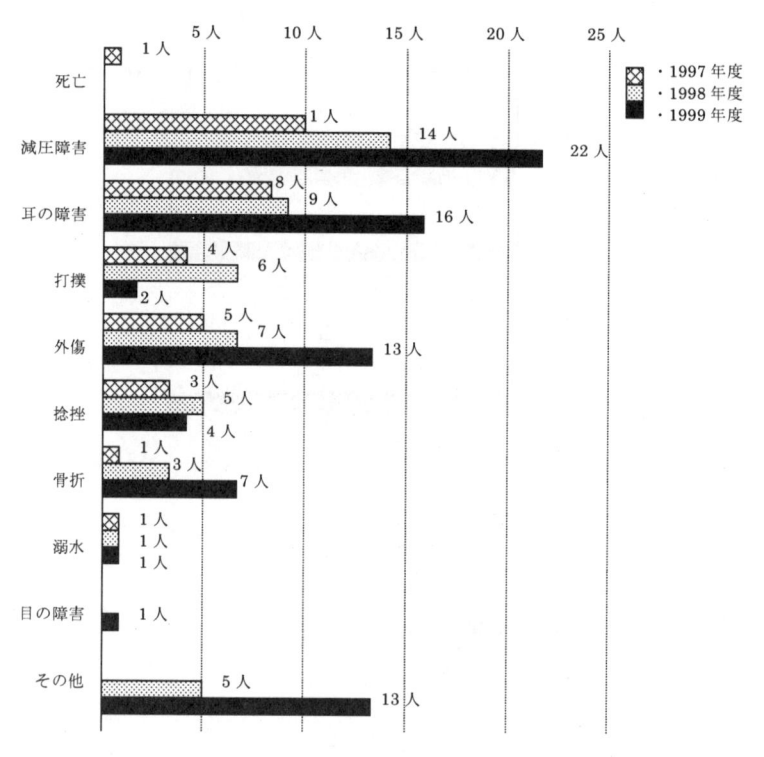

図 3-3　年度別事故原因別分析表（件数）

おり，この表の中のデータからは実態の一部しか明らかになっていないと言えるのである。そして水中という特殊環境下での耳の異常や外傷からパニックになることも容易に推定されることからも，最初にダイビングの技術を習得する講習の場で，このリスクが正しく（厳しく）教えられていず，またこのリスクを回避するための基礎訓練が十分になされていないことが，もちろんダイバー自身の自己管理の責任はあるにしても，これらの事故の原因の一部ないしはその多くが，「ダイビングは安全」「泳げなくても大丈夫」などとして講習生を募集して（「講習」という商品を販売して）教えている講習（商品）の質から来ていることは否定できないであろう。特に減圧症は，治療を受けないでも症状が改善したり感じなくなることも多々あるので治療が遅れてしまうことがある[33]。そしてそれに

死亡者
1%

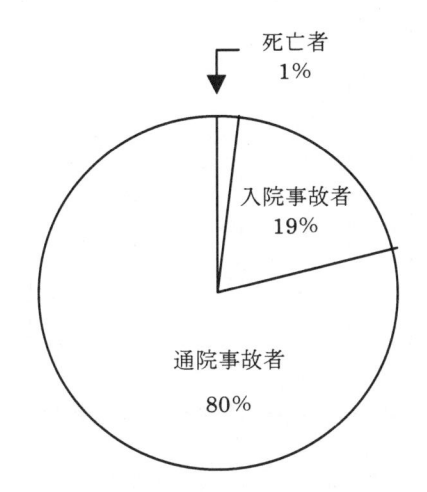

入院事故者
19%

通院事故者
80%

図 3-4　死亡，入院＋通院，通院のみの割合表（％）
（1997～1999 年度計）

よって蓄積された障害が，将来，重大な結果を招く可能性が高いことは，潜水医学の専門家も多く指摘しているところなのである。

図 3-4「死亡，入院＋通院，通院のみの割合表（％）」は，実際に事故に遭った人がどのような治療を受けたか示すものである。

ダイビングの事故によって入院したダイバーの一部，及び通院したダイバーの実態を示すものについてこれまで事故統計が出されてこなかったことからも貴重なデータである。

ここでは，例え通院であっても，それが減圧症から来ているものである場合，チェンバーという高圧治療機器に数時間も入っていなくてはならない場合もあり，それは本人の日常生活に支障をきたすだけではなく，その人のその間の社会参加を疎外することで社会的損失を生み出しているとも言えるのである。

では次に，こういった事故者の治療に要した日数を見てみることにする。

図 3-5「治療日数」に現れている治療日数で見ると，通院に 5 日以上かかっている人が約 68％と多く，ダイビング中の事故が軽視できないことを物語っている。特に治療に 20 日以上かかっている人の割合が約 16％もあり，その割合は入

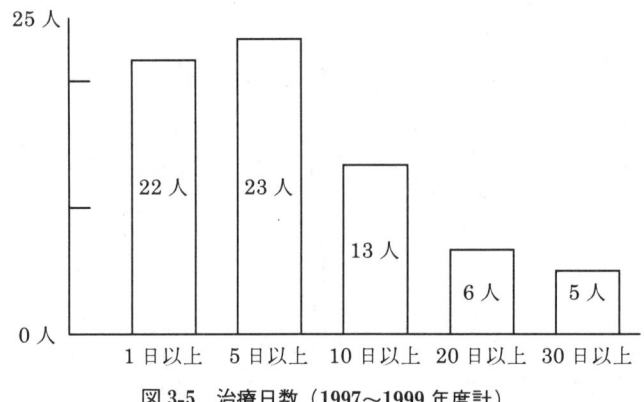

図3-5 治療日数（1997〜1999年度計）

棒グラフ: 1日以上 22人、5日以上 23人、10日以上 13人、20日以上 6人、30日以上 5人

院日数を含むにしても深刻である。

　ダイビングの活動において，事故は講習中でもファンダイビング中でも発生している。そしてダイビングの事故は，死亡を伴う深刻なものなのである。またその発生場所も日本だけでなく，ダイビングを行なう場所であればどこであろうとも発生しているのである。加えてダイビングに欠かせない器材であるタンクの危険性も2000年になって指摘[34]されている。

　次章ではこれらの実態も踏まえて，レクリエーションダイビングに関わる業者が安全配慮義務＝注意義務を果すことと，講習中やガイド中の債務履行にどのような法的な意味があるかについて考察を行う。

　次章ではこれらも踏まえて，その安全配慮義務＝注意義務を果すことと，講習中やガイド中の債務履行にどのような法的な意味があるかについて考察を行なう。

注・文献

28) これをまとめるにあたり，『水泳医学百科』（監修・編集　財団法人日本水泳連盟　1987年　南江堂　110〜123頁）を大きく参考とした。また小野昌子［溺死の研究，とくに錐体内出血の耳科学的観察］（日大医学雑誌　第33巻　第11,12号　日本大学医学会　1974年　823〜836頁）が参考になる。これ以外に，潜水による障害をわかりやすく知るためには，「新・潜水士テキスト」（労働省安全衛生部労働衛生課編，中央労働災害防止協会発行　1996年）の186〜239頁が参考になる。

29) このデータは，Divers Alert Network『*Reports on Decompression Illness and Diving Fatalities　DAN'S Annual Review of Recreational Scuba*

Diving Injuries and Deaths Based on 1997 Data 1999 Edition』（Durham, California 1999 年　アメリカ）62～71 頁から構成・作成

30) The British Sub-Aqua in the interests of diving safety 『*NDC Diving Incidents Report 1998*』（BS-AC 1998 年　Cheshire イギリス）から。

31) B.GARNDJEAN "EPIDEMIOLOGIE DES ACCIDENTS DE DÉCOMPRESSION]"『*Actualitès Sport et Medécine n°50-mai 1996*』（F.F.E.S.S.M. 1996 年　Marseille フランス）30 頁

32) 芝山正治：［レジャーダイバーの調査から得られた繰り返し潜水回数と最大深度を考える］（「第 3 回安全潜水を考える会　研究集会　抄録集」8 頁　安全潜水を考える会　2000 年）

　　※この研究の内容は，［レジャーダイバーの実態調査－減圧症経験者と減圧症罹患率－］として，先に第 35 回日本高気圧環境医学会総会（2000 年 11 月 11 日　東京）で発表された。

33) 山見信夫：［減圧症の治療はどうして遅れる？どうすれば速やかに医療施設が受信できるのか－減圧症の自己チェックについての提案－］（「第 3 回安全潜水を考える会　研究集会　抄録集」6 頁　安全潜水を考える会　2000 年）

　　ここで山見は，減圧症発症から DAN　JAPAN の医療サービスの一つである DAN ホットラインに電話をするまでの日数は，調査対象とした 98 人のうち，発症後 3 日以上経過しているケースが約 70％で，平均 4.8 日かかっていたと報告している。さらに電話があった者に病院を指定して受診を指示しても，実際には，調査対象 26 人のうち，その約 70％は 2 日以内に高気圧酸素治療を受けているが，中には 1～3 カ月後に受診しているケースもあり，平均 7.3 日であったとしている。そしてその理由として以下のものを挙げている。「1. ダイバーが減圧症の症状を知らない，2. 症状が軽いため，減圧症または病気と思わない，3. 症状の様子を見ている，4. 自然治癒を待っている，5. 病院での診察または治療を受けたくない，6. ダイバーが減圧症と認めたくない，10. ダイビングコンピューターに従って潜水したため，症状が出現しても減圧症と思わない」

34) 2000 年 6 月 30 日に，沖縄県宮古島でスクーバダイビング用アルミタンクに空気を充填中にそのタンクが破裂し作業員が怪我を負った。幸い，この空気の充填は半地下式の水槽で行なわれていたため重大な事故にはならなかったが，これがダイビング現場で起こった場合には深刻な事故になっていた可能性が極めて高い。

　　この破裂した容器を高圧ガス保安協会が分析した結果，容器の肩の破断面には疲労疲面特有の波状の紋が見られていた。同協会では，同時期に製造されたタンクを，沖縄県と東京都から各 3 本の計 6 本を取り寄せて調査した。まず沖縄県の容器 3 本に破裂試験（1 本）を行なって，残り 2 本を切断して内面の検査をしたところ，事故のときと同様の割れが確認されている。また 1 本にはねじ部の近くに製造時の材料欠陥が発見された。東京の 3 本分の結果については，筆者は情報を入手できていない。

　　なお，破裂したタンクは，10.3 リットルのアルミ製容器で，材質は A6351，外径 185 ミリ，長さ 628 ミリ，厚さ 13.5 ミリでオーストラリア製である。

このスクーバ用タンク（A6351のアルミ合金製）のこれまでの破裂事故は，高圧ガス保安協会によれば，宮古島のを含めて現在まで7件発生している。内，人身事故（死亡事故は発生していない）は，今回の宮古島のを入れて5件であった。

　宮古島以外の事故は，1994年6月にアメリカのフロリダで，1998年1月にオーストラリアのニューサウスウェールズで，同年2月にアメリカのフロリダで，同年8月にニュージーランドで，同年12月にアメリカのフロリダ発生した。原因はクラックの成長が5件，不明が2件であった。そして高圧ガス保安協会は，この時点で日本に入っている，このA6351の材質のスクーバ用タンクは27,158本である（廃棄分は不明　この本数は後に訂正された…後述参照）としていた。タンク販売会社では，1990年5月以降はアルミ合金の材料をA6061に変更しており，この容器のトラブルはこの時点までは報告されていない。（以上，高圧ガス保安協会2000年8月11日付け，「スクーバ用アルミ容器の破裂事故（中間報告）」から）

　ダイビングの盛んなスポットがいくつもある和歌山県の消防防災課では，2000年8月に，スクーバダイビング用圧縮空気の充填業者に対して，文書で事故防止のための注意依頼（「スクーバ用アルミ製容器の破裂防止について（依頼）」消　第664号　平成12年8月22日　和歌山県総務部消防防災課長名文書）を行った。その文書では，先の宮古島でのタンク破裂事故を紹介し，「1990年5月以前に製作された，スクーバ用アルミ合金製容器（材質-A6351）充てんに際しては，充分注意すること」と，「消費者に対しての周知義務を怠らないこと」などが記載されている。また，大阪府生活文化部保安対策課からも，同様の内容で，業者の委員会宛てに文書（「6351合金製スキューバ用アルミ容器の取り扱い上の注意について（通知）」保安　第299号　平成12年8月30日　大阪府生活文化部保安対策課名文書）が発せられている。

　これらの通知の基になった文書は，先の宮古島の事故を受けて，通産省環境立地局保安課長名で各都道府県高圧ガス担当部長宛てに出された，「6351合金製スキューバ用アルミ容器の破裂事故への対応について」という2000年8月23日付け事務連絡文書である。なお，この文書には，タンク販売会社による，タンク交換の連絡も含めた8月23日付けの「ニュースレリース」（「旧 CIG Gas Cylinders（現 Luxfer Gas Cylinders オーストラリア）及び Luxfer Gas Cylinders USA 製スクーバ潜水ボンベの新しい検査方法及びお取り替えのお勧め」日本ラクスファー株式会社　ニュースレリース　平成12年8月23日）も添付されていた。この「ニュースレリース」では，問題のタンクの検査について，「適切に訓練を受けた検査員により目視でねじ部にクラック割れの有無を直ちに検査する事をお願いします」とし，その検査方法とクラック割れの典型例の写真を添付している。また「この目視検査を受けない Luxfer/CIG 6351アルミ合金スクーバボンベには高圧空気を充てんしないでください」と警告している。さらに安全を期すために渦電流非破壊検査機器で，目視では見つけるのに難しい初期のクラック割れの検査も勧めている。なお，通産省はこの件に関して追加の事務連絡文書（「6351合金製スキューバ用アルミ容器の破裂事故の対応について（追加連絡）」事務連絡　平成12年9月8日　通商産業省環境立地局保安課長名文書）を出し，その別添で，数頁に渡って，問題の容器の製造年月日と容器番号一覧表を付けて

いる。さらに社団法人大阪府高圧ガス安全協会からも，このA6351の容器について，「該当容器の取り扱いについて十分注意されます様，関係者及び関係部署へ周知徹底して下さい」と記載された文書（「「6351合金製スキューバ用アルミ容器の取り扱い上の注意」の続報について（追加通知）」大安協発　第12-127号　平成12年9月14日　社団法人大阪府高圧ガス安全協会会長名文書）が出ており，加えて，A社の保安推進室から，「保安情報」（「第2報「6351合金製スキューバ用アルミ容器の取り扱い上の注意」の続報」平成12年9月19日　整理No. S12-643　A社保安推進室　室長名文書…この文書は公的文書の添付文書ではないので社名は匿名とした）として，十分注意するよう訴える文書が出ている。そこには「当該容器と同タイプの容器で，その後，東京八丈島においても割れによる空気漏れの事故が1件発見された」とあり，またこの文書では，先のタンク本数を否定して，日本国内出荷数で53,265本が正しい本数であると訂正している。

　これらを受けて，ダイビングの盛んないくつかの地域のタンク充填業者が該当タンクを調査した結果，そのうち約30%にクラックの生成が見られた地域と，約10〜15%で見られたという地域があったという口頭での報告もあった（文書化はされていない）。

　圧搾空気が充填された200気圧もの内圧のあるタンクが破裂した場合，それが深刻な結果をもたらすであろうことは想像に難くない。

第四章　安全配慮義務

※これより「被害者と事業者との間の法的関係」の項までの研究は、一部を除き、財団法人倶進会 2000 年度助成を得た。

レクリエーションダイビングが，消費者（講習生・体験ダイバー・一般ダイバー）対業者（ショップ・インストラクター・ガイド）との契約に基づいて講習や体験ダイビング，またガイドダイビングが行なわれる場合において，インストラクターやガイドが，ダイビングにおいて当然予想しうる「致死的」状況から講習生・体験ダイバー・一般ダイバーを守るために取らねばならない安全配慮義務（注意義務）について，実際の事故の事例や判例を紹介しつつ考察する。

1. 刑事責任についての判例研究

(1) アドバンスコース講習時における講習生死亡事件

（最高裁判所第一小法廷　平成 4 年 12 月 17 日決定　棄却　平成 4 年（あ）第三八三号　最高裁判所刑事判例集第 46 巻 9 号 683～704 頁）

これは，PADI のアドバンスコースの講習中に受講生が死亡した事件で，PADI のインストラクターが講習生への注意義務を怠ったことによって，刑法三九六条を適用して業務上過失致死罪の成立が認められたものである。この判決の重要な点は，「指導補助者及び受講生の不適切な行動が介在した場合でも指導者の行為と受講生の死亡との間に因果関係があるとされた事例」（「判示事項」）というところにある。

事故の概要：この事故は，1988 年（昭和 63 年）5 月 4 日午後 9 時ごろ，和歌山県串本町の海岸近くの海中において，インストラクターがアシスタント（潜水指導補助者）3 人を指揮しながら 6 人の講習生に対して，PADI のアドバンスコースの講習のナイトダイビングの指導を行なった時に発生した死亡事故である。当

時の海中はこれまでの降雨のために視界が悪く，海上では風速4m前後の風が吹きつづけていた。指導をしていたインストラクターは，講習生2人ごとにアシスタントを配して各担当の講習生を監視するように指示した上，一団となって潜水を開始し，100mあまり前進した地点で魚を捕らえて講習生たちに見せて再び移動を開始したが，その時，インストラクターは講習生たちがそのまま自分についてくるものと考え，アシスタントたちにも特に指示を与えることもなく，後方を確認しないまま前進した。その後，後ろを振り返るとアシスタント2人しかついてきていないことに気づき，移動を開始した場所まで戻った。この間，他のアシスタント1人と講習生6人は，逃げた魚に気をとられていたため，このインストラクターの移動に気づかずにその場に取り残されていた。その後海中のうねりのような流れにより沖のほうに流された上，アシスタントがこのインストラクターを探して沖に向かって水中移動を行なったため講習生たちもこれについていくことになった。このため移動の開始地点へ戻ったインストラクターはこれらの講習生たちを発見できずに見失った。沖に向かってインストラクターを探しにいったアシスタントは，被害者である事故に遭った講習生のタンクの残圧（空気の残量）が少なくなっていることを確認したためいったん海上に浮上したが，風と波のために水面移動が困難であった。そのためそのアシスタントは講習生たちに再び水中移動を指示し，これに従った被害者が水中移動中に空気を使い果たして恐怖状態（パニック）に陥り，自ら適切な措置をとることができないままに溺死した事故である。

　この事故がもつ，他の多くのスクーバダイビングの事故（講習・体験ダイビング中）との共通点は，

1. 指導団体認定インストラクターの指導による（アドバンスコースの）講習中の事故であったこと。
2. インストラクターが講習生を「見失った」ことによって，講習生が死亡したこと。
3. 業者側は，オープンウォーターの講習を修了した事故者は充分に自立したダイバーであり，よって自己責任によって潜水しており，さらに講習生を見失っ

たことは自然環境が原因であり、決してそれはインストラクターの注意義務違反ではないという内容の主張をしたこと。

※この「ダイバー（のみ）の自己責任」という主張は、ダイビング業界が常に用いている主張であり、後述する、自らの全面免責のみを一方的に主張する時の理由に用いられている。（免責同意書問題については、第五章 免責同意書問題 を参照されたし）

①判決文から

被告人の過失（安全配慮義務違反）との因果関係について

（1）注意義務

『起訴状（変更された訴因）記載の注意義務は「潜水指導者としては、自らあるいは指導補助者を指揮して、受講生が余裕をもって陸上に戻れるように各受講生の圧搾空気タンク内の空気残圧量を把握すべく同人らのそばにいてその動静を注視し、もって受講生の安全を図るべき業務上の注意義務がある」というのであり、当裁判所も同様の注意義務を認定したわけであるが、本件のような潜水講習においては、潜水指導者が絶えず受講生のそばにいてその動静を注視すべき注意義務を追うことはいわば当然であり（後略）』

『受講生を水中で見失ってしまうことのないようにたえず同人らのそばにいてその動静を注視する注意義務があることは明らかである』

『潜水指導者である被告人に、たえず受講生らのそばにいてその動静を注視すべき注意義務の違反があったことは明らかである』

『指導者たる被告人は片時でも不用意に受講生のそばから離れてはならなかったのであり、被告人が受講生らを見失ったのは、右の不用意な行為が重要な原因となったものといわざるを得ない』

との判断を下している。なお、この事故が起きた状況下では、インストラクターは、他にアシスタントインストラクターを講習生たちに付けていたが、裁判所はこれらのアシスタントへの刑事責任は認めていない。つまり彼らを管理・指示することもインストラクター（潜水計画立案者でもある）の責任であるとした。

②PADIのオープンウォーターの資格に関する司法の見解

『これらの資格は、PADIなどの資格認定団体がダイバーの技術の一応の目安

として設定した基準によるものであるが，オープン・ウォーターの資格を取得するためには，四回程度の潜水訓練と講義を受けることで足り，スキューバダイビングとしては未だ初心者の域にあり，その際得た知識や技術を常に生かすことができるとは限らない。むしろ，潜水経験が乏しく，技術の未熟な受講生が漫然と空気を消費してしまい，空気残圧がなくなった際に，単独では自ら適切な処置を講ずることなく溺水することは容易に推測することができる，以上の事実が認められる』とし，PADIのオープンウォーターの資格は，「空気残圧がなくなった際に，単独では自ら適切な処置を講ずることなく溺水する」レベルにすぎないと規定した。これはPADIのみならず，ダイビング業界で「エントリーレベル」という名称で呼んでいるオープンウォータークラスの講習では，一般に業界の宣伝のような"ダイバー"としての技量が身につかないことが確認されたことになった。

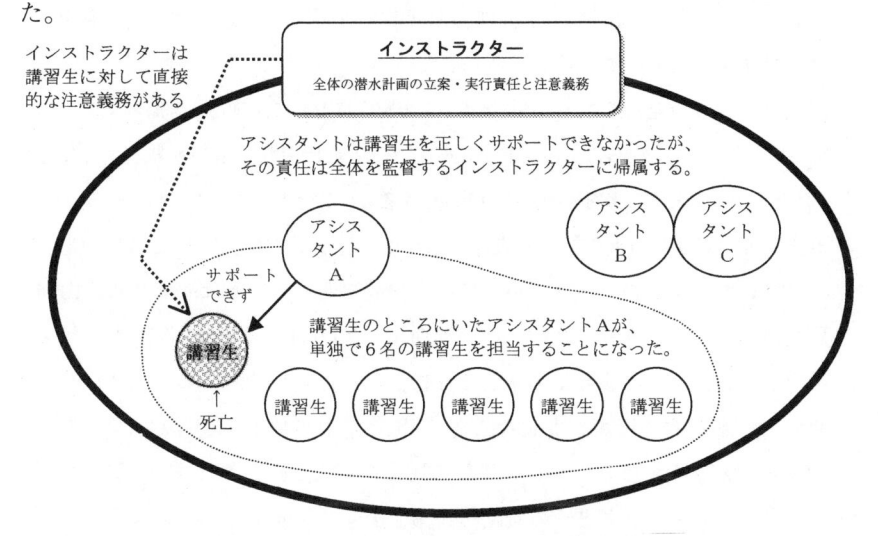

図 4-1　アドバンスコース講習時における講習生死亡事件の図

> ダイビング業者は，このインストラクターには責任がないと主張した。その理由として講習性は初心者ではなく，かつ事故の責任は，そのアシスタントにあるとした。
>
> これに対して司法は，講習性は初心者レベルの技術しかなく，またアシスタントはインストラクターの指揮下にあったのであって，業務上の過失責任は，潜水計画の立案・管理者であるインストラクターに帰属するとした。

(2) サバチ洞窟事件

（那覇地方裁判所　平成10年4月9日判決，平成4年（わ）第106号　福岡高裁那覇支部　平成9年（う）21，控訴棄却　上告2000年（平成12年）12月現在最高裁で審議中。なおこの判例は判例集未掲載）

※この事件は，事故発生当時，一審判決時，二審判決時ともに，地元の新聞各紙で大きく取り上げられて広く知られている事件であり，2000年12月現在も最高裁判所で審議中ではあるが，一審，二審判決の内容の重要さを鑑み，参考としてここに紹介する。

事故概要：これは1989年（平成元年）8月9日午前10時30分ごろ発生した3人のプロレベルを含む上級ダイバーの死亡事故である。場所は沖縄県八重山列島与那国島南側海岸，通称「サバチ台」沖約40mの水深約33mにあるダイビングポイント名「サバチ洞窟」である。ここに，与那国島のダイビングショップMのオーナー兼ガイドKが，事故者A（男42歳），B（男37歳），C（女24歳）を含む8人をガイドしてダイビングを実施した。A，Bともにダイビング歴20年以上で，インストラクターの資格を持ち，Cもアシスタントインストラクターの資格を持つ上級ダイバーであった。

当日はガイドKのボートでポイントまで行き，Kが客5人を率いて先に洞窟へ行き，次いでBが引率して事故者3人が洞窟ダイビングを行なった。ただしBはこの洞窟へのダイビングは全くの始めてであった。洞窟は入り口から約46m入ったあたりから上下の幅が約2m以下の細い通路となっており，入り口から

約74m（水深約24m）の地点で行き止まりとなっている。また細い通路から先は外部の光は入らなくなっている。

先に入ったKが引率する6人は，洞窟の最奥部に行ったあとに引き返し，その直後に後続の3人とすれ違った。このとき3人に異常はなかった。

午前11時5分頃，K率いる6人は海面に浮上したが，後続の3人が予定の時間になっても戻ってこないので，Kが再び洞窟内に探しに行ったところ，最奥部に近いところで，数mの範囲で3人とも死亡しているのを発見した。

遺体引き上げ後，前日からカゼ気味であったAに対して，それが何らかの原因となっていたかを調査するため司法解剖が行なわれた。B，Cに対しては検屍のみ行なった。これを担当した医師による，Aの主要剖検所見及びB，Cの主要検屍所見の詳細については略す。詳細は［海中洞窟内で発生したスクーバ・ダイビング死亡事故］（向井敏二，大野曜吉，内間栄行，梶原正弘，仲里稔，永盛肇「法医学の実際と研究33」171頁〜176頁　法医学談話会　1990年（平成2年）……以下資料1とする）を参照していただきたい。

この資料1によると，Aに対する所見では「死因となるような疾病・損傷等の異常は認められない」（同172頁）となっていた。A，B，C3人に対する所見としては，「3名には急死および溺水の所見が認められ，他に死因となるような異常が認められないことから，直接死因は溺水による窒息と認められた」とし，「溺水の前後に，狭い洞窟内部の岩などで皮膚露出部を打撲・擦過した可能性が考えられた」と意見を加えている（同173頁）。

また3人が使用していた器材の検査結果として，地元ダイビング業者の協力を得た沖縄県警察本部科学捜査研究所によるものとして，資料1では，エアタンクについて「アルミ製であり，亀裂等の異常や内面の腐食（錆）は認められなかった」（同173頁）とし，AとBのタンクは法定検査期限をわずかに過ぎていることを示した。また，タンクの残圧と残留気体の成分に関しては，残圧はすべてゼロであり，気体成分については異常性を認めなかったと報告している（同173頁）。他の器材（レギュレーター・ホース類・計器類など）の故障も認められていない（同173頁）。

資料1には，事故現場の実況見分による結果も報告されている。これによると，洞窟内部の状況は，Kの説明とはかなり異なっており，「海底に溜まった砂が足ヒレ（※フィンのこと）の動きで巻き上げられると，視界が極度に障害されることが，実況見分によって初めて明らかになった」（同174頁）とある。なお，筆者が2000年4月27日に沖縄県警に確認したところ，当時の見分は非常に困難であって，見分にあたった警察官のダイバーすら重大な事故の寸前まで至り，警察内で当該警察官に労災の申請をするかどうかの検討がされた程であったとのことであった。この当時の検分の時の状況については，同日に，沖縄県の地元新聞社の，当時この件を裁判担当として取材していた記者にも確認している。資料1では，事故の原因であるエア切れについて，「警察官によって行なわれた実況見分によれば，洞窟の最も奥の部分からの出口は斜め下方に位置することから，足ひれ等の動きで海底の砂が巻きあがっていたとすれば，出口を見失ってパニック状態に陥る可能性」（同175〜176頁）との仮定を示している。このような暗い閉所において，さらにライトを用いても砂の巻き上がりで視界が取れない状況下で，たとえ3人がベテランダイバーであっても，タンク内のエアの残量が刻一刻と減っていくことで，パニックか，それに近い状況にまで至り，それが洞窟内の砂の巻き上げを助長して帰路の発見をますます困難にしていき，結果として3人が溺死に至ったということは容易に推測できることである。

● 地裁および高裁判決の考察

検察による起訴と一審判決

（那覇地方裁判所　平成9年3月13日判決　平成4年（わ）第106号　控訴）

この事故は刑事事件として1992年4月13日，那覇地方検察庁により起訴された。

起訴状によると，第一に「そもそもスキューバ・ダイビングは，水中高圧下での活動であるため，小さなトラブルから溺死等に至る危険性を有するもの」とし，「一般スキューバ・ダイバーを引率してガイド・ダイビングを実施しようとするダイビング・サービス業者としては（中略）事故の発生を未然に防止するための措置を取るべき業務上の注意義務がある」ことを怠ったとしてKの過失を指摘

した。さらに第二で，Ｋが「沖縄県知事の許可を受けないで（中略）高圧ガスを製造した」とし，第一を業務上過失致死，第二を高圧ガス取締法違反として起訴理由とした。

被告人は起訴状の第二については争わず，第一について争うことになった。

争点としては，判決要旨（以後資料2とする）によると，

（a）被告人が被害者3人をガイドしていたかどうか，

（b）本件洞窟をガイドダイビングする際のガイドの注意義務の内容，その違反の有無等

の2点となった。

この争点に対する判断として，資料2によると，「被告人ら6名と被害者3名のエントリーの時間はほぼ同じであること，被害者3名は被告人ら6名に引き続き本件洞窟に入り，洞窟内のコース取りも基本的に同じであること，被害者3名を含む被告人ら9名の深度は基本的に同じであり，エアータンクの残圧の管理も共通しており，被告人ら6名と被害者3名のエキジットの場所及び時間も基本的に同じ予定であったことなどの事実が認められ，被告人6名と被害者3名の潜水計画は共通のものであったということができる。そして，ダイビングポイントのガイドは，そのポイントの地形，深度，潮流等を熟知した者が行なうのが通常であるところ，Ｂは，インストラクターの資格を有しているものの，本件洞窟に入るのが本件当日が初めてであり，本件洞窟の地形等に精通する被告人と全くの別行動を取って，Ａ，Ｃの2名をガイドするとは到底考えられない」との見解を示し，「被害者3名と被告人ら6名は同一グループであったと強く推認される」とした。

被告側は，被害者3人はエビを捕獲する目的でサバチ洞窟内に潜ったのであり，洞窟の地形を見ることを目的とする被告人らのグループとは別行動であったなどと主張した。

これに対して判決では，「3名にエビ捕りの意思があったとしてもそれはあくまでも付随的なものに過ぎない」とし，「同一グループといえるためには，弁護人主張のようにＢら3名が被告人らと全く同じ目的のもとに同一の行動を取っ

ていなければならない訳ではなく，潜水計画が共通である以上，個々のダイバーの嗜好（潜水目的）に応じて多少の別行動があったとしても，同一グループと認定するのに何ら支障はない」とした。

また，「被告人は本件洞窟につき豊富な潜水経験を有していることなどから，被告人がグループの潜水計画の管理者として，第一次的にガイドダイバーとして責任を負うのは当然である。したがって，被告人は，被害者3名をガイドしていたものと認められる」とした。

争点の(b)については，本件洞窟がダイビングポイントとしては極めて危険な海底洞窟であるとして，「このような海底洞窟であえてダイビングサービスを行なうというのであれば，通常のダイビングを行なう以上の危険回避措置が要求されるというべきである」とした。そして「被告人は，右回避措置をとらなかった結果，被害者3名を本件洞窟内において溺死するに至らせたものと認められる」とした判断を下した。

量刑の理由として，「被告人の安全管理は，ダイビングサービス業者としては極めて杜撰なものというほかなく，過失は重大」と被告人の過失責任を認め，また「エアー切れという極限状況で溺死するに至った各被害者の恐怖感は，想像を絶するものがある」と，被害者への配慮を示した。しかし，「スキューバダイビングは，重大な事故につながりかねない危険性を本来的に内包しており，ダイバーはその危険性を承知の上で自己の責任においてダイビングを行なうという面も認められる」と被告人の主張にも一定の理解を示した。また「ダイビングの安全管理等に関し直接規制する法律はなく」という法的不備を指摘し，さらに「本件事故当時，八重山地区においてダイビングサービス業者が負う業務上の一般的な注意義務について確立されたルールはなかった」と地元業者側の，重要な事項における自己規制がなされていない点を指摘した。

以上から，裁判所は，1997年（平成9年）3月13日，被告人に対して懲役2年，そして諸事性を考慮した上で執行猶予3年をつけた判決を言い渡した。これに対し，被告人側は，この判決を不服とし，同年3月24日控訴を行なった。

一審判決に見る，潜水ガイドが客に対して持つ注意義務

　この一審判決においては，今後，致死性のある商業レクリエーションスポーツにおける安全管理の指針となるべき重要な判断がなされた。

　まず第一に，たとえ客のダイバーが経験豊かなプロレベルのインストラクタークラスのダイバーであろうとも，初めてのダイビングポイントに対しては，そのポイントを熟知しているガイドが潜水計画に関してより高い責任があること。第二に，ダイバーのグループの一部が別行動を取っていたとしても，それが同一の潜水計画の中での行動であれば，同一のグループであるとしたこと。第三に，潜水計画立案者に対して，ダイバーが安全にダイビングを行なえるような危険回避処置，つまり注意義務の十分な履行を求めたことである。

　この第一から第三の理由をもって，ガイドがグループの潜水計画の管理者であれば，第一次的にガイドダイバーの責任を負うものと規定した。このことは，これまでダイビングの経験者であるというだけで，事業者（ガイドなど）の管理下（ショップにおけるツアー契約下など）での責任があいまいであったダイビングの事故において，刑事責任の所在とその理由について明確な判断がされたということであり画期的な判断であると言える。

　また，この判決では，このような事故を発生させる要因として，一つに行政側の法整備のなかったことを指摘し，もう一つとして，地元業界側が人命にかかわる事業を行なっているにもかかわらず，ダイビングの本質的危険から起こり得る事故を未然に防止するために行なうべき注意義務のルールを確立していなかったという，事故を間接的に誘引した外的要因の未整備を明らかにした。

　司法は，この判決及び量刑の決定において，まず「スキューバダイビングは，重大な事故につながりかねない危険性を本来的に内包」とし，その上で"ダイビングには重大な危険性がある"ことを前提として「ダイバーはその危険性を承知の上で自己の責任においてダイビングを行なうという面も認められる」として，被告人側の主張にも一定の理解を示している。

第二審判決の考察

　（福岡高等裁判所那覇支部　平成10年4月9日判決　控訴棄却　平成9年（う）21　上告）

被告人側は，一審判決の不服の理由として，
(1) 理由不備
(2) 訴訟手続の法令違反
をあげて控訴を行なったが，裁判所はこれを棄却した。

二審判決文（以下資料3とする）主文によると，その理由として，被告人側が「Aの体調不良によるパニックのためであると強く主張」し，一審判決において「原判決は何ら理由を付さずに漫然と右のとおり認定しており，理由不備の違法がある」としていたことに対して，「被害者らの溺死の原因に関する被告人らの主張は，犯罪構成要件に該当する事実の一部（因果関係）を否認するものであって，法律上犯罪の成立を妨げる理由又は刑の加重減免の理由を主張するものではないから，これに対する判断を示す必要はないというべきである」として，「原判決に理由不備の違法があるとはいえない」とした。同じく同主文において，一審の公判中に，検察官が，被害者を見失った入出路の入口からの距離を，起訴した距離を削除する旨の「訴因変更請求をし，原裁判所がこれを許可したことは，公訴事実の同一性を欠き，（中略）原判決には，訴訟手続の法令違反がある」との弁護側の主張に対して，「右訴因変更は，被告人の過失（注意義務違反）や被害者らの死亡（溺死）に関する具体的事実については全く同一」であり，「右訴因変更が時期を失して許されないということもできない」とし，「訴訟手続き上の違法はない」とした。

さらに弁護側が，被告人は死亡した3人をガイドしておらず，よって業務上の注意義務違反はなく，3人の死亡との間には因果関係がないとして，これを認めた判決に事実誤認があったとした主張に対して，この因果関係を肯定したことは「正当として支持する」とし，事実誤認はないとした。

資料3の主文には，ダイビングサービス（ガイド等）を行なう際の法的責任の所在について，いくつもの重要な判断がされているので，次にこれらを分類してみる。

▶**控訴審判決に見るガイドダイビング時の潜水計画立案者・ガイドの注意義務**について

最初に，ガイドダイビングサービスについての判断がされているので，それを

紹介する。

「スキューバダイビングは原判示のとおりほんの些細なトラブルから溺死等の重大な事故につながりかねない危険性を内包しているものであり，水深，潮流，地形等に応じた適切なダイビング方法を取る事が必要とされ，場合によっては，特定の場所におけるダイビング自体を行なわないという選択をする必要もあるのであるから，ダイビングサービス業者が顧客に提供するダイビングサービスにおいては，現地の海流，地形等を熟知したダイビングサービス業者のガイドにおいて，各ダイバーを引率するのが相当であることは明らか」と，現在数多くいる，いわゆる非常勤のインストラクターを中心とした，アルバイト感覚で経験の薄い，あるいは不慣れなポイントでガイドを行なうことの危険性を示している。

①ダイビングサービスの内容の規定

「顧客のダイビング用のタンク，ウエイトを準備し，ボートを手配して顧客をダイビングポイント上に連れて行き，ガイドが一緒に潜って，海中のダイビングポイント上に連れて行き，ガイドサービスを提供するもの」と規定している。この裁判の二審では，被告人が「ボート代，タンク代，ウエイト代，昼食代だけがボートダイビングの基本料金に含まれ，ガイド代は無料である」という区別を申し立てたが，裁判所側はこれを「全く合理性がない」とした。また，「特に反対の意思の表示がされていない限り，顧客等が安全にダイビングできるようなやり方でダイビングポイントをガイドすることを約したものと解すべき」と規定した。

②ダイビングサービス業者の義務

「同一機会，同一場所のダイビングの際に，ダイビング目的を異にする複数のダイバーがいた場合には，各自の目的，当該ダイビングポイントの地形，海流などを考慮したうえ，ガイドの管理下に全員が同一行動を取りうるか，別行動が生じる可能性があるとすればダイバーの安全管理上の問題が発生しうるか，その問題に対する安全な対策を講じることが可能であるかといった点を判断して，必要な措置を講じ，場合によっては別目的を有する者に対してはダイビングサービスの提供を断るといった対応を採ることも必要となるところ，右のような判断にあたっては，当然に，右のような判断を加えたうえで，必要な措置を講じるべき業

務上の義務がある」とした。また，「参加したダイバーがパニックに陥ることがないようにし，また，あるいは仮にパニックが発生したとしてもそれに適時に適切な対応をとれるようにしておく必要がある」としている。

③ダイビングボートの船長の義務

「船の操縦者として，各ダイバーの潜水計画を予め知っておくことが重要である」とした。

④ダイビングにおける同一グループの定義

「単に集団として同一であるというにとどまらず，被告人の引率，管理下にあるべき一つの集団であるという意味」と定義した。

⑤ガイドの責任と義務について

「結果として被害者らが別行動をとっていたとしても，被告人が注意義務を逃れることはできない」「被害者らの生命等に危険が及ばないように事故の発生を未然に防止するための措置をとるべき業務上の注意義務を負う立場」とした。以下にそれを詳しく記す。

(a) 危険の引き受けについて

弁護側が「被告人は（中略）Bに対して引き返す旨のオーケーサインを出し，その応答を得ており，（中略）被害者3名は自らの意思で被告人のガイドを離れたものであり，ダイビングに通常伴う危険の全てを自ら引き受けたもの」であって，「被告人の注意義務違反と被害者らの死亡との間には因果関係がない」という主張に対して，裁判所は，「Bが被告人のオーケーサインに応答したからといって，自らの意思で被告人のガイドを離れ，ダイビングに通常伴う危険の全てを自ら引き受けたということもできない」として，ガイド中にグループ内のメンバーの一部が，OKサインのもとに別行動をとったとしても，それが即，ダイビングに伴う危険を全て引き受けたことにはならないとしている。

(b) パニックについて

（ア）パニックとは：「パニックは，さまざまな原因（中略）により，死への恐

怖等といった人間の本能が働き，冷静さを保てなくなる状態のこと」
（イ）パニックを起こす例：「ダイバーが，ダイビング中に，タンク内の空気をほぼ消費し，生きて海上に浮上できないことを認識すれば，その段階でパニックを起こすのはむしろ当然」
（ウ）パニックを起こしたダイバーに対する義務：「参加したダイバーがパニックに陥ることがないようにし，また，あるいは仮にパニックが発生したとしてもそれに適時に適切な対応をとれるようにしておく必要がある」

⑥洞窟でのダイビングにおける安全のためのガイドラインについて

「参加したダイバーに洞窟の状況を適切な方法で周知し，洞窟の危険性を説明し，参加したダイバー全員を十分監視できるようなチームを編成し，緊急時に備えて予備タンクを設置し，ガイドラインを張った上で出口がわかるようなマーカーを設置するなど，事故の発生を未然に防止するための措置をとるべき業務上の注意義務を負う」とした。これは洞窟ダイビングのサービスを提供する時の業者における安全管理のモデルケースとして貴重な見解である。

この裁判の現在の状況について

被告人側は，この二審判決を不服として，1998（平成10年）年4月22日，上告を行なった（平成10年（あ）550）。なお，最高裁では2000年（平成12年）12月現在審議中である。また，これらの判例は，判例集未掲載である。

▶サバチ洞窟事件の総括

この裁判は，これまでダイビング事故が，業者のガイド中の出来事であった場合に，全ての責任が事故に遭ったダイバーにのみあるというのが，業者側の，免責同意書という契約書などの文書を用いての主張であったが，この裁判では，司法によって明確に業者側の責任が規定されたことが意義深い。この判例が確定した場合には，今後この判例は，商業レクリエーションスポーツにおける事業者責任と安全管理上の注意義務の範囲を明確にした判例ということで重要なものとなるであろう。

なお，沖縄県では，この事件後，条令（沖縄県条例第29号……「水上安全条令」）と水上安全施行規則」（沖縄県公安委員会規則第1号）の制定によってマリ

ンレジャー産業の無法状態への改善の策を示したが，ダイビングに関する部分を見ると，初級潜水者への指導と案内について（講習やガイドのこと），インストラクター1人に対して「おおむね6人」（「水上安全条令施行規則」第18条の2）とし，中級潜水者に対しては「おおむね8人」と上限を示しているが，実際にはこの数字は当時のダイビング業界の反発を受けて，条例の成立を第一として，業界に"十分な配慮"を行なった結果であるといわれている。これはダイバーという消費者の安全確保のためには危険な数字であると言える。現状のままでは，業者が事故を起こした時に，実際に起こっているように，その責任を回避するためにこの数字の規定を利用することになるからである。この人数規定を，業者が明らかな注意義務違反の責任の回避のために利用する可能性については，2000年4月に筆者が面談した，沖縄県のダイビング業者の指導的立場にある人も同意見であり，同様の危惧を抱いていた。

　このような，海洋レジャー産業においての安全確保に関して先進的な条令であっても，人命に関わる最も大事な部分に致命的とも思える数字が採用されたことは，大きな問題である。

　また，水中でのダイバーの安全確保のために必要な，インストラクターやガイドによる動静チェックの義務化とそのチェックのための時間的間隔（指導団体がインストラクター試験で"口頭"のみで言っている，初級者に対しては5秒に1回，中級者に対しては10秒に1回）の規定という，最重要なものが抜けているということは，本来，意図していなかったとしても，水上安全条令とその規則は，消費者たる講習生や体験ダイバー及び一般ダイバーの保護の役に立つのではなく，結果的に安全対策を怠っている業者（特に指導団体）を現状のままで保護し，かつ彼らが注意義務を怠って事故が発生した時に，その責任回避のための法的な裏付けを与えることになってはいないだろうか。

　この致命的な問題を解決していくためには，事業者責任を明確かつ厳格にしていくことこそが，致死的なダイビングの事故を防ぐための最優先課題と言えるのである。

（サバチ洞窟事件調査協力　琉球新報）

図 4-2 サバチ洞窟事件の図

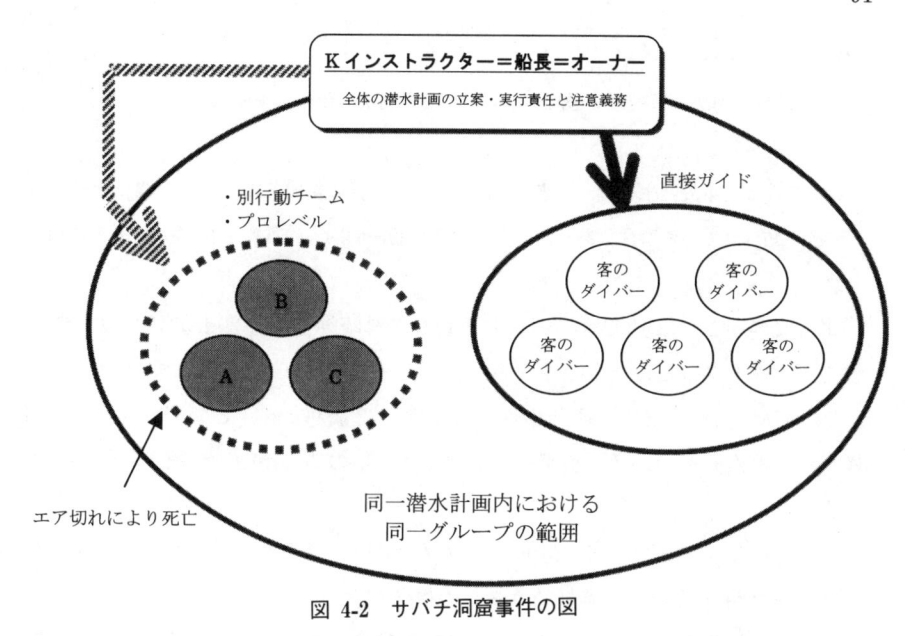

　水中で，Ｋが作成した同一潜水計画の下でＢがＡＣを率いて別行動中の事故と認定。

　ガイドがグループ全体の潜水計画の管理者であれば，第一次的にガイドダイバーが全体に対して責任を負うものと規定した。たとえ，その全体のグループが今回のＡＢＣのように，プロレベルの上級者で，かつ水中で別行動をとっていたときの事故であったとしても，Ｋの注意義務は他の客に対してと同様にあると判断した。

(3) カスミ根事件

（那覇地方裁判所石垣支部　平成12年5月10日判決。確定。平成11年（わ）第二八号。判例集未掲載）

※この事件は，事故発生当時，一審判決時ともに，地元の新聞各紙で大きく取り上げられて広く知られている事件であり，またこの確定判決の内容の重要さも鑑み，ここに紹介する。

事故概要：これは1999年9月8日石垣島御神崎沖合10～20mの通称カスミの根で，ボートダイビング中のインストラクター1人，ガイド1人，客のダイバー2人の4人のうち，インストラクター（女性，22歳）とダイビング客（女性，19歳）が，水面直下で，通りかかった別のショップの船に接触され死傷した事件である。

この日の15時10分ごろ，地元ショップのスタッフ2人とダイバー2人からなるグループがA号から，御神崎カスミの根でファンダイビングを行なった。A号はグループのエントリー後1分ほど潜行を確認した後，灯台北側のリーフにアンカリングした。（当日の海況は，南よりの風，晴れ，視界良好，うねりもなく平坦な海面であった。弱い流れがあり，透明度は10～13m）

エントリーした4人のうち2人は根の頭まで潜行したが，ダイバー1人が一旦潜行したものの，すぐに水面に顔を出してスタッフ1人と共に水面を流れ始めた。潜行していた2人も水面に上がり，4人で水面を移動し，カスミの根から40mほど離れた水深10～12m程のところの水面で休息していたところ，15時00分ごろに石崎を出航して石垣港へ向かっていた石垣島のダイビングショップLのLF号が，水面にダイバーが浮いていることに気づかず，カスミの根付近で，これらのダイバーと接触した。

このとき御神崎の手前でLF号はB号を抜いて陸棚のコースをとったが，このB号は，カスミの根の手前で，ダイバー数名が海面にいることに気づいていた。LF号がこのダイバーと接触した際，B号の位置からもLF号がダイバーに接触した音が聞こえた。この音が聞こえた直後，ダイバー3人が水面に見られ，うち1人の高圧ホースが切断されてエアーが吹き出していた。B号はこの3人のダイ

バーを引き上げ，その内の1人（ダイビング客，女性，19歳）が負傷していたので，この女性をA号に乗せ換えて石垣港に搬送した。途中で携帯電話により海上保安部，警察，消防に連絡を行なった。

事故のあった現場では，行方不明ダイバー（インストラクター，女性，22歳）を，4人（SF側1人，L側1人，IDの2人が手伝って）で捜索し，水深18〜20mの地点で発見した。その女性をLF号に乗せ，3つのショップのスタッフがCPRを施しながら港まで搬送し，救急隊に引き渡した。

石垣海上保安部への事故の連絡は15時45分だった。石垣市消防本部の救急隊への依頼は，覚知時間が16時15分で，救急隊が，ダイビング船が到着した浜崎町マリーナへ到着した時間が16時24分であった。到着時にはダイビング船上でスタッフがCPRを実施中であった。救急隊が引き継いだとき，女性インストラクターは心肺停止状態であった。病院到着は16時20分。この女性インストラクターは16時35分に病院で死亡を確認された。死因は頭部脳裂傷。同じく病院に収容されていた，もう一人の事故に遭ったダイビング客の女性は左肋骨骨折・左肩甲骨骨折，裂傷で全治8週間の傷を負っていた。彼女は2000年5月になってもリハビリ中であった。

接触した船を所有しているダイビングショップLのオーナー＝船長が従来から使用していた操船に慣れた船で発生した事故であった。この時LF号に少し遅れて併走していたB号では，事故に遭った数名のダイバーたちを確認していたので，接触した船の船長が見張りを怠っていたために発生した事故であると当局では判断した。ダイバーと接触した船の船長は業務上過失致死罪の容疑で那覇地方裁判所で裁判が行なわれ，2000年（平成12年）5月10日に判決が言い渡された。罪名は業務上過失致死，業務上過失傷害で，禁固1年6カ月の実刑判決であった。被告人は控訴することなく刑が確定した。

従来は，レクリエーションダイビングなどにおける（他のマリンレジャーにも共通する）事業船舶操船者の加重責任について明確な判例が明らかにされておらず，今回のような，レクリエーションダイビングで頻繁に行なわれるボートダイビングにおける接触事故は，過去のデータからも死亡，ないしは重度の傷害に及

ぶ確率が極めて高いことから，この判決文から，その責任について研究することは意味深いものである。

judgment判決文では，ダイビング船の操船者の責任として「航行中は常に前方及び周囲に対して見張りを怠ってはならないことが，船の運行について全責任を負う船長に課せられる最も基本的な注意義務である」と指摘し，「ダイビングポイント周辺にダイビング船が錨泊していた場合には，船長である被告人には，ダイバーとの衝突の危険を想定して通常以上に見張りを厳重にしなければならない業務上の注意義務を負わされていた」とした。そしてこの注意義務を「最も基本的かつ加重された注意義務」と規定した。

判決文では，「種々の事情をあげて被告人が本件当時前方の確認をすることが困難であった旨を指摘するものの，そうであればなおさら前方の状況を確認できるように減速して厳に前方注視を行なうべきであって，右事情は被告人の注意義務を加重することはあっても軽減するものでは決してない」として，船舶操船者の注意義務の加重について具体的に規定した。

また判決文では，被害者達は遊泳を禁止されていない海面上にいて，また彼らがこの事故を回避する術はなく，「被害者ら自身には落ち度は全くない」としている。さらに「被告人は，本件のような態様の事故に適用される対人損害賠償保険に加入しておらず，被害弁償完了の見込みはたっていない」と触れている。

ダイビングの事業を行なう上において，そこにはあらゆる局面において死亡事故やそれに近い重大な事故が発生する可能性が，ある意味日常的に存在しているのにもかかわらず，この事実は被害者救済のための保険などを強制する有効な法的規制がないことを我々に知らしめるものである。

　　　　　　　　　　　　　　　　（カスミ根事件調査協力　琉球新報）

別グループ

インストラクター

ガイド

一般ダイバー

一般ダイバー

船長＝インストラクター＝オーナー
ダイビング業者として加重された注意義務

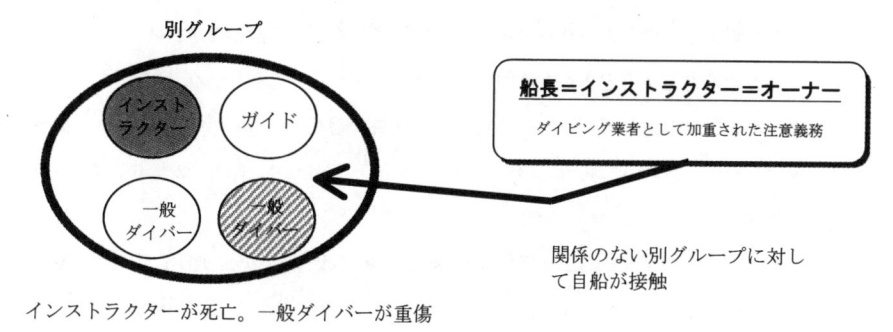

関係のない別グループに対して自船が接触

インストラクターが死亡。一般ダイバーが重傷

図 4-3 カスミ根事件の図

> ダイビングの事業者に対しては，危険を想定して通常以上の注意義務と，例え客が自分の直接の客でなくても，こういった海域で事業を行なう時の種々の事情は，注意義務を加重することはあっても軽減するものではないという判断がされた。

▶業者の加重責任について

　本事件はダイビング業者の不注意による死傷事故であったが，このようなマリンレジャーの事業者には，「危険を想定して通常以上」の安全配慮が必要であり，「種々の事情」は「被告人の注意義務を加重することはあっても軽減するものでは決してない」として，この教え方を「最も基本的かつ加重された注意義務」として規定したことは重要である。これはダイビング以外のマリンレジャーの事故のときにも同様に考えることができ，それらの業者には「加重された注意義務」への深い認識と，被害者への救済が十分にできるような保険をはじめとした準備が不可欠であることを示している。また，被害者救済のための有効な法的環境の整備が急がれる。

(4) 潜水から浮上した者がモーターボートと接触して死亡した事故につき，モーターボートの操縦者の過失が否定された事例

（東京高等裁判所　昭和53年5月23日刑一二部判決，昭五二（う）第一七五七号，破棄自判（確定）一審東京地方裁判所　昭五一刑（わ）第三五七五号，昭和52年6月20日判決判例時報923号134～137頁）

　事故の概要：小型船舶操縦の業務に従事している被告人が，1976年（昭和51年）5月2日午後0時15分ごろ，クルーザーボートを操縦して，東京都大島波浮港灯標より東南東約275m，竜王岬灯台より南西約235mの海上を，同港岸壁に向け約20ノットで走行した際に，発泡スチロールで作った手製の箱型浮玉を海面に浮遊させて採貝していた採貝藻漁業者のA（30歳）がそのボート約3m前方に浮上し，それに気づいた被告人が急制動・急転舵をしたが間に合わず，同船のスクリューにAを接触させて後頭部・背部切傷・頭蓋骨骨折などの傷害を負わせたため，Aが同日13時18分ごろ死亡した事故である。

　裁判の経過：東京地裁での第一審判決では，被告人が前方左右を十分注視していたならば，この浮玉を発見でき，その付近で潜水していたAの存在を認識できる状況だったとして被告人の過失を認めたが，控訴審判決では，この浮玉とAの位置関係について疑問を呈して，浮玉とAの距離は当時20数m程度離れていた可能性を否定できないとし，これによって被告人が容易に浮玉を発見してAのいたことまで予見できたとは認めがたいとして被告人の過失を否定し，これを無罪とした。

　つまり，「潜水者によっては，その時の状況に応じ，右浮玉の位置から100mも200mも離れて貝類採取等の作業をする場合もあり，被害者についてもこれまで浮玉より50mぐらい離れて作業したことが認められるうえに，本件当時どの程度離れて潜水していたのかを直接的に証する証拠はなく，判然としないのであるから，事故当時の浮玉の位置から直ちに被害者が浮上してきた位置（衝突地点）を推量することは相当でないというべきである」とし，またこの浮玉とAとの距離を，「20数mも離れた場所に浮かんでいた可能性が考えられる」として，さらに，「右浮玉の形状が単なる浮遊物と紛らわしいものであった」と認め

た。加えて,「このような場合,通常のモーターボート操縦者ならば右浮玉を発見することにより進路上に潜水事業者が浮上してくることを予見できたものと認めることは困難」とし,「被告人が当時原判示の航路を進行していたこと自体には格別問題はなく,また前記諸事情のもとでは,被告人に20ノットよりも更に減速すべき義務があったということができず,他に本件事故発生の原因とみられる注意義務違反があるとは考えられない」としたのである。この判決で中心になったことは,Aと浮玉の距離であり,この当時の,この距離を証言できる目撃者もいず,またそれを証明する証拠がなかったことから,「実況見分調書の記載を全面的に採用しても,両者間の距離が20数m程度は離れていた可能性を否定し去ることはできない」というのがキーであった。さらにこの浮球が「単なる浮遊物と紛らわしものであった」ことも被告人の過失を否定する根拠となっている。

このことは,潜水者(潜水による漁を生業としていた)が潜水していたことを示すためには,「単なる浮遊物」と見られない形状のものが必要であり,さらに浮上の時には,その浮玉から極力離れないようにすべきであるということである。では,これをレクリエーションダイビングにおける「カスミ根事件」と比較した場合の違いについて考察してみる。

この事故の場合は,Aは潜水による漁が専門であるためこの海域の水中の様子も熟知していたと推察でき,これは客として参加したレクリエーションダイビングとは質的に異なる状況であった。さらに,潜水していることを知らせる浮玉が単なる浮遊物と見間違うものであったが,一般的にダイビングポイントでは,そのポイントが一般的である場合は特に,潜水を知らせるための旗(ダイビング・フラッグなどと呼ばれるもの)を立てており,その一般的なポイントでダイビングが行なわれていることはその海域に船を出すものにとって,ましてはダイビング業者にとっては周知であることがほとんどである。さらに,水中では海面とは異なった潮の流れがあることはごく一般的であり,そのためダイバー達がながされて,ダイビング・フラッグなどの目印から多少離れて浮上することもあたりまえにあり得ることは常識である。その意味で,先の「カスミ根事件」は,有名なダイビング・ポイントで起きた,ダイビング業者の注意義務違反は明らかであり,

またこういった状況を熟知しているダイビング業者として，その注意義務は加重されていた。

したがって，この判決に至った，潜水中を知らせる海上の目じるしの形状と，さらに潜水者の距離の問題は，「カスミ根事件」のようなものとは根本的に異なり，レクリエーションダイビングにおけるダイビングでは，海上の目じるしと距離の問題は，明らかに判断の順位が低くなるべきであると思われる。

ただし，ここで問題になるのは，いわゆる「ドリフトダイビング」という，潮の流れに乗って，その流れの中でのダイビングに楽しみを見出すというダイビングの形態である。この場合，ダイバー達が予定の海域に浮上できないことは多々あり，グループで潜水していてもバラバラに浮上してくることもあたりまえの状況である。このような時は，ダイバーたちが乗ってきたボートは，ばらばらに浮上してきたダイバーを探しながら揚収することはごく一般的であり，つまりこのようなダイビングポイントでは，なおさらにダイビングフラッグから距離があったり，またグループの浮上地点がばらばらであるということが，特にダイビング業者には周知のことであるので，海面に対するダイビング事業者の注意義務は加重されてしかるべきである。よって筆者は，「カスミ根事件」がこの判例と異なって過失責任を重く問うたことを支持するものである。

・浮玉が単なる浮遊物と見間違える形態
・業者は浮玉から約20m離れてところに浮上した

採貝業者A

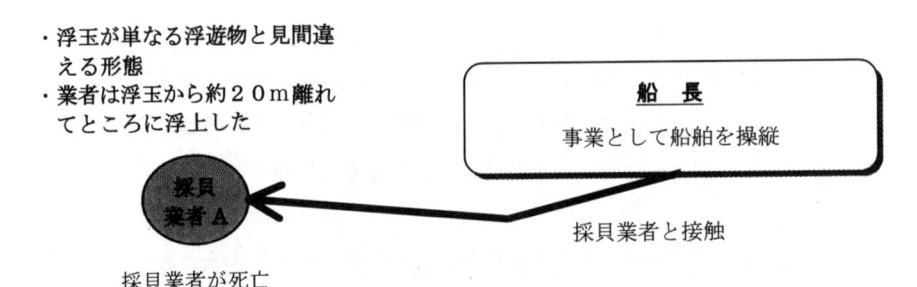

採貝業者が死亡

船　長

事業として船舶を操縦

採貝業者と接触

図 4-4　潜水から浮上した者がモーターボートと接触して死亡した事故につき，モーターボートの操縦者の過失が否定された事例の図

浮玉とAとの距離を,「20数mも離れた場所に浮かんでいた可能性が考えられる」として,さらに,「右浮玉の形状が単なる浮遊物と紛らわしいものであった」と認めた上に,「このような場合,通常のモーターボート操縦者ならば右浮玉を発見することにより進路上に潜水事業者が浮上してくることを予見できたものと認めることは困難」として船長に無罪を言い渡した。
　この判例では採貝業者Aの浮玉と船長との距離,およびその形状が判決において決定的要因となっており,船長が航行していた海域について,この事故現場で浮玉として用いられている浮玉の形状についてと,採貝業者などがその目印である浮玉からある程度距離があるところに浮上する可能性がある海域であることの知識を有していなかったことがあっても,それについて業務上の過失責任は問われることはなかった。これは本事故における注意義務のありかたが,「カスミ根事件」の判決における被告人の注意義務のありかたと質的に異なっていたからである。

(3)と(4)の中間的事情における事故の可能性について

　今後のために考えるべき問題がある。例えばドリフトダイビングという,基本的に経験を積んだ上級ダイバーが潮の流れに乗って行なうスタイルのダイビングが盛んな伊豆の下田沖のように潮の流れが強いところでは,たとえドリフトダイビングを行なっていないダイバーですら,予期せぬ潮の流れに巻き込まれてダイビングポイントから遠くまで流されることは容易に起き得ることであり,その場合,ダイビング業者や海域の特性を知る地元の漁業関係者の加重された注意義務は,はたしてどこまで(距離や潮の流れの形態などによって)適応されるべきものなのか,その明確な法的規定が望まれるのである。実際に1999年中にここで漂流したダイバーたちの話を聞いてみても,海上で捜索している捜索隊にすら「発見されない」状況があり,これは捜索活動を行なっていない船舶の場合では,海面のダイバーの存在を知らずに接触してしまう可能性を示している。実例の一

つとして，1999年6月20日に長崎県佐世保市の湾内において，ダイバー2人がダイビングフラッグを上げてダイビングを行なっていた際，乗ってきたダイビングボートから約100m離れた海面でプレジャーボートに「轢き逃げ」された事例があった。この場合，ダイビングフラッグから約100m離れていたという距離に対する問題を検討すべきではあるが，この海域は非常に船舶の航行が多く，かつダイビングの盛んな湾内であったゆえに，そこで事業を行なう船舶の船長はそれを十分に知りえていたはずであった。しかしこのように，当該海域でレクリエーションダイビングを行なっていることが明白な場合でも，「轢き逃げ」を行なったボートにとっては，「予期し得ないところに人がいた」という状況で終わってしまう危惧がある。まさしくこの事故では，ダイバーたちに接触したプレジャーボートはそのまま走り去ってしまい，その後ボートの特定すらされていない。しかし日本近海の，いわゆる一般的なダイビングポイント近辺の海域ではほぼ船舶が通る道筋は決まっており，これは陸上に置き換えると「道」となる。この場合，事故が発生した場合には，その状況を陸上の人影が少ない田舎の路上に不意にあらわれた人物との接触事故とほぼ同じ条件下と判断すべきではないだろうか。さらにこのような，現場海域がダイビングポイントであり，その海域では一般ダイバーが流されてたり，ダイビングフラッグから離れたところに浮上してくる可能性が高いことが周知の場所においては，その海域で営業する事業者により高い注意義務が要求されるべきである。

　また国民の共有財産である海域を通行することによってさまざまな利益を得る船舶が，気象情報などや海底の地形の情報と同様に，特にレクリエーションダイビングが活発に行なわれている海域の漂流情報などは積極的に収集すべきではないかと思われる。こういった情報は，その収集を義務付けることも必要なのではないか。またその海域で講習やガイドを行なうダイビング業者には，常に海況を正しく判断する知見が厳しく求められる。静岡県下田沖の1999年10月10日の男女2人の漂流事故の捜索の時にも，ドリフトダイビングを主催したボートの船長が発見できず，結局2人のダイバーが長時間漂流した後に，潮の目を読んで捜索していた地元の別のボートによって救助された事例があった。レクリエーショ

ンダイビングの事業は非常に簡単に開業でき，その，講習やガイドを行なう水域に十分な潜水経験と知見がなくても講習を行なったりガイドをするという，自然の危険な部分を無視した状況で事業が行なわれている現状がある。この下田では1997年10月19日に，2人の女性ダイバーが自分達が乗ってきたのと別のダイビングボートのスクリューに巻き込まれて1人が死亡，1人が重傷という事故も起きている。

このようにレクリエーションダイビングの事業は，特に人命にかかわる事業である以上，また事業者からの積極的な事故防止の対応が現状では望めない以上，早急に適切な法律の制定によってその安全性の水準を上げるようなことが必要なのではないだろうか？

▶(1)～(3)の判例に見るレクリエーションダイビングにおける安全配慮義務

初級レベルの講習生に対しては，契約により完全な管理・保護下にあるべきであるが，ではダイビング業界が初級レベルではないと規定しているダイバーの講習や，すでに講習を終えているダイバーのファンダイビング（業者によるガイドダイビング）の時の安全配慮義務とはどのようなものであろうか。

初級講習を終えた，ダイビングショップなどの言うところの中級者の講習である，アドバンスの講習中の事故については（1）で示されたように，講習生に対してのインストラクターについては，「潜水指導者である被告人に，たえず受講生らのそばにいてその動静を注視すべき注意義務の違反があった」とし，また「指導者たる被告人は片時でも不用意に受講生のそばから離れてはならなかった」と「たえず受講生らのそばにいてその動静を注視すべき注意義務」があるとしている。安全配慮義務をはたすとは，これらの注意義務を正しく行なうことなのである。

(5) ニセコ雪崩事件

(札幌地方裁判所小樽支部　平成12年3月21日判決。確定。平成一一年（わ）第二九号。判例集未掲載）

※この事件は，事故発生当時，一審判決時ともに，地元の新聞各紙で大きく取り上げられて広く知られている事件であり，またこの確定判決の内容の重要さも鑑み，ここに紹介する。

　金銭の授受の下に行なわれるレクリエーションスポーツのガイドという職業における注意義務について，スクーバダイビングと同じく致死的な要因がある登山事故においての司法判断を検討する。

　事故概要：これは北海道のニセコにおいて，男性2人のベテランインストラクターがガイドとして引率する，1998年1月28日に実施された有料スノーシューイング・ツアー（雪上散策）に参加した女性A子（24歳）とB子（24歳）が，午前11時50分ごろ発生した雪崩による遭難事故によって，A子をこの雪崩事故に起因する急性心不全によって死に至らしめ，B子を入院加療6日間を要する傷害を負わせた。事故当日は雪崩警報が出されていなかったが，この事故現場は雪崩の危険区域であり，またインストラクターたちは雪崩事故に遭った際の救助用具である雪崩ビーコンやゾンデ棒は携行していなかった。2人のインストラクターは業務上過失致死傷容疑で起訴された。

　裁判の経過：2被告側の弁護士は次のように主張した。

　「雪崩は自然現象であり，その発生メカニズム等についても未だ学問的解明が尽くされておらず，当時の具体的状況下で被告人両名が本件雪崩の発生を予見することは不可能であった，仮に，抽象的に辛うじて予見し得たとしても，本件雪崩の規模は当事予想することができない程に大規模で，（中略）本件結果の発生を予見することは不可能であった，したがって，被告人両名には過失の前提となるべき結果予見可能性がなく，過失が認められない」，また「仮に，過失が認められるとしても，本件は，雪崩という突発的自然現象がゆえの事故であり，被告人両名の過失と結果との間に相当因果関係はない」

　司法はこれに対して「雪上散策のため参加料を支払ってツアーに参加した者を

積雪期の山中などに引率するという被告人らのガイドとしての職務は，いったん判断を誤れば，その性質上，雪崩に巻き込まれるなどして参加者の生命身体に対する危険が生ずる可能性があることが明らかであるから，(中略)参加料を支払って参加した被害者らを引率する被告人両名の右ガイドとしての職務が刑法二一一条前段にいう業務に当たることは明白であり，被告人両名は，ツアーの参加者を，ツアーに伴い予想される前記のような危険から保護すべく万全の備えをし，その生命身体に対する侵害を生じさせる事態を招かないよう細心の注意を払わねばならないのは当然である」と，ガイドの義務を規定し，またガイドの職務は「雪崩発生のおそれ及び雪崩がいったん発生した際には本件休憩地点がその通過地域になることをそれぞれ予見し，万が一にも遭難事故に遭うことがないよう慎重に判断・行動することができなければ，到底その職務を全うできないことが明らかである」とした。

また司法は，事故当日は雪崩警報が出されていなかったことをもって「被告人両名が雪崩発生を予見しなかったことの客観的合理的な根拠とはいえない」とした。さらに弁護人が雪崩の発生メカニズム等について未だ学問的解明が尽くされていないとして，これを雪崩発生の予見可能性がないことの根拠としたが，これに対して「具体的な予見可能性は必ずしも発生メカニズムの学問的解明を前提とするものではない」として「雪崩発生の予見が十分可能であった」とした。加えて「雪崩到達が予見できなかったとして被告人両名が弁解するところは，限られた情報・経験のみに頼った甚だ軽率な判断といわざるを得ず，採用することができない」と，当時の現場での情報や，ガイドとしての過去の経験からの弁明を否定した。

司法は，弁護人が主張した結果回避可能性がなかったことの主張についても，「結果回避可能性があったことは疑いの余地がない」として退けた。また弁護人の相当因果関係がないという主張については，「雪崩自体は自然現象であるとしても(中略)被告人両名が雪崩の発生及びそれによる遭難を予見し，遭難事故発生を避けるため判示のとおり安全な行程を選定するなどしておれば本件遭難事故は発生しなかったのであり，被告人両名が判示の注意義務を怠り，(中略)被告

人両名の過失と結果との間に構成要件上要求される因果関係があることは明白であり,弁護人の右主張も採用することができない」とした。そして,以上の理由から,「被告人両名に判示の過失があること及び過失と結果との間に構成要件上要求される因果関係があることは明白であり,これらの点を含め判示の犯罪事実を優に認めることができ,この認定に合理的疑いを差し挟む余地はない」とした。

判決は,業務上過失致死罪で有罪として被告人両名に執行猶予付きの禁固刑が言い渡された。

判決文では,量刑の理由において,この事件を「ガイドとして最も基本的な注意義務を怠ったもの」とし,「被害者らは,料金を支払いガイド2名に引率されて安心して現場に至ったのであり,何の落ち度もないのに,被告人両名の軽率な判断により,突如として雪崩に巻き込まれ,救護されるまで雪中に閉じ込められ多大の苦痛を被った上,A子においてはその命を失った(後略)」と言及している。

ダイビング事故との共通点

(1)〜(3)の事件に共通して見られる司法の姿勢は,レクリエーションスポーツ業者には,契約関係にある客に対して,安全にそのレクリエーションスポーツが終了できるように準備して実行することを注意義務として強く規定し,決してレクリエーションスポーツが,いわゆる「事故が起きても,それは被害者が自己責任のもとに危険を引きうけている」ということが全面的に採用されるのではないということである。これは(3)の「カスミ根事件」では「最も基本的かつ加重された注意義務」と明文化している。この言葉は,これらの事件に共通した理念である。

北海道では,(5)の判決文にあった「ガイドには法的な規制や資格はない」と判断された判決を受けてアウトドア活動指導者を育成し,独自の資格制度を設けようと平成12年度(2000年)に「アウトドア活動指導者育成検討調査費」として予算を計上し,先進地域としてマリンレジャーに関して条例のある沖縄県に調査団を派遣などをしている。なお,北海道のこの事業のスケジュールは,平成12年度(2000年)に現状の把握と資格認定制度と人材育成システムの検討を行な

い，平成13年度（2001年）に認定制度の提案と運用を開始して人材を育成するとしている。

今後の展望

以上から，今後の同様の事故の折には，司法の判断がこれらの傾向に添ってなされていくものと思われる。各レクリエーションスポーツにおいては，自らの注意義務とはどのようなものか，その洗い出しと業界内での啓蒙活動，そして早期の具体的展開が望まれる。また北海道のような自治体が，その資格制度の事業において，安全配慮義務をおろそかにした業者の都合に振りまわされないような情報の収集を祈るものである。

（ニセコ雪崩事件調査協力　被害者遺族）

(6) 判例研究をもとに考察する実際の事故例（私見）

＊某年某日　K県某所　女性講習生死亡事故についての考察

事故の概要：事故者の女性は，K県の某ダイビングポイントにおいて，指導者1人の指導の下に10時19分頃から潜水講習を開始した。開始してすぐに事故者の所在が不明となり，捜索を開始したところ11時10分に沖合い約50mの地点の海底の水深約14mのところに沈んでいるところを発見された。この8人の構成は，インストラクターの役目を，アシスタントインストラクターの資格（潜水士免許は持っていない）しかない者が行ない，海洋実習が始めての初心者が3人，ツアー客が4人であった。

事故者は収容先の病院で翌日8時44分に死亡が確認された。死因は溺死とされた。

当日の8時00分の海況は，気温21度，北東の風1m，波0.5m，透明度は1〜1.5 m。

▶救急隊活動状況

11時12分に119番通報があった。

現場の場所を確認して出発し，現場への救急隊到着は11時23分で119番通報から11分であった。この間，消防では，ルールにしたがって海上保安庁とSマ

リンパトロールに連絡した。

　到着時の事故者の状況：呼吸停止　脈なし　瞳孔散どう 7 mm　心停止。

　死亡かどうかの判断は医師が行なうため 11 時 35 分に現場を出発し，もよりの病院へ搬送。P 派が多少あったため，蘇生処置を行なう。これにより心臓が拍動再開。よってこの時点で事故者は重症であるとの警察の第一報がなされた。当時の新聞報道などはこれをもとに記事が書かれている。

▶事故時の状況（関係者談）

　10 時 20 分ごろ，岸から（ダイビングポイントの）沖合い 100 m まで泳いでいく途中に事故者の女性が行方不明となった。女性は海で泳ぐことは始めてであった。その後の捜索で，10 時 55 分ごろ水深 13 m に沈んでいるのを発見。陸に上げて CPR を開始したのが 11 時 5 分と思われる。その後，主催者に代わって，地元のダイビングサービスの T 氏が 119 番通報を行なう。

※最上段の事故の状況と時間のズレがあるが，これは記憶による談話からであるのでやむを得ない。

業務上過失致死責任の可能性の考察

　考察における前提

　①ダイビングポイントについて

　当日のデータからは透明度は 1～1.5m とあるが，これは初級講習生であれば当然ながら不安感を助長するに十分である。また，これが海底近くの透明度であれば，海面周辺はさらに透明度が悪かった可能性がある。このポイントは，海底での透明度が 10m であっても海面近くの水深 1 m から 3 m 程度の透明度がゼロに近いときがある（筆者はこのポイントでの潜水経験があり，同様の海況も体験している）。

　どちらにしても，透明度が悪いという状況は，経験の浅い講習生に極度の不安感を与えるに十分な要因であり，この不安感からパニックになることに不自然さはない。

　②当日の人数比について

　当日の人数比は指導者 1 人に対して講習生が 3 人，およびツアー客が 4 人であっ

た。

　人間の能力として，さまざまな専門の器材がないかぎり生存できなく，また水中での運動能力が陸上に比べて極端に落ちる水中において，この数字は水中において全員に対しての潜水指導者として注意義務が果たせる人数ではない。これは事故が発生したときに事故者を助けることのできる可能性を事実上放棄していると言える。

　③潜水指導者が潜水士資格を持っていたか

　この潜水指導者は国家資格である潜水士の免許を持っていなかった。これは業務として潜水を行なうときに必要な，法律で定められた資格である。(労働安全衛生法高気圧作業安全衛生規則，第三章第十二条，第四章第三十八条〜第四十二条，第六章第二節第五十二条〜第五十五条参照)

　④潜水指導者がアシスタント・インストラクターであった件

　そもそもレクリエーションダイビングのインストラクターと言う資格は，主として営利を目的とする企業が商品として作った民間資格であって法的根拠はない。それでも，アシスタント・インストラクターに単独で講習生を指導することは認めていない。このアシスタント・インストラクターがその資格を認定された某指導団体のインストラクターマニュアルの1991年7月改訂版にも「アシスタント・インストラクターやアシスタント・インストラクター候補生はティーチング・ステータスを有するX("X"は匿名)インストラクターの直接指揮下にいなくてはならない。トレーニングのあらゆる側面における彼らのプレゼンテーションは常にインストラクターが直接監督し，アシスタント・インストラクターやアシスタント・インストラクター候補生が犯すかも知れない間違いを訂正しなくてはならない」(X Instructor Manual General Standards and Procedures 1991年7月改訂版　Assistant Instructor Course Instructor Guide 2頁)とあり，アシスタント・インストラクターは常にインストラクターの直接指揮下にいなくてはならないと規定されている。さらに，同資料3〜4頁にある「Xアシスタント・インストラクターの任務」の項に，「いかなる場合も，アシスタント・インストラクターは独立してスクーバ・ダイビングを教えたり，オープンウォーター・ス

クーバスキルの評価を独立して実施したりしてはならない」(同4頁)とあり，そこに付された注には，「認定インストラクターであるXインストラクターはトレーニング練習中の生徒の安全に責任を負い，その責任をアシスタント・インストラクターに任せることはできない」と明記されている。(同4頁)

さらにY ("Y"は匿名) という指導団体のインストラクターマニュアルにも「アシスタントとはまさに〝アシスタント〟なのです。彼らはインストラクターに代わることはできません。彼らは独自で講習を行なったり，トレーニングしたりはできないのです」(Y Instructors Handbook [基準と手続き] Section. Ⅳ Yのポリシー 4-12 (Y JAPAN 1997 ARPR))と，他の指導団体でも同様の規定となっている。

▶前提が刑事責任となり得るか

①について

当日の状況から，ダイビングの経験がなきに等しい初級講習生がパニックに陥る可能性は容易に予想できることであり，それについての対応をせずに当該女性を見失って死に至らしめたことは，当日の潜水指導者の過失によることは明白である。

参考：本章1の(1)の『受講生を水中で見失ってしまうことのないようにたえず同人らのそばにいてその動静を注視する注意義務があることは明らかである』『潜水指導者である被告人に，たえず受講生らのそばにいてその動静を注視すべき注意義務の違反があったことは明らかである』

また，当日の透明度が悪く，よって当該被害者を見失ったことを，やむを得ないこととする申し立てがあったとしても，潜水事業者には「危険を想定して通常以上」の安全配慮が必要であり，「種々の事情」は「被告人の注意義務を加重することはあっても軽減するものでは決してない」として，これを「最も基本的かつ加重された注意義務」として規定した判例をもって退けられるものである。

＊本章1の (3) を参照

さらに，海況を主たる原因として，被害者がパニックに陥ったことをもって潜水指導者の免責を申立てる件に関しては，「参加したダイバーがパニックに陥る

ことがないようにし，また，あるいは仮にパニックが発生したとしてもそれに適時に適切な対応をとれるようにしておく必要がある」という，パニックに陥ったダイバーへの注意義務についての司法判断をもって退けられる。

＊本章1の（2）を参照

②について

この人数比で「受講生を水中で見失ってしまうことのないようにたえず同人らのそばにいてその動静を注視する注意義務」が果たせないことは明白であり，あくまでも営利目的の都合で講習とガイドダイビングを同時に行なったものであり，ここに過失があったことは否定できない。また，この，講習とガイドダイビングを同時に行なうという潜水計画の立案と実行は，ダイビング指導団体の規定により講習の指導をしてはならない上に，常にインストラクターの指導管理下で行動しなければならないと規定されている当日の潜水指導者には，経験上，潜水計画の経験がなきに等しいはずであり，その講習生の人数と，またどこでそれを行なうか，そしてその講習にガイドまで合わせて行なうという潜水計画の立案責任は，このアシスタント・インストラクターに指示を出したショップの事業主に帰すべきことであり，この点で，潜水計画立案者に対して，ダイバーが安全にダイビングを行なえるような危険回避処置，つまり注意義務の十分な履行を求めた，現在最高裁で審理中の裁判の一審判決（本章1の（2）を参照）が適用され，ショップの事業主に，共にこの事故に対する過失責任が課せられるべきものと思われる。

③について

当日の潜水指導者であったアシスタント・インストラクターは潜水士免許を保持してなかった。それを確認せぬままに，あるいは黙認の下に講習とガイドダイビングを行なうという潜水計画を立案し，またその実施を指示した事業主の過失責任は重大である。

④について

アシスタント・インストラクターの資格は，そもそも法的裏づけのない民間資格ではあるが，Xの名称の下に講習を行なう商品を販売している以上，それに関する品質を保証することは販売者の義務であり，その品質の内容には，正規の

インストラクターが，講習生の安全を保障した環境下で講習を行なうことが前提であり，その商品の品質上，講習を行なう指導者に，Xのプログラムでインストラクターの訓練が修了していない者を付けたことは，講習生に対する詐欺行為となるのではないか。（民法上は債務不履行など）

さらに，講習のカリキュラムを行なったことの認定と，その修了を認めることは正規のインストラクターしかできないことになっており，さらにXでは，講習生の講習修了後に講習修了証（Cカード）発行の申請を受け付けるためには，Xの正規のインストラクターによるものしか受け付けないことになっており，これを講習という商品を販売したショップの事業主，およびアシスタント・インストラクターが知らないはずはなく，この行為は故意の不法行為である。さらに，講習の認定に関して，本来正規のインストラクターが行なうべき書類へのサインを，アシスタント・インストラクターが行なっていた場合や，これまでの講習で，実際に講習を行なってXに正規のインストラクター名による講習の申請を行なっていた場合は文書の偽造にあたるのではないか。

▶まとめ

この事故を，筆者が知る範囲において分析した場合，実際に潜水指導を行なったアシスタント・インストラクターには注意義務違反による直接の過失責任が，また潜水計画を立案してこのアシスタント・インストラクターに講習とガイドダイビングを同時に行なうように指示したショップの事業主には，潜水計画立案責任者として過失責任があると思われる。

この事故は，実際に所轄の警察も重要な事件であると位置付けて捜査を行ない，その結果，アシスタント・インストラクターとショップ経営者の両名とも過失が競合しているとして以下の理由をもって送検している。

実際に講習を行なったアシスタント・インストラクター個人に対しては，
① 透明度1～1.5mという状況でダイビングを行なったという，海洋の状況判断の誤り
② 当日のこの海洋の状況を所属するショップに知らせなかったという誤り（知らせていれば中止の指示が来たかもしれない）

③自分がアシスタント・インストラクターと知りながら単独で潜水（して講習）を行なったという誤り

ショップの経営者に対しては，

①アシスタント・インストラクターに単独で潜水（して講習を）させたという誤り

　この内容は，ダイビングの事故にとどまらず，広くアウトドアスポーツ全般の指導者にとって，その指導者責任を考える上できわめて重要な示唆を含んでいる。

▶防止可能な死亡事故

　インストラクターが，講習生に対して注意義務を果たせない状況下（人数比，海況の良し悪しなど）で講習を行なうことは，実際の現場では頻繁に行なわれており，さらに正規のインストラクターでない者がインストラクターと偽って講習を行ない，講習修了後に申請料を徴収した上で，正規のインストラクターの名前で指導団体に講習修了証の発行を依頼するという，債務不履行と文書偽造に当たると思われる行為も多く耳にする。

　このような講習の実態によって，講習生が十分な技術を伴わないままに，また，それを知らないままダイバーとして「認定」され，結果として，後日レクリエーションとしてダイビングを行なっている最中に遭遇する死亡事故の多くの遠因となっていることが，事故の実態の調査から強く推測されるのである。

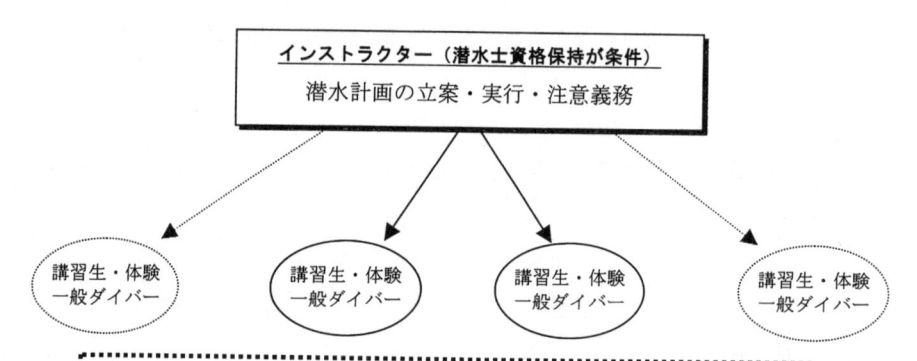

```
            ┌─────────────────────────────────────┐
            │ インストラクター（潜水士資格保持が条件）│
            │   潜水計画の立案・実行・注意義務      │
            └─────────────────────────────────────┘
```

講習生・体験一般ダイバー　　講習生・体験一般ダイバー　　講習生・体験一般ダイバー　　講習生・体験一般ダイバー

> 本来の安全を考えるなら、ガイド、講習とも2名が限度であるが、実際は4人以上で行なわれることが多く、これが事故のときの注意義務の履行を疎かにしている。

図 4-5　通常の講習・ガイドの業務形態の図

```
        ┌───────────────────────────────────────┐
        │        ショップオーナー                │
        │ （インストラクターでなくても潜水計画の責任者）│
        │ 潜水計画の立案・実施にともなう注意義務がある │
        │              ⇩ ←潜水計画の実行の指示     │
        │    アシスタント・インストラクター       │
        │ （業務で行なう場合は潜水士免許保持が条件）│
        │    潜水計画の実行・注意義務             │
        └───────────────────────────────────────┘
```

ダイビングショップ経営者は、当然に知っている常識

指導団体からは、講習などを行なう事は禁じられている

注意義務を果たせずに死亡

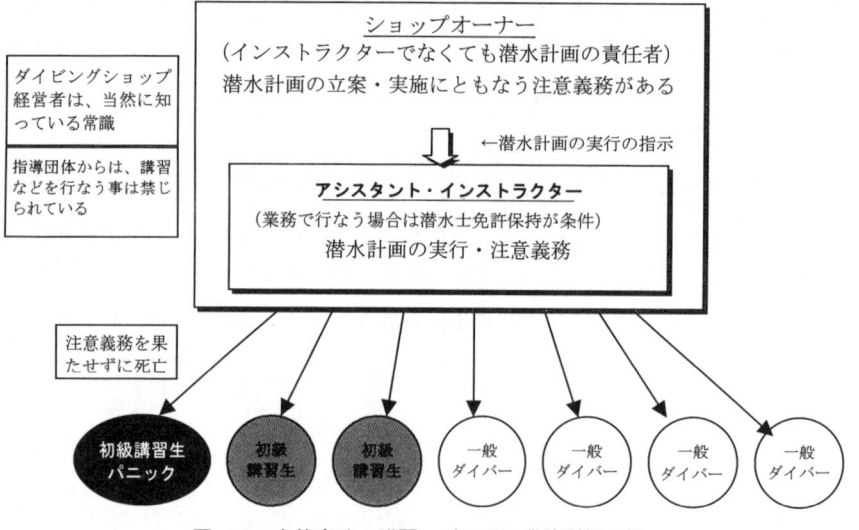

初級講習生パニック　　初級講習生　　初級講習生　　一般ダイバー　　一般ダイバー　　一般ダイバー　　一般ダイバー

図 4-6　事故当時の講習・ガイドの業務形態の図

> アシスタント・インストラクターには潜水計画を立案して注意義務を果たすための対策を実施するための経験も資格もない。よって講習生と一般ダイバーを混合させる形態についても，総人数比についても，その潜水計画の責任はショップオーナーにあり，アシスタント・インストラクターはその指示の下に実施し，注意義務違反によって講習生を死に至らしめた。よって事故の過失責任はショップオーナーとアシスタント・インストラクター双方にあると思われる。

(7) 1のまとめ

　以上の考察から，スクーバダイビングだけでなく，致死性の高いレクリエーションスポーツにおいては，業者の注意義務はまちがいなく加重されるものであり，その責任が「自己責任」という言葉を使って被害者側にあるとする事業者の主張は正当化されないということが明らかとなった。しかし現状では，この司法判断の事実はダイビング業界やマリンレジャー業界によって公開されることは期待できず，このことによって情報不足状態におかれた被害者や遺族が，その技術的，情報的優位にある業界の意のままに，実際に泣き寝入りを強いられることが後を断たないのも現実である。

　致死的要因の強いレクリエーションスポーツに対しては，安全のための強い法的規制が早急に望まれる。特に，その事業活動における安全確保（注意）義務に関して，ほぼ規制がないスクーバダイビング業界の現在のあり方によって発生している犠牲者の救済のためにも，これは社会的問題として捕らえるべきである。1999年の事例からも，事故数の半数が死亡・行方不明になってしまうという，あまりにも特殊なこの業界の形態に対しての法的規制をしなければ，ここ11年で毎年約30人づつ発生し続けている事故の死亡・行方不明者たちが，今後も法的に救済されることもなく，よって，犠牲者数の全てとは言わないまでも，まちがいなく，ダイビング業界の商慣習を原因とする死傷者がこれからも生み出され続けていくことになるのである。

2. 民事責任についての判例研究

(1) スキューバダイビングの参加者が海洋に転落して溺死した事故

(東京高等裁判所 平成7年8月31日民八部判決 一部変更（確定）平五（ネ）第四六三三号，一審東京地方裁判所 平成5年2月1日判決 平二(ワ)第一六四二九号，（判例時報1571号 74~88頁）

　この裁判は，スクーバダイビングのツアーにおいて，インストラクターや主催者という，引率者の過失責任が肯定された事例である。安全配慮義務の及ぶ範囲について判断された事例として考察する。

　事故の内容：これは，東京都神津島村のスクーバダイビングツアーに参加した22歳の女性会社員がツアー中に外洋に転落し，救助が遅れて溺死した事故であり，そのとき引率していた者に対して不法行為に基づく損害賠償を認定した裁判である。

　被告人はPADIのインストラクター資格の最高クラスのマスタースクーバ・ダイバー・トレーナーの資格を有した者であった。このツアー中，被告人は台風通過後に遊泳禁止になっていたところに被害者らを引率し，そこで被害者女性が小用をする場所を被告人が指示したところ，そこから被害者が外洋に転落した。この後，海が荒れていたとはいえ，被告人は約1時間も海に漂って助けを求めていた被害者を観察していただけで何も救助活動をせず，村役場から人が来て後，始めてその人に促され，共に海に入り被害者をボートに引き上げたが，その時点で被害者はすでに死亡していたという事件である。

　この時点ではまた被害者の体が温かかったことから，ツアー参加者を遊泳禁止区域に引率して行ったのにもかかわらず，救助用のロープや浮き輪などの準備を全くせず，緊急時の連絡方法すら用意せず，車に置いてあったクーラーボックスを浮き輪代わりに投げ与えることもせず，溺者救助の専門的な訓練を受けていた被告人が何もせずに死に至らしめたことに対して，裁判所は，被告人が被害者に用を足すために危険な場所を勧め，さらに外洋に落ちた被害者を約1時間放置していたことと，被害者が死亡に至ったことの間の因果関係を認めた。また当然携

行すべき救命用具を用意せず，緊急連絡方法を準備していなかったことに過失を認め，さらに手近のクーラーボックスなどを利用することもせずに放置していたことに言及して，この死亡事故が被告人の不法行為によって発生したとし，民法七〇九条により，損害賠償責任を認めた．

● 判決文から

　ここで重要なことは，海洋レジャーを行なうことにおいて，海洋レジャーのような生命喪失の危険が予見される場合には，引率者に救命用具や緊急連絡方法の準備などの安全配慮義務を認めている点であり，さらにPADIのインストラクターという溺者救助の専門的知識まで有しているものが，何ら救助活動をしなかったことに判決で言及して，その救助責任がツアー契約の中での引率行為に含まれていることを示唆していることである．

　これは，一般に，ダイビング業者のツアーという包括契約下における引率責任としての安全配慮義務（注意義務）の範囲と，ガイド（インストラクター）という特別な位置にいる人物に対しての不法行為について判断した判例である．

　ガイドや講習を行なう際のダイビングポイント選定と，海況への適切な判断や注意，そして安全確保のために事前になすべきことについて，何が要求されるのかについて判断されている．

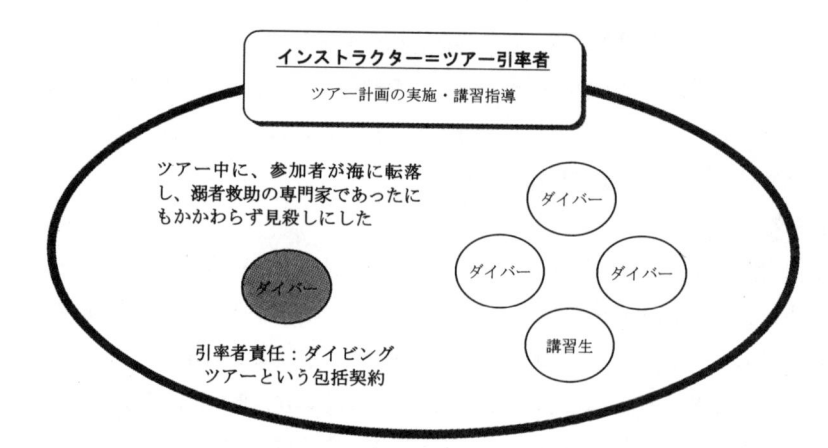

図 4-7 スキューバーダイビングの参加者が海洋に転落して溺死した事故の図

ダイビング業者のツアーという包括契約下における引率責任としての安全配慮義務（注意義務）の範囲と，ガイド（インストラクター）という特別な位置にいる人物に対しての不法行為を認めて賠償責任を認めた。

---

(2) 神奈川県スキューバダイビング漂流事件

（東京地方裁判所，昭和 61 年（1986 年）4 月 30 日　民事第二四部判決　一部容認・確定，昭六〇（ワ）第二二六〇号）（判例タイムズ No.629　168～171 頁）

この裁判では，
1. ダイビングの指導者兼バディとして講習を行なっていたインストラクターの過失責任が認められた。
2. インストラクターの過失により漂流した講習生が被った死の恐怖に対して慰謝料が認められた。

という事例であり，海での漂流という，陸上では体験し得ない「死の恐怖」への責任が認められた判例である。

事故の内容：スクーバダイビングの講習（海洋実習）の開始とともに，全員でエントリー地点から沖合い 50m（水深 4m）の潜水開始地点のブイまで泳ぎ，イ

ンストラクターAは，講習生Bがこのブイに向かって泳いでいるのを確認した後に潜水を開始し，5，6分後に受講生の先頭が海底に落ち着くのを見届けた後に，Bの姿が見当たらないのに気づき浮上したが，Bを発見できなかった。Bは講習生の最後に海に入り，ブイまで泳いでいたが，ブイの位置を見失い，かつ泳力不足に怖さも手伝ってもがくうちに潮に流された。約1時間20分あまりの漂流の後に，岸から沖合い約100mの地点で，Aら捜索に当たっていた者に発見救助された。

• 判決文から

（被告の不法行為）

「被告は，原告の指導員を兼ねたバディとして，原告が海に入る時点から絶えず原告の位置，動静に気を配り，危険な状態に陥っていないことを確認すべき注意義務があるにもかかわらず，当日被告の講習に参加した他の受講生の指導に気をとられてこれを怠った過失により，原告が潜水予定地点に設置されたブイにたどりつく前に潮流に流されたことに気づかず，原告を漂流させたものというべきである」「そもそも被告は，受講生の安全を確保しながら海洋実習を行なう責務のある指導員の立場を兼ねていたことを考え合わせると，前記の注意義務は免ぜられないというべきである」

（過失相殺の抗弁について）

概略（筆者による）：講習で手信号を教えられていた，また岸にいた講習補助者がいたので，手信号や声を発すれば早期に救助措置をとることは可能であると認められたが，Bは100m程度の泳力しかなく，また器材を装着しての海洋実技が2回目ということから，被告Aの側の抗弁は認められず，過失相殺部分はゼロと判断された。

（損害）

1.「原告が本件状況のもと死の恐怖の中で1時間以上も漂流したことによって受けた精神的苦痛が多大なものであったことは推認に難くなく，その他本件口頭弁論に顕れた諸般の事情を参酌すれば，これに対する慰謝料としては，金25万円が相当である」

2.「弁護士費用としては，金5万円をもって本件事故と相当因果関係のある損害と認めるのが相当である」

（むすび）

「原告の請求は，不法行為に基づき，被告に対し，前項1，2の合計金30万円（後略）」

この判例は，海洋実習の講習で，インストラクターがバディを組むことにしていた講習生Bのそばにいず，つまりバディとしての役目を果たさず，またインストラクターとして，講習生Bの動静（今どういう状況にあるか）を充分に監視していなかったことによってBが漂流し，死の恐怖を味わったことに対して，裁判所がインストラクターの責任を認め慰謝料の支払いを命じたものである。

ここでのポイントは，講習中にはインストラクターが講習生の安全に対して重大な注意義務があるということが明記され，学科講習などにおいて緊急時の対処法を習っていたとしても，初心者に対してはそれがただちにできなくても当然という一般的な常識が認められた判断があったことである。ここでは，講習生Bの過失はまったく認められず，この事故の責任が全面的にインストラクターの過失にあると判断された。また，「死の恐怖」という精神的苦痛が認められたという点で，ダイビングの事故の判例という事例を超えた意味をもっている。

毎年発生しているダイバーの漂流事故において，業者の安全配慮義務上のミスがあった場合に，この判例は被害者の救済の際に大きな意味を持つであろう。

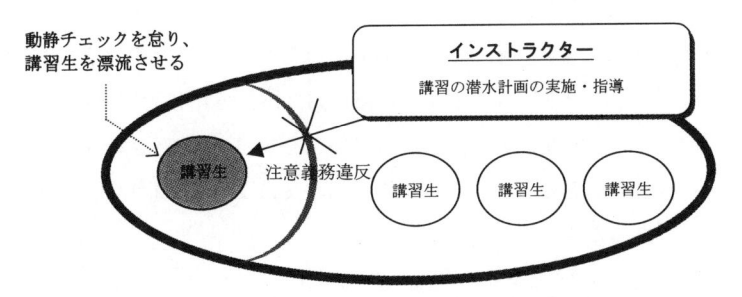

図 4-8 神奈川県スキューバダイビング漂流事件の図

講習において，注意義務を果さなかったという不法行為によって発生した漂流した講習生の恐怖に対しての賠償責任を認めた。

(3) ダイビングツアー中ボンベ(タンク)爆発負傷事件
（東京地方裁判所　昭和 63 年 2 月 1 日判決　昭和五八年(ワ)第一八〇三号（文部省体育局体育課内法令研究会編『体育スポーツ総覧　判例(1)』（ぎょうせい　五二九　85～142 頁）
（判例時報 1261 号　28～48 頁）

　事故の概要：1981 年（昭和 56 年）8 月 30 日午前，静岡県の雲見の沖合い約 500m にある牛着島の海岸で，ダイビングの講習が行なわれることになった。インストラクターの A と B は，スタッフの C に対して，他の参加者に準備運動をさせておいて，その間に，浜に並べた圧搾空気が入ったタンクに器材を着けておくようにと指示して，彼ら自身は潜水時の目印とするためのブイを設置するために，その場を離れて海中に入った。C はその指示に従って，参加者たちに準備運動をさせながら，自分は中腰になって両膝の間にタンクを挟むような格好でレギュレーターを取り付けていたが，このタンクが破裂し，C は両下肢切断の傷害を負って，収容先の病院で死亡し，この他 7 人が傷害を負った。この裁判は，その傷害を負った被害者のうちの 3 人（E，F，G）が原告としてなされた裁判の判例である。タンクの爆発の第一の原因はタンクの腐食によってその壁面が薄くなって

いたことであった。その上に炎天下であったこともあって、圧搾された空気のボンベが耐えきれずに爆発に至ったのである。原告のEは、後遺症として第5級障害を負い、Fは左ひざ内側の副靭帯損傷、頭と胸、背中に裂傷を負った。Gは左足の開放性の複雑骨折、および右の耳に傷害を負った。被告は、高圧ガス取締法にいう第一種製造者としての許可を得、判決文によると某指導団体の安全潜水協会の会長であった。

この判例では、「ダイビングが危険性を内包するスポーツ」と認定し、そのダイビングにおいては「現場でのダイビングポイント選択からエントリーに至るまでの指導員の指示が重要な意味をもつということができ、右指示を誤った場合に参加者に与える危険もまた大きいものといえる。そうすると、ダイビングにおいては、現場でのダイビングポイント選択以後エントリーに至るまでの一連の行為も、少なくともダイビングに密接して行なわれる必要最小限度の行為に該当するとみることができる」とダイビングの「指導」の内容について判断を行なった。そして裁判所は、被告の会社に対して、このダイビングツアーを、「運送、宿泊、安全なダイビング器材の供与並びにこれに付随する一連のサービスを提供し、かつダイビングの指導を行なう旨の契約」と認定し、「被告会社は、右の契約に基づく、本件ツアーを善良な管理者の注意をもって安全に完了させる義務があった」とし、この事故がこの2つの義務違反行為（契約法上の義務の不履行）によって発生したと判断した。被告の会社代表取締役には、実際にタンクを扱う指導員に対して安全管理を指導監督すべきことに関した注意義務違反を認め、その監督下にある指導員には、タンクの外観検査を適切に行なわずに高圧ガスを充填して参加者に使用させたとして過失を認めた。

ここであらためて裁判所の判断を列記すると、
(a) ダイビングツアーという包括契約における会社の安全配慮義務（契約法上の注意義務）の範囲について
(b) 雇主の雇員に対する指導管理責任
(c) 実際に事故の原因となったタンクを扱った指導員に対しての安全管理上の過失

という3つの判断が下されている。これは、ダイビングツアーにおける安全配慮義務の及ぶ範囲について、ダイビングの行為（潜水）そのものに限定したものでなく、ダイビングツアーを主催する会社の責任、その代表の、雇員に対する指導監督の責任、そして実際に事故の時に業務を行なっていた雇員の責任を明確にしている点で重要な判決と言える。

　さらにこの判決文では、ダイビングの危険性と、その業者が果すべき義務についてより詳しく規定した。以下に引用する。「ダイビングは、本来人間の生存不可能な海中という特殊な自然環境下で行なわれ、またボンベを始めとする特殊な器材を使用するところから、通常のスポーツと比較して一つ間違えば人命にかかわる重大な事故を惹起する危険性も少なくなく、それだけにこれを指導・監督する指導員には、参加者の安全を確保する思い責任が課せられること、ボンベを始めとする器材を安全かつ適切に使用しうる技術の習得がダイビング講習の大きな目標の一つであり、このような観点から、指導員には現場での器材の管理及び修理をしうる技術者としての役割も要求されていること、現実にも指導員は、少なくとも参加者が自己所有器材を持参する場合ではなく、指導員側で器材を用意した場合には、ダイビング現場又は事前において器材が正常に動くかどうかの点検を行なうのが通常であることを認めることができる。以上の事実に照らすと、指導員の職責には、器材の安全性の確保も含まれ、指導員側で用意した器材を提供する場合には、遅くとも右提供の時点において、その安全性を点検すべき義務」があるとした。そして、「単なる不法行為上の注意義務にとどまらず、信義則上本件ツアー契約に付随して認められる契約法上の義務であると解される」とした。

　なお、現在、欠陥がある器材を製作したメーカーにはPL法によって罰則規定があるが、ダイビングのレンタル事業においては、ウェットスーツやドライスーツにロゴを入れるとか器材を個別に輸入したものを直接レンタルすることがあっても、ほとんどの場合は、メーカーが製造したものを購入して貸し出す場合がほとんどである。ダイビングショップを経営する業者において、高価な器材の販売を促進するために、レンタル品が壊れていたり、あるいは不完全なメンテナンスで、安全確保のための機能が十分に果せないようにしていることが多く見受けら

れるが，これでは，明らかにダイビングの器材のレンタルという，水中での安全を確保するための器材を貸し出すという契約においての債務不履行責任が発生しているものと思われる。よってこの事実によって借り手に損害があった場合は，業者に賠償責任が問われることは明白である。この債務不履行についての損害賠償を命じられた判例として，「空気残量計に欠陥のある潜水器具を使用して潜水したため，減圧症に罹患したとして，右器具の販売業者に対して求めた，右器具の売買契約の債務不履行に基づく損害賠償請求が認容された事例」（鹿児島地方裁判所　平成3年6月28日判決，一部認容，一部棄却（確定）　昭五六（ワ）第六九〇号，判例時報1402号　104〜110頁）がある。

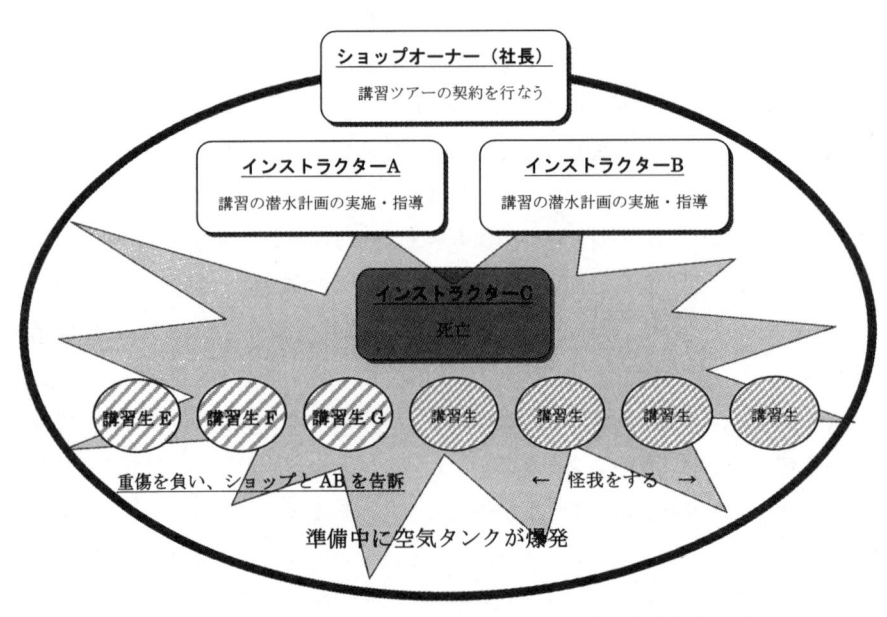

図 4-9　ダイビングツアー中ボンベ（タンク）爆発負傷事件の図

> 「運送，宿泊，安全なダイビング器材の供与並びにこれに付随する一連のサービスを提供し，かつダイビングの指導を行なう旨の契約」と「被告会社は，（中略）安全に完了させる義務があった」と，この2つの義務違反行為によって事故が発生したと判断した。ショップのオーナーには，タンクを扱う指導員に対して安全管理を指導監督すべき義務違反，指導員2人には，タンクの外観検査を適切に行なわずに高圧ガスを充填して使用させたとして過失を認めた。

(4) 越前沖沈船ダイビング事件

（大阪地方裁判所　平成12年12月14日判決　控訴　平成一〇年（ワ）第九一七三号　判例集未掲載）

※この事件は，一審判決時，その判決内容が全国紙で大きく取り上げられており，またインターネット上でも大きな反響と関心を呼んだ広く知られた事件である。これは判決言い渡し後，同年12月26日に控訴が受理されたため確定はしていない。しかしその内容の重要性を鑑み，参考として，2001年4月1日に施行される消費者契約法にも通じる司法判断としてここに紹介する。なお，私的感想にすぎないが，この裁判では，原告側弁護士2人に対して被告側弁護団は17人で構成されており，ダイビング業者側がこの裁判をいかに重要視していたかがうかがえるのである。

事故の概要：1997年9月4日，当時25歳の男性Aは，福井県の越前町沖で行なわれた沈船ダイビングのツアーに，他の7人と計8人で参加した。ダイビングショップ側のスタッフはオーナーで唯一のインストラクターであるBと，アシスタントインストラクターのC，ダイブマスターのDと，他にダイビングレベルが不明のEの計4人であった。参加者それぞれのダイビング経験本数は，Aが5本，店側の指示でAのバディと指名された客が8本，他はそれぞれ4本，5本，9本，20本，50本，80本であった。

ツアーの一行は漁船上でブリーフィングを受け，目標のポイントまで行ってア

ンカーを降ろし、9時50分ころからエントリー（入水）を始めた。このとき、船首側から4人、船尾側から4人がエントリーし、これをBとCの2人が水中で監視する体制をとっていた。DとEは船上で客のエントリーの補助をしていた。やがて最後にDとEも潜降してきたのだが、BとCは海底で集合したダイバー達の中にAがいないことに気づき捜索を開始した。やがてCが、沈船の船尾から15〜20の水深約23mの海底に、口からレギュレーターを外してBCに空気が入っていない状態で意識がないまま座っているAを発見し、CはAを伴って浮上を開始した。浮上途中にBが合流して一緒に浮上した。海面につくと、通りかかった別のダイビングサービスの船にAを揚収して港まで運んで救急車に引き渡したが、Aは意識不明のまま4日後に死亡した。死因は溺水であった。

当日の天候は晴、風なし、気温30度、水温26度、水中での水平方向への透視度は7ないし12m、うねりはごく少なく、流れは若干程度であった。

Aの両親は、ツアーを主催したダイビングショップの代表Bに対して、監視義務違反の過失があったとして、債務不履行又は不法行為に基づいた損害賠償請求を行なった。

裁判の経過：この裁判では、「1．監視義務違反の有無」「2．免責の合意の成否及び効力」「3．過失相殺」「4．損害」が争点として争われた。

まず、監視義務違反の有無について、被告側は「ダイビングツアーは、ダイビングの能力を持った者が自己責任を前提として参加を申し込むものであり、特に合意をしない限り、ツアー主催者は参加者を常時監視すべき義務を負わない」「Aは、本件ツアーに関して起こり得るすべてのリスクが参加者に帰属することを認める旨の条件が記載された本件申込書に署名し、被告の監視義務を免除する合意をしたから、被告はAに対して契約上の監視義務を負わない」「Aが、潜降地点であるアンカーロープから離れて被告の用意した監視体制から離脱したために生じたものであるから、そのような予測不可能な事態によって監視体制から外れたAの行動を監視することは不可能である」などと主張した。

免責の合意の成否及び効力について、被告側は、「Aは、（中略）被告の免責

に合意した。したがって被告は債務不履行責任を負わない」とし，過失相殺に関して被告側は，「Aがアンカーロープに沿って潜降することを指示したにもかかわらず，Aがアンカーロープに沿って潜降せず，自らの意思で被告の監視体制から離脱したことによって生じたものである」と主張した。そして，損害については「争う」とした。

　裁判所が示した判断は，まず，監視体制について，「初心者の場合には，水面上から潜降を開始する際に（中略）一連の操作を行なわねばならず，この間にトラブルを生じたり，海流の影響等により予定していた潜降場所から流される危険性のあることに照らすと，被告は，本件ツアーに当たり，特にエントリーから海底の集合場所にたどり着くまでの間は，参加者全員の動向を監視し，異常事態が発生したときは直ちに適切な指示又は措置を行なう義務を負うと解するのが相当である。右義務は，参加者との間の契約上の債務であると同時に，一定の危険を伴うダイビングツアーを営業として行ない，これにより利益を得ている者として負うべき不法行為上の注意義務でもある」「海中でのダイビングにはさまざまな危険が伴うものであり，ツアー参加者の技術，経験の程度も多様であって，全員が独力で安全にダイビングを行ない得るとは限らないことに照らすと，計画の内容や参加者の技術，経験の程度に応じて，主催者に参加者の安全を図る義務が課せられるのは当然であり，（中略）被告の主張は採用することができない。本件申込書に参加者が本件ツアーに関してすべてのリスクを負担する趣旨の記載のあることは，被告の注意義務に関する右判断を左右するものではない」であった。さらに，Bの潜水計画について，「被告とCとの役割分担は必ずしも明確ではなく，両者の間に微妙な認識の違いがあったことがうかがわれる。（中略）参加者全員についてエントリーの後，アンカーロープに沿って潜降を開始するまでの動向を監視する態勢がとられていれば，Aに発生した異常を発見し，適切な措置を採って事故の発生を防止し得たものと考えられる」とし，「Bは前記注意義務を怠ったものと認められ，債務不履行又は不法行為に基づきAの損害を賠償すべき義務を負うというべきである」とした。

　次に，免責の合意の成否及び効力については，その記載された文言である「1

私に傷害，死亡，その他の事故が発生した場合にも，私自身，私の家族，後継者，その他関係者に対する責任は発生しない事に同意する。2　予想されると否とにかかわらず，ツアーに関して起こりうる全リスクは私個人に帰属されるものであり，上記ツアーに私が参加することによって，私自身，私の家族，相続財団，相続人，その他の関係者は何等異議を有せず，請求権を有しない事を確認する」に関しては，「本件申込書に右のような記載があるからといって，被告主張のような免責の合意が成立したとは認めることはできない」とし，「身体及び生命に侵害が生じた場合にまで被告の責任を免除することを内容とする合意は，公序良俗に反し，無効である」とした。

　過失相殺に関しては「被告が七割で，Ａが三割」とした。

　最後の損害については，新聞などで報道があったように，被告Ｂに対して約6,800万円の支払いを命じた。なお，裁判所はこの損害額の根拠を，選択的に主張された債務不履行ではなく，不法行為からであると示した。

　判決の意味：このダイビングツアーにおいては，被告業者側では，インストラクターはショップ代表のＢのみであり，アシスタントインストラクターもＣのみで，Ｄがダイブマスター，Ｅはそのランクさえ記録されないレベルであった。このような中で，潜水経験が10本以下の5人を含む8人を引率したのだが，監視側と客側とで有効に機能するスタッフ数としての実質的な人数比に問題があったのではないか。つまり総勢12人にもなる団体では，よほどスタッフ側の役割分担が確立して，その監視のための訓練ができていないかぎり，客のロスト（見失い）や，混乱発生の際の収拾に手間取る確率は高くなる。このように，単純にスタッフ側と客側の人数比（1対2）では計れない，実質的に機能する人数比の確保ができていなかったことがこの事故における監視体制の問題点ではなかったかと思われる。

　また，この裁判の最大の争点であった免責同意書の有効性について，たとえそれに署名してあったとしても，「申込書に右のような記載があるからといって，被告主張のような免責の合意が成立したとは認めることはできない」「身体及び

生命に侵害が生じた場合にまで被告の責任を免除することを内容とする合意は，公序良俗に反し，無効である」と，業者側の免責を否定している。この法理は，2001年4月1日から施行される消費者契約法の理念とも通じるものであり，このことからも消費者契約法は，この司法判断の「公序良俗」の概念が明文化されたものと解釈できるのである。

なお，この事件でもダイビングの業者の注意義務に触れ，参加者の動静を常に監視して，その安全を図る義務について，「参加者との間の契約上の債務であると同時に，一定の危険を伴うダイビングツアーを営業として行ない，これにより利益を得ている者として負うべき不法行為上の注意義務でもある」「主催者に参加者の安全を図る義務が課せられるのは当然」と規定した。以上の司法判断は控訴のため確定判決ではなく，あくまでも一審判決としての参考ではあるが，ダイビングの業者のみならず，他のアウトドアスポーツの指導者も重く見なければならない事項であろう。

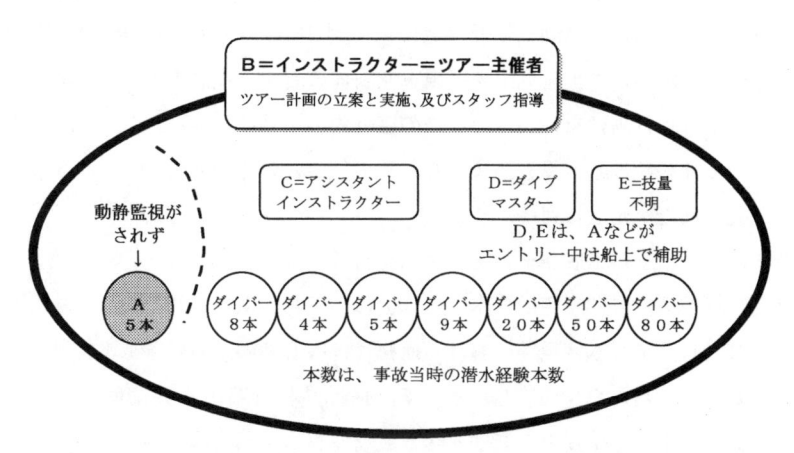

一審判決では、主催者（業者）が参加者の動静を常に監視して、その安全を図ることは、参加者との間の契約上の債務であると同時に、この契約で利益を得ている者として負うべき注意義務であると規定された。そして、業者のみを免責する免責同意書について、司法は、「公序良俗に反し、無効である」とそれを否定した。

図4-10 福井県越前沖沈船ダイビング事件の図

(5) 五竜遠見雪崩事件

（長野地方裁判所松本支部　平成7年11月21日判決。確定。平成二年（ワ）第二六四号。『雪崩―人災への怒りと警告―五竜遠見雪崩裁判勝利記録』（酒井さんの雪崩裁判を支援する会　1997年　236～263頁），（判例時報1585　78～91頁）

以下では，長野県で行なわれた冬季野外生活研修会中に雪崩が発生して参加者が死亡した登山事故において，県の職員である指導者の過失が認められ，長野県に損害賠償が言い渡された判例を検討する。

事故概要：長野県教職員の男性A（24歳）は，1989年（平成元年）3月17日から19日にかけて，長野県の教育委員会に所属する機関である，登山や山岳活動に関する講習や研修を行なうことを目的とする長野県山岳総合センター（以下「山岳総合センター」という）で行なわれた，長野県内の高校生及び山岳部顧問らを対象とした，冬季の野外活動を経験し，冬山の気象，生活知識，雪上知識等の基礎技術を修得することを目的とする冬の野外生活研修会（以下「本件研修会」という）に参加した（講師は長野県職員）。3月18日，Aらは午後3時30分ごろから長野県白馬村の小遠見山支尾根東側斜面の谷川（標高1,610 m）からワカンジキによる歩行訓練を行なった。この訓練中の午後3時45分に雪崩が発生しAを含めた他の参加者も巻き込まれた。その後，Aは午後4時50分ころに雪中から発見されたが死亡に到った。

遺族は長野県を相手取り損害賠償請求を行なった。

裁判の経過：被告弁護側は「本件研修会は，三月に開催されたものであるから春山に該当し，また本件現場における研修は，初心者のための雪上歩行訓練であるから登山には当たらない。したがって，長野県職員であるB講師，C講師らには，原告主張の冬山登山を避けるべき義務を怠った過失はない」とした。そして「雪崩の発生がいささかなりとも論理的に疑われる状況が認められればその予見可能性があると判断すべきではない」，「雪崩発生のメカニズムは十分解明されておらず，雪崩の予測について試行錯誤的な研究段階にある法則や情報を前提として予見可能性を判断するべきではないのであって，講師らに対して（中略）注意義務を課すべきではない」と主張した。

判決では，被告の注意義務に言及して，Aたちを，「参加者である高校生や引率教諭は，冬期の野外生活については初歩的段階にあり，雪上技術や雪崩回避の知識も不十分な初心者であった」とし，当日の担当講師の十分な経験を認めた上で，「Aら参加者は，一般の冬山登山と異なり，万一の場合には雪崩等による生命身体に対する危険をも覚悟して本件研修会に参加したものではなく，また，雪崩等の危険性の判断については全面的に担当講師らにその判断を委ねていたものであり，担当講師らによって本件研修会が安全に実施されるものと期待していたものということができる。したがって，担当講師らは，このような参加者の安全を確保することが要求されていたというべきである」とした。そして，研修会の責任者であるB，C講師に対しては，「雪上歩行訓練を実施した場合の雪崩発生の可能性について十分な検討協議を尽くした上，雪崩が発生する危険性を的確に判断して，雪崩による遭難事故を回避すべき注意義務を負っていた」と明確に規定した。

そして担当講師らがこの注意義務を怠った過失を認め，被告長野県に対して損害賠償の支払いを命じた。

この判例は，同等の技量を有した者同士の同志的な登山ではなく，経験・技術とも卓越した指導者が率いた時の，いわゆる引率型登山において，その指導者が経験・技量に劣る参加者に対してどのような注意義務を負っているか，またその注意義務をどのように果すべきかについて司法の判断が下った判例である。ここでは，その対象が，雪崩という，その発生メカニズムが十分に解明されていない自然現象であっても，「発生の可能性について十分な検討協議を尽くした上，雪崩が発生する危険性を的確に判断して」事故を回避すべき義務があるとしている（予見可能性の採用）。

アウトドアスポーツでは，自然現象への判断の誤りによって致死的な事故を招く危険性があることは例外的なことではなく，そこで指導する者にとっては，危険を予期して，被指導者等の安全を確保する義務があるということで，スクーバダイビングにおける指導者（インストラクターやガイドなど）の注意義務と同じであると言える。

アウトドアスポーツの指導者には，参加者の安全を確保するために十分に検討協議を行なって危険性と遭難事故を回避する義務があるのである。

3. 過失の構成要素についての研究

(1) 刑事

業務上過失傷害・過失致死罪

成立要件

①加害者が業務中だったか（業務）

②予見可能性があったか（予見可能性）

③相当因果関係があったか（因果関係）

④加重された注意義務を果たしたか（過失）

⑤監督過失があったか（監督過失）

レクリエーションダイビング（他のレクリエーションスポーツを含む）の事業者が行なう業務中に発生した傷害・死亡事故については，その事業者の過失の有無によって，刑法によって罰せられる。ここでは主に事業者の業務上について語っているが，無償のサービスの時や同好会などのリーダーが業務上過失責任を問われる可能性についても触れている。

「業務者の行為の不法内容が重いのは，重い結果を引き起こす危険があり，かつその危険が高いからである[35]」ので，その結果を極めて容易に予見できた場合には高度の不注意があったとされる。この章の1で紹介した刑事事件の判決を見るとそれらのことが具体的に述べられている。

①**業務：加害者が業務中だったか**

(a) 被害者が，業者と講習・体験ダイビング，あるいはガイドダイビングの契約を結んでいた場合

(b) 業者が潜水計画の立案者である場合

　　(イ) (a)(b)においての管理・監督責任について，ダイバーの技能レベルにおける区別は原則的には存在しない

（ロ）水中などで，同一の潜水計画に沿って行動していた場合。たとえば水中で被害者たちが本隊と別行動を取るに至っても，それは同一チームの行動を見なされ，責任は潜水計画立案者とインストラクター・ガイドにある
　(c) 例えば無償の行為であっても，インストラクターなどがダイビングチームの指導者であった場合は，（イ）社会生活上の地位に基づき，（ロ）反復継続の意思ないし目的があり，（ハ）定型的危険性のあるもの，として業務中としての要件を満たすことになる。
　②予見可能性：予見可能性があったか
　ダイビングなど，自然環境の下に行なうレクリエーションスポーツの場合は，例えばダイビングなら，下りの潮に巻き込まれて急激に水中に引きこまれたり，水平方向の強い潮であるなら漂流という状況になることもある。こういった場合，いわゆる予期せぬ潮の流れの発生とか天候の変化，といって弁解することもあり得るが，ニセコ雪崩事件の判決文にあるように，「具体的な予見可能性は必ずしも発生メカニズムの学問的解明を前提とするものではない」として，自然現象を予見ができずに事故が発生した場合には，「限られた情報・経験のみに頼った甚だ軽率な判断」とし，過失責任を認めている。（関連して，結果回避義務として，あらかじめ危険に備える準備義務と，危険を直接避ける緊急義務がある）
　③因果関係：相当因果関係があったか
　ニセコ雪崩事件判決では「遭難事故発生を避けるため判示のとおり安全な行程を選定する」ことをしていれば遭難事故は発生しなかったとしている。これはダイビングの場合では，天候，海況を見，安全に陸上まで戻ってこられるよう手を尽くせば事故は防げるということと同義である。実際にダイビングの事故は，一般的に，手を尽くしていなかった部分を原因として発生している。
　④過失：加重された注意義務を果たしたか
　事業者は，その事業行為における危険を容易に予見できることから責任が加重され，これをカスミ根事件では「注意義務を加重することはあっても軽減するものでは決してない」と表現している。

▶業者に加重された注意義務

※業者は，講習生・体験ダイバー・一般ダイバーが，安全に陸上へ戻ることができるよう具体的な最大限の準備をする義務がある。そこにはダイバーが水中でパニックを起こしても対処できるような準備がなされていることも含まれる

⑤監督過失：監督過失があったか

1999年8月11日，和歌山県串本の「浅地」というポイントで講習中の女性の死亡事故があった。この事故は非常に奥の深い複雑かつ重大な事故であったが，ここでは詳細は省略する。（※本書第三章「事故事例17」の（2）に概要のみ紹介しているので参照されたし）

この事件を担当した串本警察署は，2000年2月に，「初級者の講習中の死亡事故における監督責任を問題」（串本警察署談）として書類送検を行なった。この場合は，講習生が安全に陸上まで戻るための安全体制確立義務違反を注意義務違反として送致を行なったと解すべきである。

サバチ洞窟事件では，「被害者らの生命等に危険が及ばないように事故の発生を未然に防止するための措置をとるべき業務上の注意義務」という表現を使って規定しているが，これも監督過失を取っていると思われる。

(2) 民　事

刑法における司法の目的を，最高裁判所は「犯罪の捜査及び検察官による公訴権の行使は，国家及び社会の秩序維持という公益を図るために行なわれるものであって，犯罪の被害者の被害者利益ないし損害の回復を目的とするものではなく，（中略）被害者又は告訴人が捜査又は公訴提起によって受ける利益は，（中略）法律上保護された利益ではない」と，これを審議した最高裁判所の四人の「裁判官全員一致の意見」（最高裁判所　第三小法廷　平成2年2月20日判決　平成元年（オ）第八二五号　最高裁判所編　裁判集　民事159号　平成2年自1月至4月　161〜167頁）で規定している。つまり刑法によってでは，被害者の損害の回復（救済）は基本的に期待できないのである。被害者がそれを望むとき，あるいは事件の真実を知るためには民事裁判という手続きが必要となる。

次に民事の判例を分析しつつ民事責任について考察する。

(a) 不法行為責任
成立要件
①加害者の故意または過失による行為（故意過失）
②他人の権利または利益の違法な侵害（権利侵害ないしは違法性）
③加害者に責任能力があること（責任能力）
④加害行為により他人に損害が発生したこと（損害発生の因果関係）

①故意過失：加害者（インストラクターなど）の過失について
　講習や体験ダイビングという，契約による法的関係にあるインストラクターの管理・監督下において，ダイビングの技量が未熟であることが周知の事実の講習生や体験ダイバーの安全を図るために必要な注意義務とは，水中・水面などで，予見しうる危機的状況を充分避けうるに足る行動を遂行するために一定時間ごとの注意深い動静のチェックがまず第一と言える。
　つまり，講習生や体験ダイバーが水中でトラブル（パニックを含む）にあった際に，インストラクターはすみやかに彼らの安全のために適切な対応をし，その生命の安全を確保した上で浮上し，そして蘇生のための処置がとられる十分な時間が確保されることであり，また，水面で漂流してしまわないための配慮のことである。
　このため，インストラクターやガイドは，水中・水面では，常にこの対応が確実にできる状態に自分や講習生，体験ダイバー，一般ダイバーを置くべきであり，これがなかったために発生した事故においては注意義務違反を問われることを逃れることは難しいと言える。インストラクターとは専門的知識を持つ特殊な指導員であり，初心者たる講習生や体験ダイバーに何かトラブルが起きたとき，すぐに対応しなければ，溺死を含めて重大な危険が発生することは充分知っていることは明白であることから，インストラクターは講習生や体験ダイバーの動静チェックを頻繁にするべき義務があると言えるのである。

この場合の「頻繁」の程度の時間的数値とは以下のとおりである。
　PADIにおいては，インストラクターマニュアルにおいても，この動静観察の時間間隔を文書化していない[36]。しかしながら，そのPADIのカリキュラムでインストラクターの試験を受ける場合に要求される，講習生などへの動静確認の間隔は「5秒ごとに1回」である。実際にPADIの某インストラクターはこう言っている。
　「IDC中には1人から5秒以上目を離すなといわれました。じっさいIE中も5秒以上目を離してしまい，講習生役の人に逃げられてしまって，これはだめだとおもっていたのですが。最終的には採点には入らないということで助かり（？）ました」（PADIインストラクターA氏との私信から，1999年10月26日受信）
　NAUIのインストラクターを認定する立場にある某ダイビングショップのオーナーのB氏はこの注意義務に関して，
　「NAUIにもPADIにも，10秒ルールと言われる物があります。これは，コースガイドに書かれているものではありませんが，最低限10秒に1度は，全ての講習生の状態をチェックしなさいと言うものであります。但し，実際の講習中は，ほとんどの時間，直接管理下に置いてるものです。3秒目を離したら事故が起きる可能性があります」
との回答を寄せた。さらに以下の筆者の質問には，
>2. それはインストラクターの試験の項目にはいっていますか？
　「10秒ルールに関しては，注意義務で評価対象になります」
と明言してきた。
（1999年11月27日発信・受信文から）
　次に筆者はこのような質問をした。
>2. ファンダイブのガイドの時に行なわれる，客に対する注意義務の具体的内容とはどのようなものなのでしょうか？（動静チェックの時間間隔とか，保持すべき距離，視界の角度など）
　それについての回答は以下のとおりである。
　「ファンダイビングには，いろいろな要素が含まれます。私自身が行なってい

る内容の基本的アウトラインは以下の通りです。

1. ダイバーの認定レベルの確認
2. ログブックの経験内容及び本数の確認
3. 器材セットアップの慣れ…正確さ…などの確認
4. 陸上での言動及び行動の確認
5. ブリーフィングの理解度の確認
6. ストレスの徴候
7. 水中での注意力のチェック，挙動の確認
8. 目つき，排気量，浮力コントロール，距離…トラブルを発生しやすいダイバーの山立て
9. エアー消費量の大小。エントリー後約10分
10. 音に対する反応
11. 浮上コントロール
12. セイフティーストップ時の挙動
13. エキジットの手順

（NAUIショップオーナーB氏との私信 1999年12月10日発信・同日受信）

さらに，別のインストラクターからは水中で講習生に対する視角の取り方について具体的に回答を得たので紹介する。

「デモンストレーションなどをする場合は，扇形で大体の角度は100度ぐらいでしょう。私はアシストは講習生の後側にしています。何故，100度ぐらいかと言えば，人の視界には限界がありますが，100度未満であればどこを見ていても端まで視界には入ります。其の時には，私が端の講習生を見ているときには，アシストに逆側を見ているように言ってあります」

（インストラクターC氏との私信　1999年10月25日発信・受信，一部文章を編集）

以上の事柄が，インストラクターやガイドが，客たる者に対してとるべき注意義務の具体例のいくつかである。これらを忠実かつ完全に実行したかどうかこそが，事故の際の過失責任の有無に関わってくるものである。さらに，インストラクターがガイドダイバーとして上級者などをガイドするファンダイビングの場合

も，前述のように客のダイバーが安全に陸上に戻れるような対策を用意しておく必要があり，たとえ客のダイバーが水中で別行動に移ってしまっても，それへの対処ができるような潜水計画の立案とその有効な実施の責任があることは言うまでもない。

②**権利侵害ないしは違法性：他人の権利を侵害したかどうかについて**

講習生や体験ダイバー，また一般ダイバーの身体への傷害及び生命の喪失ということは人格権の侵害にあたる。

③**責任能力：加害者に責任能力があるかどうかについて**

インストラクターが未成年，あるいは心神喪失状態でもなかった場合を除き，責任能力がある。ここで，もし未成年をインストラクターとして指導団体が認定した場合，法的責任能力が完全でないものに対して人命に関わる資格を認定した責任についての論議がなされるべきである。

④**損害発生の因果関係：加害行為により他人に損害が発生していることについて**

「損害の発生」……事故者の生命が失われていたり，傷害その他の損害を負っている場合。

「因果関係」………事故に遭った講習生や体験ダイバーは，ダイビング自体が未体験，または初心者であり，ダイビングの持つその「致死的」な性質上，ダイビング事業者（ショップ）の主催する講習受講や体験ダイビングの契約をし，そのショップに所属しているインストラクターの指導・監督の下で事故が発生した場合には因果関係が成立する。

この場合，講習生や体験ダイバーが，インストラクターから安全配慮（動静への注意や無事に陸上まで帰還するまでのサポート）を受けることは契約の一部である。また一般の上級ダイバーに対してであっても，そのダイビングポイントに不案内な，いわゆるビジターダイバーの場合，それをガイドする際の潜水計画立案者には因果関係が成立する。

インストラクターやガイドは，基本的にそのままでは人間の生存が不可能な水中での潜水技術を指導したり，その水域に対して不案内なダイバーを安全にガイドし，そのための潜水計画を立案し，その水中行動を指導するという特殊な立場

にあり，そこには講習生や体験ダイバー，そして一般ダイバーへの注意義務を常に果たすという特殊な行為責任があり，それを怠った場合には，いわゆる「特殊な不法行為責任」があるとも言える。

なお，講習中および体験ダイビング中，またそのダイビングポイントに不案内であるダイバーへ提供するガイドつきファンダイビングの時に発生した事故においては，上記の「不法行為責任」のみならず「債務不履行責任」も問うことができると考えられる。

また「不法行為」を問う場合は，被害者が加害者の過失の証拠を挙げる挙証責任があるが，「債務不履行」を問う場合は，加害者の方に過失がなかったことの挙証責任がある。

(b) ボランティアでリーダーを勤めた時の賠償責任の有無
▶クラブ的な活動としての引率者やリーダーの責任について

同好の士のグループでダイビングを行なったとき，たとえそれが無償のボランティアの行為であっても，リーダーが問われる責任はあるのだろうか？

ダイビング業者が，講習やガイドを行なうことを契約によって請け負ったものと異なり，体験や技量に秀でたものが中心になってグループを引率するという行為を行なった時に発生した事故については，ボランティアで活動をおこなった者に過失があったものとし，子どもを引率していた時の事故であったが，引率者たるそのボランティアに対して損害賠償責任を認めた判決が参考になる。（札幌地方裁判所　昭和60年7月26日民五部判決，一部認容，一部棄却（控訴）昭五七（ワ）第一〇一三号。福岡地方裁判所小倉支部　昭和59年2月23日民二部判決，一部認容（控訴）昭五六（ワ）第一六六四号）

この判例を見るに，過失の程度が高い場合においては，今後もレクリエーションダイビングにおいても，その法的責任が問われていく可能性が高い。

4. バディの法的責任

スクーバダイビングの実行においては，その実行者以外に存在し得る者として，

指導者・ガイド（業者など）とバディの存在がある。この項では，特にそのバディの法的責任について考察を行なう。

ここで言うバディとは，スクーバダイビングを行なうときに，一般的には同等程度のダイビングの技量を持ち，互いに契約関係にあらず，自らの意思で，あるいはダイビング直前にショップから指示されて基本的に2人でチームを組む，それぞれにとっての相手のこととする。

(1) 致死性の高さに対する社会的共有認識

スクーバダイビングは事故時の致死性が極めて高いが，他にこのような野外スポーツとして登山（軽い散策などは除いて）がある。登山の場合は，事故時の致死性の高さは広く社会的に共有認識として定着している。したがって事故の可能性と，そのもたらす結果についても，仲間的登山の場合には共になすべきことと，なされないことなどの深い共有認識があると思われる。しかし，スクーバダイビングにおいては，「安全」とか「簡単」にできる，ということ以外の情報に接することのできる機会は極めて稀である。したがってその致死性の高さについて社会的共有認識があるとは言い難い。

そのような状況を背景に行なったダイビング中に，水中で一方が事故で死亡した場合，事故に遭わなかった方のバディ（ショップが人数あわせのために，バディとしてアシスタントインストラクターなどをつけた場合は指導者責任となるので別として）が，その行為に対して刑事責任が問われる範囲は極めて例外的なものと思われる。よってここでは刑事責任について論ずることはせず，水中世界（つまりダイビング）の事故においてバディが民事上の責任が問われるとしたら，どのような状況下で不法行為が成立し得るのであるのかを考察する。

ダイビングにおけるバディとは，水中において相互に協力を期待することを前提とする存在である。そこでは，相手方が万が一の事故などの時に自分に対して妨害行為をするかもしれないという危惧の前提は存在しない。となると，水中で一方のバディにトラブルが発生したときに，そこから逃れようと努力を行なっているその者の行動に対して，その対称にあるバディが期待の外にある妨害行為を

行なったかどうかが不法行為を認める根拠になると思われる。

(2) バディによる不法行為

　ダイビングにおいて，ダイバーが水中でのトラブルから自らの生命を守るために用いる最終手段は，減圧症を始めとする，さまざまなリスクを覚悟の上で，唯一の生存の可能性を求めて緊急（自制されつつも）浮上を行なうことである。この浮上を行なうに至る決断の要因として，水中でのエア（空気）切れ，体調不良，怪我などが原因と考えられるが，例えばエア切れなら，バディがそばにいて自分の空気を分けながら浮上するという方法もある。体調不良などでも種類によっては数 m の上昇で改善・解決する場合もある。しかし，ダイバーがそのような緊急の場に置かれた場合，あるいはより重大な局面に対した場合，そのダイバー自身の不安と恐怖の度合いは，特に経験の浅いダイバーにとって，多くの場合，それは計り知れないほど激しいものであると思われる。また，実際に水中で体調不良になったり怪我をした場合，外見からだけではその本人の深刻さは分からない場合が多い。そしてそのダイバーがリスクを覚悟で浮上するかどうかを決定する権利は，当然当該ダイバーにある。

　このような状況下で，バディの方がリスクを覚悟で浮上行動を開始した時に，もし別の方のバディがこの行為を妨害した場合，結果としてどのようなことが予想できるであろうか。たとえば「注意義務の及ぶ人数の限界の検証」の項で紹介している事例の (15) にある，ギリギリの状態で最終手段としての浮上をしているダイバーに対して，別の者がその浮上を止めようとして，そのダイバーの行動を抑制したことによってそのダイバーの精神的なバランスが崩壊してパニックが発生した（と思われる）事例のように，たとえそれが善意や無知によってであろうとも，他人がその行動を抑制するなどの行為に出た時，抑制された側は，自分の生命の保持を目的とした最終手段を脅かされたと受け取り，それが精神的バランスを崩してパニックを誘引し，その意思と行動が崩壊し，結果的に取り返しのつかない事態へと導かれていく可能性があることは容易に推測できるのである。あるいはそこまで行かないにしても，当事者がバディによって行動を妨害されたと感じた場合には，その不安感は増大し，心拍数が上がり，よって空気の消費量

も増え，水中で低酸素状態になって意識を失ったり水を吸いこんだりという致命的な状況に陥ることも十分に考えられる（第三章3の(2)を参照）。とすれば，互いに契約関係にないバディとしての行動の中で，どちらか一方が事故に遭った場合，自らの最終決定権を行使して浮上行動を行なっている当該ダイバーに対して，抑止行動に至った動機がバディとしての協力行為と考えてのことであっても，当事者に「妨害」と取られる行為を行なったことによって損害が発生した場合には，それは，水中という特殊な状況においてのバディの不法行為として成立するのではないだろうか。この適法行為による不法行為について，加藤一郎は「ある面で適法とされる行為でも，不法行為としての面では違法性を帯びることがあるといえば，それで理論的には解決されることになる」[37]と述べている。特に，シェアの高い指導団体の一部では，緊急浮上時の浮上スピードを分速18mとしているが，最近，より普及してきているダイビングコンピューターは，浮上速度が分速10m程度で危険を示す警告音を発するものがあり，またこのダイビングコンピューターそのものが，メーカーによってそのプログラムで採用している減圧理論[38]が異なるため，製造メーカーごとの警告基準に多少の差が認められる。実際に水中で同一条件で同一行動をとっていても，メーカー別や，あるいは同じ機種であってさえもそれが提供するデータが異なる場合がある。こういったダイビングコンピューターのそれぞれの特性も，今後，緊急浮上を要する事態になった場合などにトラブルの原因となることも懸念される。

(3) バディの法的防御

このような事態を防ぐためには，あらかじめダイビング中に緊急事態が発生した時に，一方が最終決定権を行使した場合，その行動の結果はどうあれ，その時にお互いはどうするかについて，事前にあらかじめ合意を行ない，一方の死亡などの場合に備えてその合意を書面（現在，ダイビング業界で広く普及している免責同意書などとは異なるもの）で確認して残しておくという行為が，今後は必要となるのではないだろうか。もしバディが事業者によって選定された場合には，当日のブリーフィングにおいても，事故の時の緊急時に，バディがどうすべきか，

また何をすべきかについて，バディを組むダイバーたちの技量に合わせて詳細な説明と指示，及び合意をとる行為が必要であると思われる。特に講習時においては，業者のこの責任は安全配慮義務履行の重要な要素として義務づけられるべきであり，講習生の生命の安全を考えるならばそれが自然である。

5. 指導団体の法的責任

　インストラクターとは，自らが認定された指導団体に年会費などを支払うことによってその地位を保証され，指導団体のブランドを使用して，指導団体の作成した講習プログラムの教授を始めとした事業を行なうことを排他的に許可されている人物のことである。また，インストラクターは，講習生から指導団体に対して，講習生が講習修了の認定を受けて認定証の発行を受けるための申請料を送金するという代理行為も行なっている。

　このインストラクターが講習などを行なっている時に事故などが発生して講習生に損害を与えた場合，指導団体をその責任から除外することは妥当なことであろうか。

　指導団体が認定したインストラクターが，指導団体のプログラムに添って講習を行ない，そして講習生はインストラクターを経由して指導団体から講習修了の認定を受けて認定証を得るために申請料を送っている（本書で説明しているように，認定証がなければ，体験ダイビング以外は事実上ダイビングができないため，この取得こそが講習の最終目的なのである）。指導団体はその申請料の多寡をもって，仲介したインストラクターの所属するショップのランク付けを行ない，教材などの仕切り価格を下げることを報酬の一つとしている。また指導団体は，いわゆるグッズの流通の中心にそのインストラクター（やショップ）を置くという形で，関連した一連の利益の流れの中に存在している。こうした事実から，指導団体が，自分はインストラクターとは雇用関係がないので彼らは自分の代理人ではないという主張をしても，現実に指導団体とインストラクターの間には特殊な代理人関係が存在しており，一般に講習生も，ダイビング業者がカンバンとしている指導団体の"所属"のインストラクターから講習を受けていると理解し，イン

ストラクター側もそれを基本的に否定してはいない。したがって，ここでは表見代理は成立するのであり，つまりインストラクターが指導団体の代理人として活動していると解釈することができるのではないだろうか。そしてこの代理人の不法行為によって講習生に損害が発生した場合には，その責任はインストラクター（とショップ）と指導団体が共同で負うべきであると考えるのが自然なのである。このことは，当の指導団体自身がまさに十分に認識していて，そのためこれを逃れることを目的として，本書の第五章で紹介している免責同意書の内容にあるように，まだ講習生と申請料の送金・受領関係が発生していない段階にもかかわらず，指導団体自身が，インストラクターやショップを介して，これから行なわれる講習中に事故が発生しても，自らは免責されることを契約書などに記載して，それへの署名を講習生に要求している（これはインストラクターの契約行為が自らの代理行為であることを承認していることにもなる）のではないだろうか。つまり，インストラクターと，そのインストラクターの講習生から申請料を徴収して，「講習」という商品の契約の最終かつ最重要部分である認定行為を行なう指導団体の両者はまちがいなく一体化していると言えるのであり，事実，この両者のどちらが欠けても，講習から認定証の発行までに至る一連の「商品」は完結しないのであるから，インストラクター（やショップ）は指導団体の代理人として活動していると見ることができるのである。

したがって，この代理人の活動で発生した不法行為によって代理人が講習生たる客に損害を与えた場合，その責任から指導団体のみが除外されることは不自然であり，法的な「不公平」と言えるのではないだろうか。

6．法的問題

これまでマリンレジャーにおける商業行為中（体験・技術講習・ガイドなど）に事故・事件が発生したとき，その原因と真の責任の所在が追求されることはまれであって，またその情報も外部には出てこなかった。このため，被害者の救済が十分になされなかったり，場合によっては放置されるという現実がある。また，バディという存在の行為が，事故の決定的な場面で関与した時の考察もされてい

なかった。今回，刑事・民事の判例の総合的研究の結果を報告することによって，これが多くの当事者の参考になり，被害者に対する法による救済の道がさらに開かれんことを願うものである。

(1) 被害者と事業者との間の法的力関係

　消費者である講習生・体験・一般ダイバーが事故などで被害者となってダイビングの事業者と交渉せざるを得なくなった場合，置かれる可能性が高い法的力関係は，一般的に圧倒的に被害者側が弱い。その背景をPADIのクレーム処理体制に見てみる。

▶「PADIの独自クレームサービス」に見る「クレームサービス体制」
　※(『PADIメンバー・ストア総合保障制度　PADI［メンバー　ショップ］向け保険のご案内　2000年度版』10頁　PADI　JAPANから構成)

　このように，ダイビング事故の時の被害者からの請求対策や裁判などの処理経験が豊富かつそれに精通した「チーム」が防御にあたるため，一般にはダイビング事故の実態全般に精通した弁護士（ダイビングを趣味で行なっていることとは別）が極めて少ない現状もあり，両者の法的な力の差は極めて大きい。また，この「PADIの独自クレームサービス」では，「事故にあわれた時は」で，「保険加入の有無については，できるだけパディ，弁護士，保険会社の了解を得てから返答して下さい。理由は被害者の損害賠償請求意識をいたずらに高揚させる危険性があるからです」という部分がある。筆者が1993年にパディジャパンに直接確認したところ，「PADIショップは海外でも同じ保険に加入しているはず」，という内容の返答を得たが，実際に発生した事故において，事故はガイドインストラクターのミスが事故原因であると明記されたログブックに，そのショップのオーナーが内容を承認したサインをしていても，事故者の医療費実費も含めて，被害者に対しての一切の補償を拒否したという事例(注51を参照)もあり，それは「事故にあわれた時は」の理念が強く反映された実例であるとも思われる。

　ダイビングの事故は基本的に水中で発生するために，その実態が解明しにくい。そしてその責任の所在を明確に指摘できる専門家が極めて少ないという現状があ

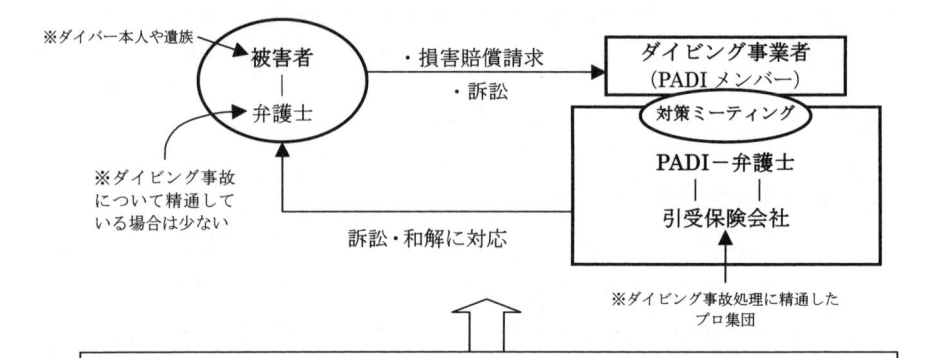

```
※ダイバー本人や遺族          ・損害賠償請求      ダイビング事業者
         被害者  ─────────────→  （PADIメンバー）
         ↓↑                ・訴訟
         弁護士                           対策ミーティング
                                    PADI─弁護士
※ダイビング事故                        ↕
について精通して                      引受保険会社
いる場合は少ない
              訴訟・和解に対応
                                ※ダイビング事故処理に精通した
                                  プロ集団
```

▶この「PADIの独自クレームサービス」は次のように運用されるとある。
①事故発生後すぐに事故報告をして頂きます。
②事故報告をもとにメンバー当事者の方と弁護士、引受保険会社とで状況聴取のうえ、対策を検討します。
③相手から賠償請求や訴訟が起こされた場合
④それに対する対応及び示談交渉のアドバイスをします。

図 4-11

る。そしてダイビングの事故の性質上、多くの場合、深刻な被害を負うのが消費者側であるので、事業者との力関係のバランスが被害者側に大きく不利であるという法的不均衡が存在することは重大な問題である。このような法的不均衡の解消のためには、専門知識があり、事業者側との法的な力のバランスが取れるような知見と経験がある弁護士などのリストを作って紹介する第三者団体などが必要なのではないか。

　なお、これまで事故のときに、業者側は被害者やその遺族に対して裁判を避けて和解を申し出ることが多かったようだが、このため事故の実態と責任の所在について外部に知られることはほとんどなかった。また指導団体によっては、自社経由の保険加入業者などを対象に、その事故被害者に対しての見舞金制度[39]を創設したりしている。この支払いにあたっては留保事項がいくつか設定されてはいるが、それでも事故被害者の経済的救済に対しての一定の効果については否定しない。しかしこれによって、裁判の場などで、何が事故の原因だったのか、事

故の責任はどこにあるのか，などが究明されることなく，それ以後の事故防止のための教訓や改善のための対策が打たれるデータは得られることはない。これは結果的にスクーバダイビングの事故の時の致死性の高さの社会的共有認識が育まれることを困難にしている。さらに，被害者が本来得られるべき損害賠償額が，情報不足によってもたらされる不均衡から，示談という形態をとった時に大きく減額されてしまうという危惧も否定できない。

(2) スクーバダイビング業界のビジネススタイル

　講習中および体験ダイビング中に発生した事故の場合，講習を主催した事業者側は，それを受講する契約を結んだ事故者に対して，ダイビング中のダイバーの生存技術の習得させるという商品である講習プログラム（たとえばオープンウォーターなど）ということと，それを安全に終了させるという契約に基づく債務履行義務がある。

　次に，現在のダイビングビジネスのシステムを日本に持ち込んできたアメリカのダイビング業者の見解を検討する。

　アメリカで1990年代半ばに，レクリエーション・プログラムに関連した113件の訴訟についての出版物で，その37%が過失（Negligence）の主な理由として，監督やインストラクションのミスを申し立てている。また別のインストラクション・プログラムだけの127件の訴訟で，74%が監督やインストラクション・ミスを申し立てている[40]。

　このような傾向を受けて，レクリエーションダイビング業者側の立場の見解を述べている，業界内部向けの書籍で一般の書店では販売されていない『The Law and the Diving Professional[41]』から考察する。なお翻訳者である松田政行・早稲田裕美子両氏が日本の弁護士としての立場でコメントをつけているので，これの考察を行なうことは，ダイビング業界が展開している「虚構の安全」の背景にある，「致死的な」要因のあるレクリエーションで「資格商法」を展開している主体の責任意識を考える際に有益である。

(3)『The Law and the Diving Professional』

　この本では，第一課「過失とは何か？」において，その行為が評価される基準として「どの状況においても常に当然払うべき注意義務を払い，常に慎重に行動する人物」を「合理的で慎重な人物」（Reasonably Prudent Person，通常の判断能力を有する人間という意味）とし，略称を「RPP」として，RPPをスクーバダイビングのインストラクターに当てはめる場合として「（スクーバダイビング指導分野において，最近の改良及び変化の知識を継続して有している）合理的で慎重なスクーバダイビング・インストラクター」（Reasonably Prudent Scuba Instructor）とし，略称を「RPSI」としている。

　この第一課では「過失」の認定についても多く言及している。

　アメリカでは「不法行為法（Torts）」による不法行為が成立するためには過失（Negligence）認定が関係してくる。

　この本では，過失の要件として，注意義務（A duty of care against an unreasonable risk of injury）をこう説明している。

　「注意義務とは，危害の不合理な危険を生じさせないため，他人に対する合理的な注意を言う。すべての状況ごとに，他人に対して不注意な行為をしてはならないという注意義務が存在する」

　これは，「米国不法行為法」が「予見可能な損害に対する」注意義務をはたしていたかどうかで過失責任を問うところから来ている。

　注意義務の範囲については，米国不法行為法リステイトメントは，予見できる「危険範囲」（zone of danger）の内に位置する「予見できる原告」に限られると言う立場（Rest. 2d §281(b)）を取っている[42]。講習生などは，当然ながら講習の契約という法的関係においてこの範囲に入ると言えるのではないか。

　日本においても不法行為の成立には同様の注意義務違反をもって成立の要件としており，特にスクーバダイビングのインストラクターには，「潜水指導者が絶えず受講生のそばにいてその動静を注視すべき注意義務を追う」との司法判断がなされている。

　なお，この本では，これまで筆者が触れてきたように，スクーバダイビングの

インストラクターと講習生（体験ダイバー，ガイドダイビングも含む）の間には，契約による法的関係が成立していることを認めており，PADIは以下のように見解を述べている。

「スクーバダイビング・インストラクターと，生徒の関係は法的関係であり，この関係は，インストラクター側に特別な注意義務を要求している。スクーバダイビングの生徒は，防御と安全に関して，まさしくインストラクターを頼りにしているのであり，さらにスクーバダイビングに固有の危険が存在する点で，生徒に注意を払う義務を負っているということを認識することは重要である」（26頁～27頁）

「スクーバダイビング指導は，インストラクターに重要な結果を避ける責任を負わせている」（27頁）

「生徒は正しいダイビングについて完全にインストラクターに頼らなければならない。生徒は，インストラクターの注意の下で水の中にいる間中，自己の安全を完全にインストラクターの信頼に置かねばならない。生徒は又，インストラクターは有能かつ立派なダイバーを創り出す合理的な資格，特殊な知識及び教育能力を有していると考えている。インストラクターは，その優越的地位のために生徒よりもすぐれた能力を要求される。（中略）これゆえに，インストラクターの優越した地位はインストラクター側に同様に注意義務を要求するのである」（27頁）

「この義務を満足させるためには，スクーバダイビングコースのすべての局面に関心を抱かねばならない」（28頁）

以上の文章は，日本において司法判断された「潜水指導者が絶えず受講生のそばにいてその動静を注視すべき注意義務を追う」と相通ずるものである。

またPADIは「インストラクターは，彼が生徒に負っている注意義務を実際に行なっていることを明示できるように（後略）」（29頁）とも付け加えている。これは事故を防ぐための重要な項目であり，水中での不安感によるパニックを防ぐための有効な一手段であろう。

(a)『The Law and the Diving Professional』に見る義務違反の概念

この本では「インストラクターの義務違反は，合理的で慎重なスクーバダイビング・インストラクター（RPSI）ならば行なわなかった行為をしたか，あるいは，RPSIならば行なったであろう行為を行なわなかったかのいずれかである。後者は「不作為」と呼ばれる。」としている。この「不作為」は，たとえばPADIのインストラクター養成コース中なら，講習生などへの「5秒に1回の動静確認」をしたかどうか，「トラブルがあったときに，充分に助けることができるだけの行動ができるための距離を講習生などと常に保っていたか」をしたかどうかが「不作為」にあたるかどうかの判断となる。ただし，PADIは「5秒に1回の動静確認」について，いかなる文書にもその数値を書いていない。これはインストラクター試験の際に"口伝"として伝えられるのみである。講習性の安全確保のために極めて重要なこの事項が"口伝"となっている（PADIに限らない）ことは意図的なものを感じずにはいられない。

(b) 直接近因

この本で言っている直接近因とは，スクーバダイビング中の事故の時，傷害を生じさせた時間的に一番近い原因のことであり，日本では「因果関係」とされている。

英米法では，注意義務の違反における因果関係を，まず事実上の因果関係と法的因果関係をはっきり区別し，事実上の因果関係を明らかにする際には，田中英夫の英米法辞典によると"but for test"つまり「なかりせばテスト」とあり，「Aという行為なければ，Bという結果は生じない」という条件関係で判定されるとしている[43]。

PADIはこの本で「インストラクターの行為が，（中略）合理的に予見しうる危害の危険を生じさせたことを意味すれば十分」と直接近因について書いている。

(c) 損　害

これらの注意義務違反によってもたらされる損害について，損害とは「肉体的

な傷害を伴わないで単に恐怖や心理的な混乱を生じただけでは充分ではない」としているが，日本においては，前述の「神奈川県スキューバダイビング漂流事件」において「死の恐怖」に対する賠償責任を認めた判決例があり，アメリカ法の下での解釈とは異なる司法判断が存在する。

　傷害については，スクーバダイビングの事故の場合，聴覚などの傷害，傷跡や容貌の喪失，呼吸器系の傷害，麻痺，四肢の機能の喪失，永続的な肉体的不具，植物状態，及び死亡（不法な死＝wrongful death[注43を参照]）がある。これらの損害に対して賠償責任があるとしている。

　さて，ここで問題になってくるのが，現在日本でほとんどのダイビング指導団体などから，講習・体験・ファンダイビングを問わずに要求されている，インストラクター・ショップ・指導団体のみを一方的に免責することを要求する免責同意書の存在である。

　2000年4月27日に成立した消費者契約法（平成12年法律第61号，同5月12日公布…本書第五章　免責同意書問題　消費者契約法を参照）が2001年4月1日から施行されるが，これによって，ダイビング業界がこの法律の施行に合わせて免責同意書の文面の変更を行なった場合には，これまでの自らの免責同意書の文言と理念が，違法であることを認めるに至ったと理解できる。しかしたとえ法律が施行されても，ダイビング業界が自らの責任を回避しようとする概念は，それを前提として作り上げた事業形態の中に生き残るであろう（自らの全面的な免責を主張する事業形態がダイビング業界の利益の源泉であることから）。したがって，彼らが，長年免責の主張の正当性を訴える主たる根拠としている「危険の引き受け」の概念について考えてみることが必要である。

(d) 危険の引き受け (Assumption of Risk)[44]

　これは，ダイビング業界によると，ダイビングを行なう者は，その行為に内在する，生命の喪失を含む危険を承知の上で行なうのであり，したがって，それは行為者があらゆる危険を引き受けることである，という概念である。しかしここには，ダイビングの講習やガイドをする際に，講習生やダイバーがそれを引き受

けるに足る十分な情報を責任をもって提供しなければならないという事業者側の責任については触れていない。

　PADIは『The Law and the Diving Professional』で「危険を認識し，理解し，予期し，かつ被告*1の監督のもとで原告*2はその危険を承認していたと言うことができる」と言っている。

　　*1：事故が発生して訴えられたインストラクターのこと　*2：事故に遭遇した側

　この考え方によって，PADIでは「危険の性質及び生徒の理解の記録として保存され，そのような危険を自発的に引き受けたこととして保存される」「責任を免除するフォーム」という書類が「多くの州法がこの免責の効力と強制力に影響する」とし，「生徒申込者によって引き受けられた危険の声明を含んでいるならばインストラクターを保護する」と結論付けている。さらに，「免責証書は，また，生徒がスクーバダイビングコースに関係する全ての傷害の危険を引き受けるという声明を含んでいる」と述べている。したがってこの免責証書＝免責同意書は，あきらかにアメリカの法理に基づいた理念と書式（フォーム）によっていることを明言している。しかしながら，及川　伸は，実際にはアメリカにおいて「危険引受の法理」そのものを廃止する裁判所が増加してきていると報告しているので，この本の内容と現実のギャップが見られる。またマサチューセッツ州では，1997年にダイビング中に2人の死者を出している（28頁の表3-10参照）が，マサチューセッツ州一般法（Massachusetts General Law）では，訴訟時の「危険の引き受け」の抗弁制度を廃止[45]してすらいるし，ペンシルバニア州の最高裁は「危険の引き受け」の法理の廃止を判示している[46]。

　それにもかかわらず，この本でPADIは「フォームの言葉は，どのような理由であれ，どのような特別な状況であれ，決して変更してはならない」としているのである。

　この『The Law and the Diving Professional』の翻訳者の弁護士も，47頁で「わが国においては，原則として「危険の承認」理論は訴訟において採用されていない」とコメントをつけている。

　危険の引受けに基づく免責については，先に紹介した大阪地方裁判所の判決の

他にも、「スポーツクラブの会員がクラブ内で足を滑らせて転倒負傷した事故について免責特約の適用を否定した上、スポーツ施設の設置者の工作物責任が認められた事例」（損害賠償請求事件、東京地方裁判所　平成9年2月13日民二五部判決、一部容認、一部棄却　控訴＜和解＞平七（ワ）第一八三四五号）（判例時報1627号　129頁）を参照できる。ここではスポーツクラブ側の定めた免責特約「本クラブの利用に際して、会員本人または第三者に生じた人的・物的事故については、会社側に重過失のある場合を除き、会社は一切損害賠償の責を負わないものとする」について、判決文では「被告によって一方的に定められ、」た免責特約の項目を「公序良俗に反するものでない限り、原則として右の合理性を肯定することができるが、契約当事者としての基本的な権利義務又は不法行為による損害賠償請求権に関する権利義務について定める目的の正当性、目的と手段、効果との間の権衡等を考慮して右の合理性を備えるものであるか否かを判断するのが相当である」とした。

　スクーバダイビングにおけるアメリカの法理に基づいた解釈による「危険の引き受け」という免責を求めているダイビング指導団体は、法理の異なる日本において、それを知りながら敢えて積極的に展開していると言えるのである。なお、多くのダイビングショップなどが加盟しているレジャーダイビング事業協同組合（東京都渋谷区）の「レジャーダイビング・ビジネス・ガイドライン」では、P型の免責を主張し、その事業哲学とP型免責同意書の普及を目指している。

(4) 日本での危険の引き受けによる違法性阻却とレクリエーションダイビング

　(a) 日本では、競技相手がいるスポーツにおいては、ルールに従っている場合において、「一般に、スポーツの競技中に生じた加害行為については、それがそのスポーツのルールに著しく反することがなく、かつ通常予測され許容された動作に起因するものであるときは、そのスポーツ競技に参加した全員がその危険を予め受忍し加害行為を承諾しているものと解するのが相当」として危険の引き受けによる違法性を阻却している判決（損害賠償請求事件　東京地方裁判所　昭和45年2月27日民一六部判決、棄却　昭四三（ワ）第一二三一九号、判例時報594号　77頁）

がある。また，柔道などのように，直接に相手側に有形力を行使する場合は社会的相当性を認めているものがある（損害賠償請求事件　千葉地方裁判所　昭和49年9月9日　民事部判決，一部容認，一部棄却（控訴）　昭四三（ワ）第一九四号　判例時報779号　93頁）。さらに，テニス教室において初心者を指導していた講師が，受講生の打ち返したボールが眼に当たって負傷した事故において，そのテニス教室の主催者を債務不履行と不法行為で訴えたが，裁判所は，当時の練習方法には社会的相当性があったことを認め，その講師が自ら注意を尽くすべきであったとして，この請求を退けた事例もある（損害賠償請求事件　千葉地方裁判所佐倉支部　平成11年2月17日判決　請求棄却・控訴　平九（ワ）第一〇〇号，判例タイムズ1013号　194頁）。ただし，これらの判例は，スクーバダイビングのようなレクリエーションスポーツとは本質的に異なる状況を前提としているため，一般的なダイビングの事故において適応することはできない。

　(b)　その危険の引き受けには，それにともなう諸条件^(45と同じ)を満たすことが要求される。

　①関係する事柄が危険な状態を引き起こすことがあるのを知っていた。

　②危険な状況におかれていることを知っていた。

　③危険の性質あるいは範囲について認識していた。

　④自ら進んでその危険に身をさらした。

　さらに，危険の引き受けには，「明示の危険の引き受け」と「黙示の危険の引き受け」がある[47]。

　スクーバダイビングにおいて，実際にはそこに大きな，いわゆる致死的な要因が存在する特殊なレクリエーションスポーツであるという認識は一般になく，ダイビング業界もそのことの一般への周知には基本的に消極的である。したがって，現在のレクリエーションダイビングには「黙示の危険の引き受け」は存在し得ない。

　では，次の章で，スクーバダイビングのサービスなどを販売する際に，業者が自らの免責を要求する際に用いている免責同意書という契約書（PADIのスタンス）の条文と，それを実際に運用している現状から，はたしてスクーバダイビン

グという商業レクリエーションスポーツという"安全"な"商品"において「明示の危険の引き受け」による免責法理が有効と言えるのかどうかを，あらためて検証をする。

注・文献

35) 林幹人：『刑法各論』（東京大学出版会　1999年）第五節　71〜72頁
36) 『PADIジャパンインストラクターマニュアル』「GENERAL ATANDARS AND PROCEDURES Training Standards 6頁, Advanced Open Water Program Instructor Guide コースの概要と基準　インストラクターの監督 1997年9月改訂」（パディジャパン　1998年）
37) 加藤一郎：『不法行為［増補版］』（有斐閣　1974年）「第一章　不法行為の基礎理論 (4) 適法行為による不法行為」38〜39頁　この理論について同39頁では「ある面で適法な行為であっても，他の面における過失を否定するものでないことは当然である」とも述べている。
38) 減圧理論：池田知純［減圧をめぐる諸問題］『防衛医科大学校雑誌』第23巻第3号 1998年　149〜162頁によると，「減圧症に罹患しないための浮上減圧方法を示すものが減圧表であるが，その根拠となる理論が減圧理論である．純粋の理論と言うよりもむしろ減圧表作成のための理由付けと見なした方が妥当かも知れない」とし，「減圧症というのは，基本的には生体内で不活性ガスが過飽和になったがために出現した気泡を原因として発症する疾患を示す用語」と説明している。この減圧理論を含む潜水医学をより知るためには，池田知純『潜水医学入門　安全に潜るために』（大修館書店 1995年）が分かりやすく，入門書として必読の書である。これより専門的なものは，同じ池田知純の［飽和潜水における不活性ガス］『日本高気圧環境医学会雑誌』（Vol. 30 No.3 1997年 171〜175頁），［古典的減圧理論の展開Ⅰ：最初の改訂減圧表まで］『日本高気圧環境医学会雑誌』（Vol.31 No.3 1997年 181〜187頁），［古典的減圧理論の展開Ⅱ：米海軍標準空気減圧表の制定］『日本高気圧環境医学会雑誌』（Vol.31 No.4 1997年 229〜237頁），［古典的減圧理論の展開Ⅲ：M値の概念及び古典的減圧理論の限界］『日本高気圧環境医学会雑誌』（Vol. 32 No.2 1997年 101〜237頁），［古典的減圧理論による減圧計算の実例］『防衛衛生』（第43巻第10号　1996年 391〜395頁），［英国海軍飽和潜水減圧表の発展と展望］『防衛衛生』（第35巻第11号 1988年　501〜519頁）がある。

　ダイビングコンピューターは，こういった理論を基礎に，ダイバーが減圧症に罹患するリスクを極力減らすためのデータを，その時の水中での潜水状態に合わせて提供する事を目的としているが，現在，個人差が大きい使用者の肉体的なデータなどを個別に分析して正確，かつ適宜提供できるシステムは，まだ完全には実現されてない。また，ダイビングコンピューターのメーカーによって採用しているアルゴリズム（体

内で，窒素が蓄積・排出する時の計算をするための演算式）が異なる現実がある。これらの元になっている減圧計算のモデルには，ホールデン理論，ワークマン理論，ビュールマン理論などがある。1999 年の各ダイビングメーカーはこういった理論を基礎にして，「RGBM アルゴリズム（気泡低速減少モデル）」や「修正ホールデンモデル」，また「ZH-L8　ADT」などを採用している。

39) PADI の見舞い金制度は 2001 年 1 月 1 日から実施されている。これは「ダイビングに起因する事故で管理下のダイバーが死亡もしくは重度後遺障害をともなう状態におちいった場合にメンバーに過失があるとなしにかかわらず」(http://www.padi.co.jp/　2000 年 10 月。同様の内容が，2000 年 9 月の日付と PADI のマークの入った，PADI に会費を払っているメンバーに宛てた社長名の手紙『2001 年 PADI メンバーシップ更新のお願いと「PADI お見舞い金制度」の創設について』にもある) 2000 万円が支払われる制度である。しかしこれは PADI そのものが事業者責任として見舞い金を出すのではなく，そのメンバーの年会費に一定金額を上乗せして，これを原資として PADI が窓口となって被害者に支払うものである。PADI ではこれを共済のようなものと位置付けている。この制度の発足の真の理由の一つとして考えられることは，例えば PADI の「トレーニング・ブルティン　2000 年 1 月特別号」で，「PADI スクーバ・ダイバー/オープン・ウォーター・ダイバー・コースのオープン・ウォーター・ダイブでの生徒ダイバー対インストラクターの最大人数比は，インストラクター 1 名に対して生徒 8 名で，認定アシスタント 1 名につき生徒を 2 名まで増やすことができ，最大人数は 12 名までとする」と増員を指示したことに見ることができる。この文書ではこれを「この変更事項はただちに実施してください」としているが，この人数比の変更は極めて危険と言え，指導団体にとっては申請料の確保がより容易になるというメリットがあるが，それを実行するインストラクターのリスクは当然ながらその分大きく増大し，これは事故が発生する要因も増大させるのである。このような指示によって生じる現場のリスクという講習生の死亡などの重大事故に対しての"見舞い金"は，メンバー（インストラクター）の年会費に上乗せさせられる"上乗せ金＝共済会費"から支払われるのであり，つまり金銭的リスクは PADI ではなく，その指示を受けてリスクの高まったメンバーたるインストラクターが分担して負担することになるのである。ただし支払いの決定は PADI が行なうので，支払い拒否の留保事項の効率的な運用によって PADI が穴埋めすべき赤字の発生は任意で避けることができる仕組みになっている。また当然ながら，"共済"である以上，出資者が，その運用・支払い明細を見て意見を言える仕組みが必要と言えるのではあるが，それを保証する文言などは前述の資料には見られない。しかしながら，そのような業界側の内情は別にして，これが積極的に運用されれば，筆者も体験したような，これまで，事故被害者への助力を拒否してきた業界標準のあり方に一石を投じる画期的な制度となるであろう。なお，筆者の知るところでは，これまで重大事故が発生した場合，被害者や遺族が請求権を

放棄した場合は別であるが,実際は和解のあるなしにかかわらず業者側（直接的には指導団体に対してではない）が責任を回避することは難しい。裁判においても途中で和解に至ることも多いが,重大事故の場合の損害賠償請求金額は数千万円から一億円に近い額にのぼることも少なくない。つまり,見舞い金によって訴訟と損害賠償を回避できた場合には,裁判費用も加えた総コストで見ると,指導団体本体はこれまでどおり金銭的負担は事実上なく,共済原資を支払ったメンバーがいる業者側（業界側）にとっても数分の1の支出で済み,さらにその負担は多くのメンバー（PADIでは5,000人から10,000人）に分散されるのである。この意味では確かに"メンバー間での共済システム"ではある。またこれは「見舞い」であって「賠償」ではないので,事故の真の責任を負う意思がない事業形態をこれからも継続することができる。これを効果的に運用すれば,業者側,特に指導団体側にとって非常に経済的な事故・事件処理システムとなり得る。このような,リスク時の総経費と責任を問われることを想定してその最小化のための対策を講じておくということは,この指導団体のように民間企業であれば当然のリスクマネジメントである。しかもこのリスクマネジメントは同様のシステムを構築できない中小指導団体（費用を分担して負担させるインストラクター数の少ない中小指導団体では同様の対応はできない）に対しての市場競争力を強めることにもなり,経営環境の一層の強化ともなって行くのである。これは一部の大手指導団体にとっては,市場の独占や寡占化を進める効果的な政策となるであろう。

しかし,本来は,指導団体の代理人として活動しているインストラクターの不法行為責任については,指導団体が「損害賠償金」として共同負担すべきである（本書,第四章 5 指導団体の法的責任,を参照）ので「見舞い金」という名称は不適切ではある。ただしそうであっても,当面に限って見れば,一般ダイバーや講習生などがこれまで広くカバーできる対人損害賠償保険に入っていない業者のもとで重大事故に遭った場合に,事実上補償がなされず,場合によっては筆者もかつて体験したように,その損害が業界システムの中で無視されたり放置されたことがあったことも考えれば,これは被害者にとっても大きな意味のある制度なのである。しかしこれを,業者が本来は積極的な情報公開を行なうことと,カバー範囲の広い損害賠償保険に入っていることなどは,普通の事業者であれば常識レベルのことにすぎないと考えている。被害者側の立場から見ると,事故の原因が本当は何で（どこに）あったのか,という事故原因の究明がないままに見舞い金のみで事故賠償が収束せざるを得ないこともあると言えるのでもある。そして被害者や遺族が真に知りたい事故の原因と責任の主体の情報が得られず,また本来得られるべき損害賠償額が実際の数分の1になることもあり得ると考えれば,加えて裁判などの係争にかかる時間や費用,その他さまざまな精神的重圧などの事情（実際にダイビング事故被害者遺族に起こっている実態とほぼ同じことが,歌代幸子［被害者を泣かせる「弁護士」という二次被害］（新潮45 2001年1月号（新潮社 2000年）102～108頁に紹介されている）などで対応できない被害者や遺族

にとっては，この見舞い金制度の持つ意味は複雑であると言えるのである。

40) ニール・ドウエティ：[The Porfessionally Standardized Instructional System（プログラムとインストラクターの賠償責任を減少するための貴重なツール）]「教育界の傾向」『PADIインストラクターマニュアル』「PADIインストラクターマニュアル GENERAL STANDARDS AND PROCEDURES A-9　1994年」（パディジャパン　1994年）

41) 松田政行法律特許事務所・松田政行・早稲田裕美子(訳・日本語版著作)：『The Law and Diving Professional』（日本版第7刷　パディジャパン 1998年）

42) 「Palsgraf v. Long Island Railroad Co.」248 N.Y.339,162 N.E.99,59 A.L.R. 1253（1928）（別冊ジュリスト　英米判例百選Ⅲ　139号　1996年）172～173頁

43) U.DUB LAW　1996（http://www.mars.dti.ne.jp/~takumin/index.htm）2000年 Wrongful Death Action（不法死亡）
不法死亡について U.DUB LAW　1996では以下のように述べている。「不法行為により死亡した者の一定の近親者（通例，被扶養近親者）に，その死亡により生存近親者が受けた損害の賠償を求める訴権を付与する制定法。コモン・ローでは，不法行為被害者の死亡により被害者の遺族に訴権が発生することはないとされていた。これを修正するため，イギリスの Fatal Accident Act 1846（死亡事故法）—（Lord）Campbell's Act と呼ばれる— をはじめとして，アメリカの連邦およびすべての州で，wrongful death statute と通称される法律が制定され，被害者の遺族のうち一定範囲の者に訴権が与えられた。請求権者の範囲，賠償を請求できる損害の種類（例えば，財産的損害に限られるか否か。）などは制定法の規定によって異なる。死者自身がその死亡までに得た訴権は，survival statute（訴権存続法）とよばれる別の制定法によって死後に存続するが，アメリカの少数の州は，2つの法律を統合した法律をもっている」

44) 田中英夫の『英米法辞典』（東京大学出版会　1995年）　73～74頁では次のように説明している。
「明示の契約あるいは合意によって危険を承諾した原告は，その種の合意が public polocy（公序良俗）に違反しないかぎり，被告に賠償請求することはできない」また明示の合意がない場合でも，被告がその状況が危険であることを知っていたり，危険の性質か範囲について認識していたか，または自ら進んでその危険に身をさらしたということを示す事ができると assumption of risk が認められる。

45) 及川 伸：[スポーツ文化における権利の形成・侵害・放棄]『日本スポーツ法学会年報第4号』（早稲田大学出版部　1997年）27～51頁

46) 及川 伸：[スポーツ事故と『危険引受の法理』]『日本スポーツ法学会年報第2号』（早稲田大学出版部　1995年）181～190頁

47) 諏訪伸夫：[スポーツ事故における危険引受の法理に関する考察]『日本スポーツ法学

会年報第5号』(早稲田大学出版部　1998年)29〜46頁
※なお，直接アメリカの判例にあたって調査する場合は，インターネット上で判例を検索できる有料サービスのLEXIS (http://www.lexis.com/) などがあるが，日本語で検索代行申し込みができる会社として，LEXISと提携しているテスコダイレクト株式会社がインターネット上でサービスを提供している (http://www.tesco-direct.co.jp/home.html)。ここは特許関連の米国判例提供が専門ではあるが，スポーツ事故判例に関してもリクエストを受けている。(2000年7月現在)

第五章　免責同意書問題

1. 危険の引き受けと免責同意書

「責任を免除するフォーム」という書類のことを，ダイビング業界では一般に免責同意書（『The Law and the Diving Professional』では免責証書）と言っている。

この章では，第四章で紹介した「越前沖沈船ダイビング事件」判決にもあるように，この日本のスクーバダイビングの判例では採用されていない「危険の引き受け」の法理に基づく免責同意書[48]について考えてみる。

(1) アメリカにおける免責同意書

アメリカでは，商品（サービス）提供者による権利放棄の証書（waivers）や同意書（releases）で免責を求めることによって法的リスクの回避に努めることが盛んである。

ここでは，「アメリカ，カナダにおいては正しい手続きを踏み，作成された同意書は法的にも効果があるとの判断がなされている[49]」ということを踏まえ，1997年に最もダイビング事故で死亡者が多かったフロリダ州で用いられている免責同意書の内容を考察する。なお，全文については，Mombach, Boyle & Hardin Home Page(http://www.floridalawyer.com/)のサイトの中のhttp://www.floridalawyer.com/release.htm（2000年）の頁に掲載されている。

(a) フロリダ州の免責同意書の事例

この免責同意書の最初には，まず「Scuba diving release upheld by Florida District Court of Appeal」と入れることによって，法的正当性の確認が取れていることを知らせている。

次にタイトルとして「WAIVER, RELEASE AND EXPRESS ASSUMPTION OF THE RISKS OF SCUBA DIVING」として，危険の引き受けを目的とする権利放棄の同意書であることをうたっている。これは裁判になった時に「注意深く読んでいなかった」という申し出を防ぐためであると思われる。さらに別のタイトルで「I EXPRESSLY ASSUME ALLRISKS OF SCUBA DIVING」として，「私はスクーバダイビングにおける全ての危険を引きうける」と繰り返して，危険を引き受ける意思を明確に意識させている。そして，この免責同意書が対象としているものを「Indemnity, waive and discharges South Florida Diving Headquarters, Inc., Coastline Enterprises of the Palm beaches, Inc., Splash Down Divers, Inc., Professional Ocernics, Inc., and international Divers Association, Inc. and all persons in privity or associated in any way, directly or indirectly, with it born any and all liability for their own simple or gross negligence, breach of contract and all other causes.」として規定し，さらに誰が彼らを免責するかについて「This Waiver is made on behalf of myself; my estate; and my beneficiaries, heirs and assigns.」として，自分自身や権利に関連する相続人などと規定している。そして，「It covers anything which might happen to me or my property while scuba or engaging in associated activities such as swimming, boarding or riding in a boat.」というところでダイビングそのものだけでなく，それに関連したものも免責範囲として規定している。

最後の方に，原文では強調した文字で「I Have Read This Waiver, I Recognize That Any Lawsuit Brought Because of Injury To Me.」とうたって，署名をする人が，この免責同意書によって，法的手段に訴えるレベルの傷害についても免責することを承認する文書であることを再度確認している。

この同意書は1枚ものであり，また比較的簡潔に作ってある。また何を目的とするかについても具体的に，時には言い方を変えて繰り返し書いてある。

このような免責同意書が採用された例として，水沢利栄は「デサントスポーツ科学」vol. 17の別冊の[スキーヤーの事故とPL法]の中で，スポーツ事故の

ときの過失責任を、原告が署名した免責同意書の有効性を認めたことによって免除された「ノールズ対ウィスラーマウンテンスキー場事件判決（1991年）」の判例を紹介している。

この裁判では、免責同意書の内容が原告から公序良俗（public policy）に反するとの主張があったが退けられている。

(b) アメリカの判例の傾向

筆者が調べたアメリカでのダイビング事故訴訟（原告側は講習生や一般ダイバー、ないしはその遺族および代理人）に関する最近の8つの判例では、被告側にダイビング用ボートなどのプレジャーボートなどが関係した場合、免責や責任の制限に関して問題となっている法的テーマは、そのほとんどが海事法（admiralty law）や海事裁判管轄権（admiralty jurisdiction）、そしてこれに関連して海事裁判権例外事項（28 U.S.C. § 1333）などや、公海上の不法生命侵害法（Death on the High Seas Act：DOHSA, 46 U.S.C. §761-768）などである。そしてこの裁判に海事法を適用するか否かについては、事故の時の活動が、可航水域（navigable waters）上で、伝統的な海事活動と密接な関連性（significant relationship to traditional maritime activity）があったかどうかを、関連性（nexus）と場所性（locus）のテストを行なって判断している。そして海事法が適用された場合、被告は連邦法である船主責任制限法（Limitation of Liability Act 1851, 46 U.S.C. §183）によって、その責任の制限ないしは免責を求めており、つまり基本的に審理の中で免責同意書は取り上げられてはいない。スクーバダイビングを行なう際には、それが講習であれファンダイビングであれ、客に対して、一般に指導団体が作成した免責同意書への署名を求めることは常識であるので、それが争点にならないという事実は、この「危険の引き受け」を前提とした免責同意書の法的効果が十分ではないことを示している[注50参照]のではないだろうか。しかし海事法の適用によって（海事法の適用は被告に有利ばかりではない）被告が船主責任制限法による責任の制限などが認められる例は少なく、判例としては、死亡事故ではないダイビングツアー中の傷害事故の責任をめぐる裁

判において，船主責任制限法と，海法事件及び海事請求に関する補充規則F (Supplemental Rule F of the Supplemental Rules for Certain Admiralty and Maritime Claims)，そして補充法規と修正項（the statutes supplemental and amendatory）により免責が認められた「イリュージョンズ号事件（1999年）The vessel Illusions, 78 F. Supp. 2d 238」が見られるのみである。その他には，海事法とは関係なく，被告の一部である船舶（vessel）の乗組員のみに不法行為がなかったとした「カノア事件（1994年）Kanoa, 872 F. Supp. 740」がある。ただ，寄与過失（contributory negligence）や比較過失（comparative negligence）に言及した，「タンクレディ対ダイブマカイ事件[50]（1993年）Tancredi v. Dive Makai, 823 F. Supp. 778」や，「アドベンチャー・バウンド・スポーツ事件（1993年）Adventure Bound Sports, 837 F. Supp. 1244」，また「クンツ対ウィンドジャマー事件（1983年）Kuntz v. Windjammer, 573 F. Supp. 1277, 1283」などのように，いわゆる過失相殺を行なっている判例もある。さらに注目すべき判例として，指導団体の認定を得たインストラクターに表見代理権（apparent authority）を認めて，そのインストラクターが指導した講習生から申請料を得ていた指導団体（本人）に連帯責任（jointly and severally liable）を認めている判例「フィガロア対ナウイ事件（1996年）Figueroa v. NAUI, 928 F. Supp. 134」がある。これは，NAUI（ナウイ）の認定を受けたインストラクターが行なった講習中に発生した事故の裁判で，指導団体の責任が争点の一つとして争われたものである。法廷では，指導団体のNAUIが，自分は非営利組織であり，NAUIからインストラクターの認定を受けて，NAUIのカリキュラムの講習を行なっていた被告はNAUIの従業員ではないゆえに自分の代理人ではなかったと主張したが，実際には，NAUIは被告の講習生から申請料を受け取ってダイバーとして認定しており，またNAUIの認定インストラクターを通じての講習生の認定行為や，インストラクターによる修了証，バッジ，ステッカーの流通を通じて利益を得ていたので，被告人であるインストラクターとの間には代理人関係が存在したとして，プエルトリコ地区合衆国連邦地方裁判所の法廷はNAUIに対して，「表見代理権に伴うその代理人の行為に責任がある」と判

断して連帯責任を認めたのである。

日本においては，2000年12月14日に大阪地方裁判所で免責同意書を否定する民事判決が出ている（控訴され未確定）が，筆者はまだ指導団体の責任が問われた判決例は知りえていない。

（※これらの判例研究には財団法人倶進会の2000年度助成を得た）

(2) 日本における免責同意書の内容
(a) 免責同意書の分類

大別して以下の2つのパターンに分類される。
- P型（全面的（Perfectly）に業者の免責を消費者に要求）
- 非P型（基本的に民族系団体に多く，一部で代理人や訴訟の権利を認めている）

いくつかのダイビング指導団体の免責同意書の内容で，事故の時の責任について，それを記入する人との責任の所在についての確認事項で，「全ての責任は」「一切の責任は」いかなる状況下での事故であっても記入した側にあり，その結果生じる記入者の権利全般（全ての請求権）の放棄を，その内容に対等の協議の余地無く，一方的に強制しているパターンの免責同意書を「P型免責同意書」と分類する。現在はこれが業界の主流である。

次に，同意書の前の確認事項の内容の完全なる実行を前提としてダイビングを行ない，そのことに記入者のみが全面的に責任を負うとしているものを「非P型」とした。

(b) P型免責同意書

ここで，日本最大のシェア（50%以上）を誇るPADIが1999年末時点で日本国内で用いている免責同意書を見てみる。これは，ダイビングが全く初めてである講習生に対して求めている免責同意書からのものである。（1999年12月において運用されている版から　PADIインストラクターマニュアル付録 GENERAL STANDARDS AND PROCEDURES A-32 1997年改訂の「PADI免責同意書」）

「PADI免責同意書」では，この書類を「ここに記載されている条件が契約で

あって単に注意書にとどまるものではない」（20行）としているものであり，PADIではこの書類を契約書と規定している。

　文面を見て見ると，「このコースに生徒として参加している間に私に生ずる可能性のあるいかなる傷害その他の損害についても，予測可能な損害であるか否かに関わらず，その責任の全てを私が個人的に負うことに同意します。また，上記の個人・団体及びこのプログラムが，私あるいは私の家族，相続人，受遺者その他の利害関係人から，このコースへの私の参加を原因とするいかなる告発も受けないようにすることに同意します。」（14行～18行）

　「この文書は，発生し得る個人的傷害，財産の損害，あるいは過失によって生じた事故による死亡を含むあらゆる損害賠償責任から_____（インストラクター名及びスタッフ名）_____，_____（ストアー名）_____及びPADIを免除し，請求権を放棄することを目的とした_____（受講者名）_____の意思に基づくものです」（22行～24行）

　この書類を読むと，アメリカの危険の引き受けの法理を用いたものであることがわかる。ただし，その運営実態は，筆者が1999年11月に，免責同意書について北海道から沖縄までのダイバーにアンケートを取った結果のPADIの部分を見ると，その大半が免責同意書の説明を十分に行なっていない（PADIが22人中，説明なし16，あり2，他4…資料2　表8を参照）。また多くの場合，PADIが言う「契約書」でありながら，その控えを署名者に渡していない（資料2　表10を参照）。また実際の現場では，圧倒的に優越的な立場にあるショップやインストラクターからの説明の無いままに署名させられていることも多々あり（資料2　表9を参照）不当威圧の問題も発生している。このアンケートの結果については「資料2：免責同意書に関するアンケートの結果」を参照。

　では，PADIに次ぐ大手の一つであるNAUI（ナウイ）における確認書（1994年NAUI本部提供）からその内容を見てみる。

　NAUIではPADIにおける「免責同意書」のことを「確認書」と言っている。以下は講習を申し込んできた人に対して要求する「確認書」からの文言である。

確認書（コース用）

署名，記入前に熟読してください。

私＿＿＿＿＿（氏名）は，19＿＿＿＿＿（開始日時）から始まる

＿＿＿＿＿＿＿＿＿（都，道，府，県，市）での

＿＿＿＿＿＿＿＿＿1（会社，SHOP，インストラクター）により開催される

＿＿＿＿＿＿＿＿＿2（スキン，スクーバダイビングの講習会名）やこれに伴う活動に下記の点を良く検討熟慮，の上同意し参加いたします。

（中略）

講習中は，自分自身で危険を避ける努力をし，仮に事故が発生して傷害等を負っても自分の責任であることを了解します。

また，この確認書に署名することで，私は，NAUIや上記1の関係者に対して，私が被るかもしれない傷害や損害，最悪の事態に関して私と私と関係のあるいかなる者も訴訟の提起及びあらゆる要求を放棄することに同意いたします。

（中略）

受講者氏名

（以下略）

初めてダイビングの講習を受ける者に対して，「講習中は，自分自身で危険を避ける努力をし，仮に事故が発生して傷害等を負っても自分の責任であることを了解します」とは，契約に基づく法的関係であるスクーバダイビングの講習によって，はじめて「自分自身で危険を避ける努力」ができる技術を身に付けようとする講習生に対して，始めからそれが身についているごとく行動することを求めているのであり，これでは最初から債務不履行（安全かつ確実にダイビング技術を習得させるための講習）を宣言しているようなものであり，かつ安全配慮義務の放棄をうたっているものと思わざるを得ない。また，「私が被るかもしれない傷害や損害，最悪の事態に関して私と私と関係のあるいかなる者も訴訟の提起及びあらゆる要求を放棄することに同意いたします」という部分も，講習（インストラクション）を行なうものの責任と義務を明記せずに，署名者のみに一方的に自

らの基本的人権の放棄を求めていると言ってもいいのではないだろうか。

(c) 非P型免責同意書

1994年に調査した指導団体のうち，非P型（基本的に民族系団体）免責同意書の，以下のような内容を紹介する。

①「誓約」より（指導団体T）

……万一私事による事故が発生しても，その責任は全て私個人にあり，ダイビングスクールとその関係者には一切何も請求しないことをここに誓約します。

②「免責同意声明」より（指導団体Y）

……私はこのスクール参加中，インストラクターおよびガイド，アシスタントの指示や指導に従わず，個人的な行動によって生じたすべての事故に対して，一切の責任を私自身が負うことを約束します。

これらには，「私事による」（①），「…指示や指導に従わず，個人的な行動…」（②）とあり，事故の時の状況によっては事業者側の責任を考慮するという意思の表示であるとも受け取れる。しかし，これらの免責同意書を使用する指導団体の業界全体に占めるシェアによる影響力は事実上無きに等しい。

(d) ダイビング事業組合が勧める免責同意書の内容

ダイビング事業組合では，ダイビングの講習やツアーのダイビングを行なう前に，「免責同意書」と書かせるように強く勧めているが，使用を勧めている「免責同意書」のモデルはPADIの「免責同意書」とほぼ同一の物である。

それでは，スクーバダイビング事業協同組合が作成した，「レジャーダイビングビジネス・ガイドライン」の中の「免責同意書」，ここではサンプルとして，「ファンダイビング参加申込書」の中の「誓約事項」（つまりは免責を求める文言）について問題の部分を引用してみる。

「このファンダイビング参加に関連して生じ得る死亡，傷害，損害等の全てのリスクを認識した上で，参加を希望するものであり，同時に，それらのリスクを

私自身の責任として，私自身が引き受けるものであることをここに確認し，私の家族・相続人を含むすべての関係者に対する全ての損失・損害の責任からガイドを担当するスタッフと（ショップ名）及びファンダイビング開催に協力する全ての個人，法人を免責することに同意するものであります」

　これは講習を受ける人に対しても基本的に同じ内容になっている。そして，「死亡，傷害，損害等の全てのリスクを認識」とあるが，実際に他の団体の例では，「よく読ませないように。さっと出してすぐに署名させるように」（1999年11月5日沖縄。元某指導団体系ショップ従業員談）とスタッフを指導していることが少なからずあるということである。こういったことは筆者自身も，過去PADI系ショップで，一ダイバーの立場で全く同じ経験をしている。

　実際にダイビングに行く当日の朝に，集合したショップ近くの車の前で，「これから出発しますのでここに署名してください。書かないとつれていけません。書かなかった場合はキャンセルとして払い込み費用は返納しません」（筆者自身の体験　1994年）となっていたりする。このようなことを行なう背景には，前述のようにスタッフがショップ側から「よく読ませないように。さっと出してすぐに署名させるように」と指示されていたりすることもあるからではないか。

　PADIではこの契約書たる免責同意書を運用するときに，「インストラクターは免責の法的影響及び結果を決して説明しようとしてはならない」[注41参照]とし，その理由を「そのようにすれば，生徒は免責の本質を曲解するかもしれない」としているのである。免責同意書が署名者に何を求めているか，その意味するところを詳細に説明しようとしない事実を見れば，「免責の本質を曲解」とは，「免責同意書の本質を見抜かれてしまう」のを恐れているためであることの言い換えと考えることも可能である。

　ここで，実際に事故が発生した場合，この文書がどのような社会的意味をもって評価されているかを見ることは有効であると思う。そこで事故のときに保険金の支払いに携わる保険会社の見解を見てみる。

(e) 保険会社が見る免責同意書の有効性

以下に三井海上火災保険株式会社*の，ダイビング事故時の「免責同意書」の有効性への見解（1995年，質問への回答）…原文のまま紹介する。

*三井海上火災保険株式会社は，スクーバダイビングの保険の引き受けの代表的な会社である。

▶三井海上火災保険のダイビングショップの「免責同意書」についての見解

『スキューバダイビングに関し，いくつかの判例がございますが，いずれも，ショップとしての注意義務違反の有無から，負傷・死亡したダイバーに対する賠償責任の有無を判断しています。判例の中では直接触れられておりませんが，「免責同意書」にダイバーが捺印・サインしたことにより，ショップ等の主催者の賠償責任が免れることにはならないと考えます。

「免責同意書」は，文面の内容にもよりますが，多くの文面では，ショップ側が一方的に，主催するダイビング企画中の万が一の事故の際に負うべき賠償責任が免除されること記載した内容と考えることができます。これによって，ショップに求められる注意義務の程度が減じられるということはありえません。（もちろんダイバーの同意の内容，ダイビング技術の程等等により，ダイバー側の注意義務の程度は異なりますので，過失相殺適用の可能性は出てきます。）したがって，ダイバーが同意した「免責同意書」により，保険金支払額に影響が出ることは，過失相殺の適用によって起こり得ることです（当社の支払事案の中では，そういった例はございません）』

このように，免責同意書とは社会的な通念から見ても有効性が見られない文書である。

2. 責任回避のための組織形態

(1) モデルケース概略図

①事業会社主体の指導団体例

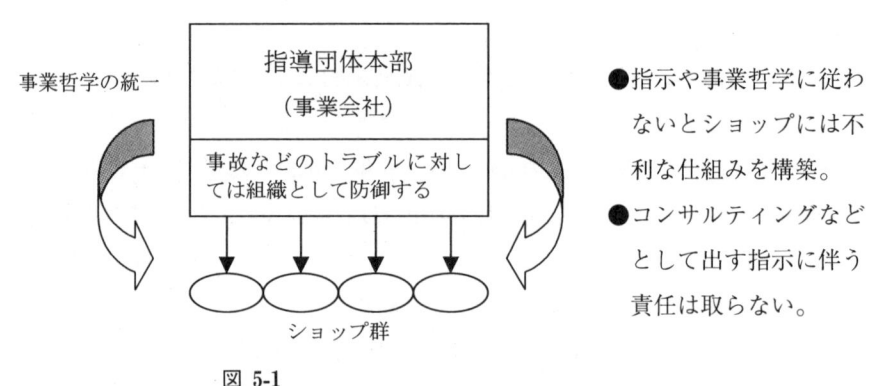

```
事業哲学の統一
        ┌─────────────────────┐
        │   指導団体本部       │      ●指示や事業哲学に従わ
        │   (事業会社)         │       ないとショップには不
        │                     │       利な仕組みを構築。
        │ 事故などのトラブルに対し│
        │ ては組織として防御する │     ●コンサルティングなど
        └─────────────────────┘       として出す指示に伴う
           ↓  ↓  ↓  ↓              責任は取らない。
          ○  ○  ○  ○
            ショップ群
```

図 5-1

②組織の仕組みそのものから「免責体制」にしている組織例

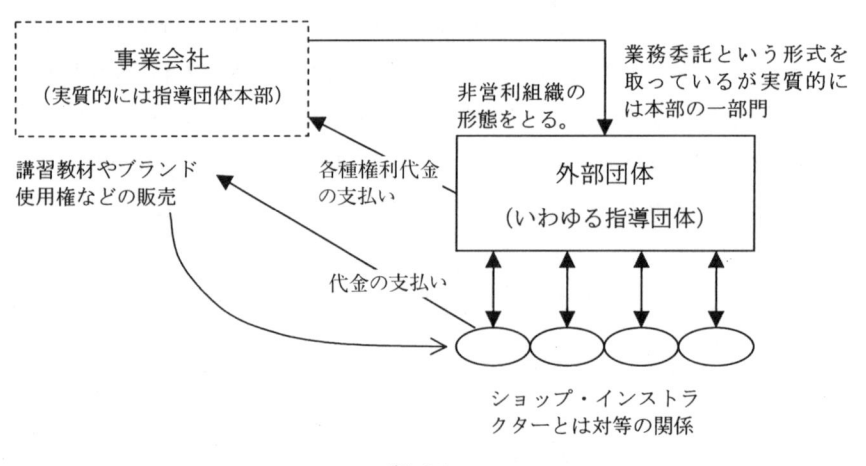

```
 ┌───────────────┐                     業務委託という形式を
 │ 事業会社       │ ←──────────────    取っているが実質的に
 │(実質的には指導団体本部)│   非営利組織の     は本部の一部門
 └───────────────┘     形態をとる。  ┌─────────────┐
   │              ↑                  │ 外部団体     │
   │講習教材やブランド 各種権利代金     │(いわゆる指導団体)│
   │使用権などの販売  の支払い          └─────────────┘
   ↓              │                     ↕ ↕ ↕ ↕
            代金の支払い                ○ ○ ○ ○
                                    ショップ・インストラ
                                    クターとは対等の関係
```

図 5-2

(2) 事業者側のみの免責

ダイビングの事業者が責任を回避するノウハウは業界システムとして確立し有効に運用されている。この，被害者に対して責任を果たさないシステムは非常に

強固であり,被害者個人ではこれに対抗はできない[51]。こうしたシステムが用意されているため,「インストラクターという資格商品」が必ずしもその重責を果たせない人に対しても容易に販売されることになった。この商品の問題点は次の2点である。

1. インストラクター試験を受けるほとんど全てが人命を預かるインストラクターになれるという問題。(100%合格することを売りにしているショップすらある)
2. ダイビング講習生やファンダイバーが事故にあった際に,例えば事故に遭った人を,タンクやウエイトを外して捨てたとしても,比較的大柄な男性なら100キロを優に超えてしまう重さの人を,自然条件の下で浜まで引きずり上げるだけの肉体的な条件がないような人にでも,つまりインストラクターとしての義務である,事故時の救助活動ができるという重要な項目が実際は達成できなくても合格してしまうという問題。

これらの理由により,指導団体は,現状の商品では,「合理的で慎重なスクーバダイビング・インストラクター」を正しく養成できないことを知っているものと思われる。しかし,それでもインストラクターによってその講習生に申請料を送金させるというシステムの拡大を急ぎ,申請料システムそのものへの依存を経営の柱にしている。

指導団体は一般に法的知識の劣る契約の対象者(講習生,ファンダイバーなどの消費者)からの一方的な免責のみを目的とした免責同意書を通して,自らの事業スタイルが不可避的に生み出すリスクを,事業者側が負う意思がないことを宣言していると受け取ることができる。2001年4月以降,後述する消費者契約法を受けてその文言に修正があっても,その精神は生き続け,現在の事業形態を基本的に維持する方向は変わらないのではないだろうか。

(3) 指導団体が持つ「免責同意書」の意識

筆者が行なったダイビング指導団体へのアンケートによると,各団体は「免責同意書」を講習生やダイバーに記入させる時,実際は,その内容が法的に効果の

あるものではないことをすでにかなり以前より知っていたことがわかるアンケートがある。

(a) 指導団体意識調査（1995年9月調査）

この時点で調べたダイビング指導団体の数は35であった。

アンケートへの回答は6団体，回収率17％であった。

＊1つの設問に重複する回答を寄せた団体や，回答のない団体もあり，その総計は必ずしも団体数と一致しない。

(a) 貴団体では「免責に関する書類（以後免責同意書とする）」を相手側と交わしていますか？
　①講習時　　　　　　は　い→5
　　　　　　　　　　　いいえ→0
　②ファンダイビング時　は　い→3
　　　　　　　　　　　いいえ→2

＜コメント＞
※1　（自分のところは）「免責同意書」と言えるかどうか疑問。
※2　FC（フランチャイズ）の各自の対応である。
※3　基本的には交わすように指示しているが（実際の運用は）所属ショップにまかせている。

(b) 貴団体では「免責同意書」の内容について，担当者が事前に相手側に詳しく説明して合意を得るよう指導していますか？
　　　　　　　　　　　は　い→4
　　　　　　　　　　　いいえ→1

(c) 貴団体では「免責同意書」によって何の免責をめざしていますか？
　①ダイビングの前後を含めたトラブル・事故の全責任　　→1
　②ダイビングの前後を含めたトラブル・事故の部分的責任　→0
　③ダイビング中に限定したトラブル・事故の全責任　　　→2
　④ダイビング中に限定したトラブル・事故の部分的責任　→2
　⑤一切免責はされない　　　　　　　　　　　　　　　→1

(d) 貴団体では「免責同意書」によって実際はどこまで免責されるとお考えですか？
　①ダイビングの前後を含めたトラブル・事故の全責任　　→0

②ダイビングの前後を含めたトラブル・事故の部分的責任　　→0
③ダイビング中に限定したトラブル・事故の全責任　　　　→1
④ダイビング中に限定したトラブル・事故の部分的責任　　→2
⑤一切免責はされない　　　　　　　　　　　　　　　　　→3

(e) 前述の③④でお答えになった理由についてご自由に記入して下さい。
　　＜コメント＞
　　※1　（実際のところ）法的に免責はない。
　　※2　前後についてはダイビング保険とは別の対象となる。
　　※3　免責同意書があっても，指導者の管理責任の全ての回避は困難な場合も考えられる。
　　※4　法的には一切免責されなくても，「イチャモン」「ユスリ・タカリ」を心理的に抑止するために免責同意書は必要。

(f) 貴団体では現在の「免責同意書」の申に，記入者が相手側を理由のいかんを問わず免責するものではないことを明記した留保事項を，この1年以内に付け加える用意はありますか？
　　①用意している　　　→2
　　　　付け加える時期　　　→未定
　　②用意していない　→3
　　　　理由
　　　　※1　免責同意書自体が日本において有効なものとは考えていない。
　　　　※2　用意しても法的に責任から逃れられない。
　　　　※3　賠償責任保険の説明をさせている。
　　③既に明記している→0

(g) 貴団体では配下のショップ等で重大な事故があった場合，何らかの罰則を科していますか？
　　①科している　　　→2
　　　　内容
　　　　※1　FC店契約解除。
　　　　※2　事故の内容により除名もありうる。
　　②科していない　　→3
　　　　理由
　　　　※1　自由（放置）にしている。
　　　　※2　罰則を科す科さないの関係ではない。

※3　今までそのような重大な事故はなかった。

(h) 貴団体では配下のショップ等で重大な事故があった場合，何らかの責任を取る用意がありますか？
　　①ある→3
　　　内容
　　　※1　できる限りの手助け。
　　　※2　賠償責任保険によって対応。
　　　※3　是々非々で。
　　②ない→1

(i) 貴団体では，今後，必ずしもダイバーや自然現象が原因でない場合の事故情報を積極的に公開していく用意はありますか？
　　①ある→3
　　②ない→2
　　　理由
　　　※1　公開すべき理由はない。

(j) 貴団体で考える安全対策，事故の防止，講習とダイバーの技術水準の向上，インストラクター・ガイドの技術的・人格的「質」の向上について自由に記して下さい。
　　　※1　啓蒙活動を行なう。(年3回インフォメーション誌を発行して)
　　　※2　トレーニングを欠かさない。
　　　※3　技術・人格も全て経験である。
　　　※4　団体としての安全対策および事故防止の最重要点はカリキュラムの充実と厳正なるITC（インストラクター・トレーニングコース）にあると考える。
　　　※5　障害者へのダイビングの普及活動によって共に学んでいく。

以上から読み取れることは，死亡事故という責任問題に対しては，その多くが，「一方的な免責のみを求める書類としての免責同意書」の強制的な記入，というP型のリスク回避策が採用されていることがわかる。これにより，業界側が事業者としての「自己の責任」をも相手側に負担させるという事業方針への依存が見られる。

指導団体の主要な免責同意書の運用の実際

指導団体が言う免責同意書の意味と実態の運用状況について，過去筆者自身が事故者の立場で体験し，また他の犠牲者の状況を見て感じたものを図示する。

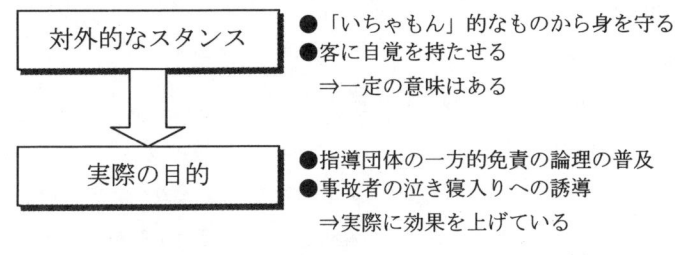

```
┌─────────────┐     ●「いちゃもん」的なものから身を守る
│ 対外的なスタンス │     ●客に自覚を持たせる
└──────┬──────┘        ⇒一定の意味はある
       ↓
┌─────────────┐     ●指導団体の一方的免責の論理の普及
│  実際の目的   │     ●事故者の泣き寝入りへの誘導
└─────────────┘        ⇒実際に効果を上げている
```

図 5-3

日本で主要な免責同意書に記載されている事項は，少なくとも 2001 年 4 月の消費者契約法施行までは，レジャースクーバダイビング事業協同組合でも普及を目指しており，業界の主流の事業方針であった。それは事業者のみを一方的に保護するもの，いわゆる法的防御のためであるが，本来保護されるべきは，第一にダイビングを行なう消費者の側であって，次に彼らの安全のために十分な知見と努力のもとに安全管理を行なう業者であり，決して消費者の安全管理を疎かにしている業者がこれらの上位にくることはない。このような前提をもってこれを研究することは，ダイビング業界の事業のあり方の現在の本質を見ることができ，さらにその運用の実際を見ることによって，人命に関わる事業者としての意識を見ることができるものとして重要である。次にそれを考察する。

(b) 免責同意書の運用の実態

ここで 1999 年 11 月 26 日から 12 月 10 日に，北海道から沖縄までのダイバーに筆者が実施した免責同意書についてのアンケート（電子メールにて回収）から，免責同意書の運用の実態調査についてその結果を紹介する。（詳細は「資料 2　免責同意書に関するアンケートの結果」を参照）

▶アンケートによる調査

免責同意書（契約書）のアンケートの結果を見ると，次のような傾向が見られ

る。
① 契約書の各条項の内容の説明不足
② 契約内容や条件についての不告知
③ 契約内容や条件についての不実告知
④ 契約目的の隠匿
⑤ 契約行為の成立のための契約書控えの不交付

※期間内の回答数は46通である。
※回答は自由記入（YES・NO式でなく記述式）方式にし，それを筆者が分類整理した。
※このアンケートは，免責同意書の運用の実態と，それを運用する業者側の意識を調査するものであり，そのため質問の中に，性別・年齢・講習受講地の項目を入れなかった．
※質問によっては回答のない人もいたため，必ずしも回答数が回答者数と一致はしない。

▶アンケートの調査項目
1. あなたが講習を受けた指導団体はどこですか？
2. 免責同意書に署名するまでに，「ダイビングに付随する危険性について十分に説明を受け，完全に理解」していましたでしょうか？
3. プール・海洋実習の参加に関連して，自分自身に「生ずる可能性のある傷害その他の損害について」の十分な説明があり，それを知っていましたか？
4. 「潜水地の近くに再圧チェンバー」があるかどうかの説明はありましたか？またない場合の結果について十分な説明を受けましたか？
5. 免責同意書に署名することによって，自分の傷害や，自分が死んだ場合でも，自分の正当な権利を全て奪われることを目的とした書類であることの説明を受けましたか？
6. 免責同意書に署名する前に，それを熟読して，内容を熟知していましたか？
7. 免責同意書の内容などについて何か質問したときに，先方はどう答えましたか？
8. 現在ファンダイブをする際に免責同意書に署名を求められたときには，それぞれの文面が意味するところについて十分な説明を受けていますか？
9. 免責同意書に署名を求められたときの状況を教えてください。また書かな

かったらどうなるかなどについて言われたことがあったら教えてください。
10. 免責同意書に署名した後，その控えを受け取りましたか？ また現在のファンダイブの時は控えをもらえますか？
11. その他，免責同意書に関して思うところがあったらコメントをお願いいたします。

※今回はCカード協議会という外資系大手指導団体の業界グループの分類も一部行なっている。これは，この業界団体のシェアが圧倒的多数になるからである。

▶質問項目1についての結果

　質問の目的：アンケートの回答者の中に占めるブランドのシェアが市場のシェアと一致しているかどうかを見ることにある。また，P型免責同意書の内容と同じ意志をもって事業を行なっているCカード協議会の影響力を見るためでもある。

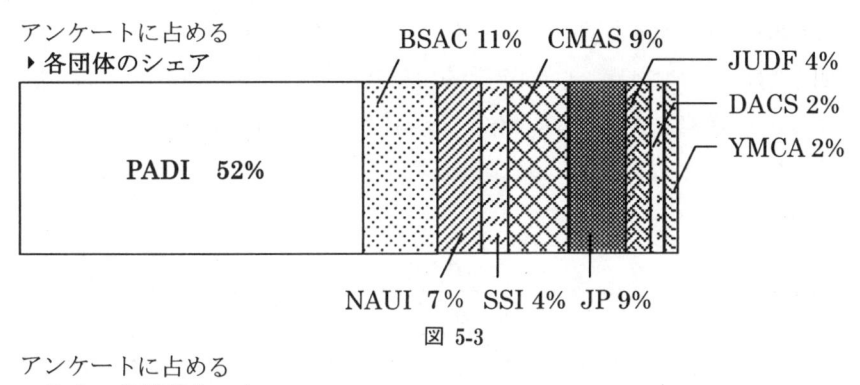

アンケートに占める
▶各団体のシェア

PADI 52%　BSAC 11%　CMAS 9%　JUDF 4%　DACS 2%　YMCA 2%
NAUI 7%　SSI 4%　JP 9%

図 5-3

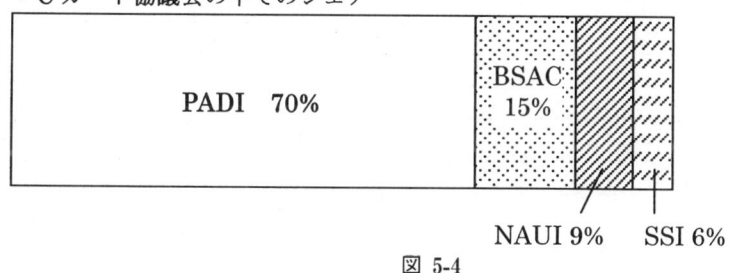

アンケートに占める
▶Cカード協議会の中でのシェア

PADI 70%　BSAC 15%　NAUI 9%　SSI 6%

図 5-4

アンケートに占める
▶ Cカード協議会とその他のシェア

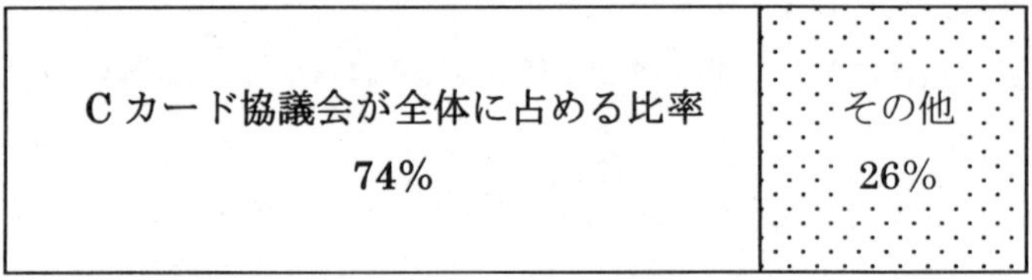

| Cカード協議会が全体に占める比率 74% | その他 26% |

図 5-5

結果としてほぼ市場のシェアとほぼ一致した結果が出た。

よって今後の分析においても，PADIに対する分析がダイビング業界全体を見るうえでもっとも適当かつ有効であることがわかる。

▶質問項目2についての結果

質問の目的：署名するまでに，「ダイビングに付随する危険性について十分に説明を受け，完全に理解」していたかを確認するものである。つまり署名者が，ダイビングの危険について指導団体からの説明義務を十分に果されていたかを見るものである。この質問はP型免責同意書の本文の2行から3行の文章に対応している。

表 5-1

	PADI	PADIを除く Cカード協議会	Cカード協議会 全体	Cカード協議会 以外
完全理解	7	4	11	5
一部理解	4	2	6	3
理解せず	12	3	15	1
記憶なし	1	1	2	2
免責同意書が存在しない				1
計	24	10	34	12
説明もなし(上記内数)	7	0	7	2

ここからわかることは，PADIにおいては「完全に理解」しているものは僅か約29%に過ぎず，PADIを除くCカード協議会では「完全に理解」は40%，Cカード協議会全体としては約30%にすぎないということである。Cカード協議会以外では「完全に理解」していたものは約42%で，ここでも半数以下が理解しないままに免責同意書に署名させられている。これは署名させる側は署名者が理解しているかどうか確認していないということである。また，PADIでは約29%が，危険性について説明すら受けていないと回答している。
　この質問の結論としては，署名者はダイビングの危険性について十分な理解がないままに免責同意書に署名していることがわかる。

▶質問項目3についての結果

　質問の目的：これはプールや海洋実習などの講習にあたって具体的な傷害についての説明があったかどうかをチェックするものである。P型免責同意書の本文8行から9行に対応している。

表 5-2

	PADI	PADIを除くCカード協議会	Cカード協議会全体	Cカード協議会以外
十分知っていた	6	3	9	8
一部知っていた	7	4	11	1
知らず	8	3	11	2
記憶なし	0	0	0	0
計	21	10	31	11
説明もなし(上記内数)	4	1	5	1

　P型の免責同意書の文面にあるように，「コースの参加に関連して私自身に生ずる可能性がある傷害その他損害の全てについて，私自身が責任をおうものであり」とあることは，その傷害や損害について，講習にあたってでさえ十分な情報を与えていないことが，PADIにおける「十分知っていた」という者が僅か約29%のみであることからもわかる。この数字はPADIを除くCカード協議会とPADIを含むCカード協議会全体の数字と共通している。驚くべきことは，Cカード協議会以外の団体の講習においては約73%もが「十分知っていた」と回答し

ており，73%という数字は，生命の危険性のあるスポーツにしては低いものと言わざるを得ないが，それでもPADIやCカード協議会の2倍以上の差があることに注目すべきである。

全体として，実際は，重要事項についての説明が十分にされていないことがわかる。

▶質問項目4についての結果

　質問の目的：ダイビングにおいて，減圧症は非常にポピュラーな傷害の一つであり，その治療にかかせない再圧チェンバーに関しての情報は不可欠なものである。これに言及した項目もPADI免責同意書の本文10行目にあり，この情報の提供が十分になされているかを見ることがこの質問の目的である。

表 5-3

	PADI	PADIを除く Cカード協議会	Cカード協議会 全体	Cカード協議会 以外
十分あり	2	0	2	2
不十分だがあり	4	1	5	1
なし	18	8	26	8
計	24	9	33	11

　この結果からは，危機的状況下での救命の手段である医療装置が近くにあるかどうか，またはその再圧チェンバーそのものの情報について十分与えられていないことがわかる。PADIにおける，「十分あり」と答えた約11%という数字は致命的な数字と言えよう。なお，PADIを除くCカード協議会では「十分あり」は0%であり，Cカード協議会以外でも25%に過ぎず，この情報を提供しない業者側の怠慢が目に付く。なお，再圧チェンバーという医療装置は，普通の人にとって一般的な医療装置とは言えず，その存在の情報を業者側から提供されて始めてその存在を知るという性質のものであり，署名者本人の，自分の生命に対する自覚からの勉強という問題以前に，ダイビング業者側からそれについての情報が積極的に提供されるべきものであることは言うまでもない。

▶質問項目 5 についての結果

質問の目的：これは，免責同意書に署名させる側が，この契約書（PADI 免責同意書には「契約書である」（20 行目）と明記）が署名者の権利を一方的に放棄させることを目的としている書類であるという重要事項を説明しているかどうかを見るものである。署名者本人に権利放棄の自覚がなかった場合はなおさら署名させる側がこの書類の目的である重要事項を説明する義務がある。

表 5-4

	PADI	PADI を除く C カード協議会	C カード協議会全体	C カード協議会以外
説明を受けた	1	1	2	2
一部受けた	2	0	2	
受けない（読んでわかった人含む）	20	7	27	5
記憶なし	0	1	1	0
計	23	9	32	7
免責同意書がなかった				2

PADI では，「説明を受けた」と回答しているのは僅か約 4％に過ぎず，PADI を除く C カード協議会で 1 名，約 11％であり，C カード協議会以外でも免責同意書がなかった 2 名を除くと約 29％に過ぎない。これを見ただけでも，署名を要求するときに権利放棄の意味するところを（その実効性は別にして）説明しようとしない業界の意思の具現されたものが見える。ちなみに PADI の場合は『The Law and Diving Professional』の 72 頁で「インストラクターは免責の法的影響及び結果を決して説明しようとしてはならない」と明記している。PADI はその登記上の事業目的で「コンサルティング」としていることからも，署名者に対して，一方的に業者側にのみ有利な権利放棄を求めるという重要なときに，その説明義務を果そうという意思は持っていないことを強く指導しているものと思われる。

▶質問項目 6 についての結果

質問の目的：これは，署名者本人が自ら権利放棄の書類をしっかり読んでいる

かどうかを見る質問である。

表 5-5

	PADI	PADIを除く Cカード協議会	Cカード協議会 全体	Cカード協議会 以外
していた	13	1	14	4
一部していた	6	4	10	0
していない	5	4	9	4
記憶なし	0	1	1	1
計	24	10	34	9
免責同意者がなかった				1

　これによると，PADIの場合は約54％が読んでおり，PADIを除くCカード協議会全体の10％に比べて高い数字を示している。Cカード協議会以外でも約44％が読んでおり，この全体で約半数という数字が，権利の放棄を求められた書類に対して署名をする際に適切かどうかは別にして，これまでの数字と比較すると，署名者がこの書類に対して，せめて自分から読むことで自己防衛を図っているのではと思わされる。しかし，その免責同意書の文面はあまり平易な文面とは言えず，そのため，業者側からの積極的な説明がない場合には，これまでの質問の結果のような情報不足の状況に置かれているものと思われる。

▶質問項目7についての結果

　質問の目的：これは，署名者から情報提供義務の履行を求められたときに，業者側がそれを果しているかを見るものである。

表 5-6

	PADI	PADIを除く Cカード協議会	Cカード協議会 全体	Cカード協議会 以外
十分答えた	2	1	3	0
一部答えた	0	0	0	0
はぐらかす・答えない	6	1	7	1
質問していない	16	5	21	8
記憶なし		2	2	1
計	24	9	33	10
免責同意者がなかった				1

自ら質問していない人がPADIの場合で約67%あり，他も同じ傾向である。この原因はこれ以降の質問への回答で明確になってくる。

▶質問項目8についての結果

質問の目的：これは，回答者に，講習時ではなく現在のファンダイビングの時に十分な説明を受けているかを見る項目である。

PADIを除くCカード協議会の約89%は驚くべき数字である。PADIを除くCカード協議会以外は，説明義務を果していないことがわかる。

表 5-7

	PADI	PADIを除く Cカード協議会	Cカード協議会 全体	Cカード協議会 以外
十分受けた	2	8	10	2
一部受けた	1	0	1	0
受けていない	16	0	16	8
本人に自覚なし	1	0	1	0
自分が求めない	1	1	2	1
説明するところもあり	1	1	2	1
計	22	10	32	12

▶質問項目9についての結果

質問の目的：免責同意書に署名を求められた時の状況を別の角度から見る項目である。

表 5-8

	PADI	PADIを除く Cカード協議会	Cカード協議会 全体	Cカード協議会 以外
説明あり	2	1	3	1
書かないと潜らせない	1	2	3	2
はぐらかす・答えない	1	0	1	0
説明せずに署名のみ求める	13	5	18	6
不明	5	1	6	2
計	22	9	31	11
免責同意者がなかった	0	0	0	1

ここでも PADI が説明をしたという約 9％という数字は低すぎる。PADI を除く C カード協議会では約 11％，C カード協議会以外で約 9％という数字も，「説明せずに署名のみ求める」という現場の対応の実態から責任感覚の欠如のみが大きく見られる。

▶質問項目 10 についての結果

質問の目的：これは，免責同意書が PADI の言うところの「契約書」であれば，その控えを契約の一方の当事者に渡すことは必要であり，これは契約行為における基本的な義務である。これを業者が果しているかどうかを見るのがこの質問の目的である。

表 5-9

	PADI	PADI を除く C カード協議会	C カード協議会全体	C カード協議会以外
もらう	6	3	9	1
もらえない	16	5	21	11
計	22	8	30	12

これを見ると，PADI では約 27％しか契約の義務を果しておらず，説明の義務の不遵守だけでなく，正当な契約行為すら満足にできていない実態が浮かび上がってくる。PADI を除く C カード協議会で約 38％で，C カード協議会以外では約 8％となっている。少なくとも，この数字からは，ダイビング業界では，事業者として最低限の行為すらできていないことが示され，今後その未熟さが指摘されるべきであろう。

▶質問項目 11 についての結果

質問の目的：これは，今回のアンケートに回答してくれた人が，免責同意書やそれを求める業者に対してどのような感想を抱いているかを見たものである。

ここで重要なことは，現在の免責同意書や業者側の対応のしかたで，「善意で自己責任を認識」できている人は PADI で約 5％に過ぎず，PADI を除く C カード協議会で 0％，C カード協議会以外でも約 43％にすぎず，PADI を含んだ C カード協議会の構成団体の対応のまずさが目立つ。また，C カード協議会以外の団体

表 5-10

	PADI	PADIを除く Cカード協議会	Cカード協議会全体	Cカード協議会以外
気休め・形式・責任に逃れと認識	6	1	7	0
善意で自己責任を認識	1	0	1	3
相手を信用しないことで自己責任を認識	6	2	8	0
不信感のみ	8	1	9	3
その他				1
計	21	4	25	7

に対しても過半数が否定的な感想を持っており，ダイビング業界の根本的な問題を示唆している。

上記のアンケートに寄せられたものから項目的に具体的な感想をダイジェストとして列挙したものは，資料2に添付してあるので，そちらを参照されたい。ダイビング業界の，事業スタイルを見る上で，重要な内容を含んでいるものである。

今回のアンケートの結果について言えば，ダイビング業界の傾向を判断する際に，モデルとしてダイビング業界のシェアの50%（SSI内部資料）～60・70%（PADI関係パンフレット類）を占めるPADIを見ることは，アンケートの回答者に占めるシェアを見ても適切であろう。

3. P型免責同意書の内容とその実効性の妥当性

免責を有効足らしめるためには，公序良俗（public policy）に反せず，重過失（gross negligence）でないもの，また大きな不均衡（a large disparity）のないもの等の条件が求められる[52]。ではP型免責同意書を代表とする，ダイビング業界が求めている。講習生やダイバーの権利放棄の条文の内容と，それを求めるときの各種の義務の履行状況が，法的に妥当なものかどうかを各国の状況を含めて調査してみる。

(1) 日本

　日本では 2000 年 4 月，諸国に遅れて「消費者契約法」が成立した[53]。従来は，信義則，公序良俗，不法行為を適用する事によってその代わりとしていた。この現状が多くの被害を消費者に与えていたとして，それを防ぐために経済企画庁が 2000 年 3 月に消費者契約法案を国会に提出し，成立した（施行は 2001 年 4 月 1 日）のである。

　これを受けて，これまで法廷で採用されていなかったにもかかわらず，現行の免責同意書の使用を継続してきた，ある影響力の強い指導団体は，今後違法となる条項への対策のためにその文言の改訂を計画している。

消費者契約法

　経済企画庁は，消費者契約法案を提出した理由として，「国民生活の安定向上と国民経済の健全な発展に寄与するため（中略）事業者の損害賠償の責任を免除する条項その他の消費者の利益を不当に害することとなる条項の全部又は一部を無効とする必要がある」としている。

　この法律の中では，現在のダイビング業界の免責同意書の約款の問題にかかわるものとして，第一章の総則の目的で，「事業者の損害賠償の責任を免除する条項その他の消費者の利益を不当に害することとなる条項の全部又は一部を無効とする」ことによって消費者の保護をすることをうたっている。

　第三条では，「消費者の権利義務その他の消費者契約の内容についての必要な情報を提供するよう努めなければならない」としている。しかし残念なのは，これが必要な情報を提供する義務を規定しているのではなく，あくまでも努力目標としていることであり，これが将来，問題を呼ぶ原因になるのではと懸念される。

　第二章第四条では「当該消費者に対して次の各号に掲げる行為をしたことにより当該各号に定める誤認をし，それによって当該消費者契約の申込み又はその承諾の意思表示をしたときは，これを取り消すことができる」とし，その一では「重要事項について事実と異なることを告げること。当該告げられた内容が事実であるとの誤認」をあげ，不実告知が取り消しの理由になることを明記している。第四条の 2 では「当該重要事項について当該消費者の不利益となる事実（当該告

知により当該事実が存在しないと消費者が通常考えるべきものに限る。）を故意に告げなかったこと」によりもたらされる誤認も契約取り消しの理由としている。第三章では「消費者契約の条項の無効（事業者の損害賠償の責任を免除する条項の無効）」について規定している。これは，現在のダイビング業界の免責同意書の約款の問題を正面から捕らえることができるものと思われる。第八条でこれを具体的に規定している。

　一　事業者の債務不履行により消費者に生じた損害を賠償する責任の全部を免除する条項

　二　事業者の債務不履行（当該事業者，その代表者又はその使用する者の故意又は重大な過失によるものに限る。）により消費者に生じた損害を賠償する責任の一部を免除する条項

　三　消費者契約における事業者の債務の履行に際してされた当該事業者の不法行為により消費者に生じた損害を賠償する民法の規定による責任の全部を免除する条項

　四　消費者契約における事業者の債務の履行に際してされた当該事業者の不法行為（当該事業者，その代表者又はその使用する者の故意又は重大な過失によるものに限る。）により消費者に生じた損害を賠償する民法の規定による責任の一部を免除する条項

　五　消費者契約が有償契約である場合において，当該消費者契約の目的物に隠れた瑕疵があるとき（当該消費者契約が請負契約である場合には，当該消費者契約の仕事の目的物に瑕疵があるとき。次項において同じ。）に，当該瑕疵により消費者に生じた損害を賠償する事業者の責任の全部を免除する条項

　この法律が施行される2001年4月1日までは，ダイビングの事故が起きたり損害が発生したときには，「不法行為責任」と「債務不履行責任」をもって損害賠償責任の発生事由とするものになる。実際に，2000年12月14日に大阪地方裁判所で判決が出たダイビング事故で死亡した男性の両親による民事裁判では，司法は免責同意書は「無効」としている。その理由は条文が「公序良俗に反する」であった。そして業者側の不法行為によって損害賠償を認めている。現在，ダイ

ビング業界の一部では，消費者契約法や，この判決などを受けて免責同意書の文言について変更の可能性を検討している。もしこれが変更に至った場合は，ダイビング業界も，以前より指摘されていた免責同意書の内容の問題点を認めざるを得なくなったとも言えるのではないか。

(2) 海外の状況
(a) EU 指令

「消費者契約における不公正条項に関する 1993 年 4 月 5 日付け欧州共同体閣僚理事会指令」(No.93/13/EEC)によって，加盟各国にその法整備を求めている。特に第三条 (1) 項で，消費者がその実質的内容に個別交渉を経なかった条項が，誠実・信義 (good faith) に反して当事者間に大きな不均衡をもたらす場合は不公正とし，(2) 項で，とりわけ，あらかじめ書式化された標準契約 (preformulated standard contract)においては，その条項は個別に交渉されなかったとみなしている。(3) 項では「不公正」条項を例示しているが，日本の国民生活審議会消費者政策部会が発表した「消費者契約法(仮称)の具体的内容について」(1998 年 1 月)では，このリストの例示を踏襲している。この指令の付則(ANNEX)に，その不公正条項が例示されているが，この中から，スクーバダイビング業者の免責同意書の内容に関した条項を紹介する。

   (a) [人身損害についての免責条項]：売主または提供者の行為もしくは不作為から生じる，消費者が死亡または負傷した場合，売主または提供者の法的責任を排除または制限すること。
   (b) [債務不履行についての免責条項]：売主または提供者による契約条項の義務の全部または一部の不履行もしくは不適切な履行がされた場合，売主または提供者もしくはその他の当事者に対する消費者の法的権利を不当に (inappropriately) 排除または制限すること。
   (i) [開示なき条項への不当拘束]：契約締結前に，内容を確認できる機会のない条項に，消費者が確定的に (irevocably) 拘束されるとするもの。
   (q) [訴訟関連条項]：(前略) 法的訴えを提起し，または，その他の法的救済

方法を行使する消費者の権利を排除または妨害すること。
以上を不当条項として例示している[54,55]。

(b) イギリス

不実表示（misrepresentation）をもって消費者の保護を行なっている。

イギリスでは，エクイティ上の詐欺の法理の適用範囲は，前提として信認関係の存在があることを前提に，過失による不実表示，および開示義務（duty to disclose）違反による契約の取り消しうるべきもの（voidable）とされている[56]。

契約時に不当な圧力を受けて締結した場合，強迫（duress）もしくは不当威圧（undue influence）の理由により取り消しの対象となることがある。また不当威圧を行なったかどうかの狭義の意味では，当事者間に信頼関係（confidential relationship）を基礎とした「特別の関係」があった場合には，現実の不当威圧が明白でなくても，当該契約などは取り消しできるとしている。なお，「特別の関係」の本質的要素とは，相手側当事者が取引に誘導するに足るだけの影響力（influence）を行使できる地位にあることであり，「特別の関係」がある場合には，その存在自体により不当威圧の推定が生ずる。またこれにより，受認者は，相手側に独立意識の自由な行使を確保すべき積極的義務を負う[56]。

また一定の不当な圧力が見られる場合に不当威圧であるとして契約の効力を否定しうるとされているとともに，相手方の弱点に付け込んだ契約の効力を否定する（「非良心性」の法理が展開されている[57]。

(c) フランス

情報提供義務が規定されている[56]。1978年の「商品及び役務についての消費者保護及び消費者情報に関する法律」の中では「濫用条項（clauses abusives）[58]に対する消費者保護」が見られる。フランス消費法の1992年の新法文二条，三条，五条では，情報提供義務および助言義務（obligation de renseignement et de conseil）の強化があった。その二条のみ示す。「財産の売主または役務の提供者である職業人はすべて，契約の締結前に，その財産または

役務の基本的諸特性に関して消費者が認識を得ることができるようにしなければならない」

またこの第九条では不当条項（clauses abusives）を排除している[59]。

(d) ドイツ

1976年12月9日の約款法（Gesetz zur Regelung des Rechts der Allgemeinen Geschaftsbedingungen, AGB-Gesetz）では，約款を用いて大量の契約を処理しようとする者（約款使用者）は，約款締結に際し，約款の使用について明言しなければならなく，顧客が予想もしないのも当然と思われるほど常識外の条項は契約内容にならず，また約款の規定は，誠実・信義の原則に反して顧客に著しく不利であるときは不確定的に無効（unwirksam）とされている[60]。1996年7月19日に「普通取引約款の規制に関する法律及び破産法の改正についての法律（Gesetz zur Änderung des AGB-Gesetzes und der Insolvenzordrung Vom 19。Jnli 1996（BGB1, IS. 1013））が成立し，九条〔一般条項〕の(1)で「AGB中の規定は，それが信義誠実に反して約款利用者の相手方を不当に不利にする場合，無効である」[58]としている。

また窮迫，無知・無経験に乗じて締結された暴利をむさぼる契約は，良俗に反し，無効とされている[57]。そして「契約締結上の過失」の法理（契約締結過程において一方当事者の行為により相手方に損害が発生した場合に，信義則に基づき損害賠償や契約解除を認める考え方）が判例上認められている[57]。

(e) イタリア

1998年7月2日に「消費者および利用者の権利規則（法律1998年7月30日第281号）」（Legge n.281 del 30 luglio 1998. Disciplina dei diritti dei consumatori e degli utenti. Gazzetta Ufficiale, n.189 del 14 agosto 1998）が上院を通過し，同年8月28日から施行された。その第1条中の項目に，

  c) 適切な情報と正しい広告（ad una adeguata informazione e ad una corretta pubblicità:)

e) 契約関係の適切, 透明, 公正性 (alla correttezza, trasparenza ed equità nei rapporti contrattuali concernenti beni e servizi;)

が定められている[64]。

(f) 韓国

韓国では, 消費者保護法によって消費者を保護している。特にダイビングの免責同意書の文言にかかわると思われる部分を抜き出してみる。

第1章　総則
　第3条（消費者の基本的権利）消費者は, 自己の安全及び権益のために次の各号の権利を享有する。
　　2. 物品及び用役を選択する場合において必要な知識及び情報を提供を受ける権利

第2章　国及び地方自治団体の義務等
　第10条（取引の適正化）
　　①国家は, 事業者の不公正な取引条件又は方法により消費者が不当な被害を受けないように必要な施策を樹立・実施しなければならない。

第3章　事業者の義務
　第15条（消費者保護への協力）
　　①事業者は, 物品又は用役を供給する場合において消費者の合理的な選択又は利益を侵害するおそれがある取引条件又は方法を使用してはならない。
　　②事業者は, その供給する物品又は用役に対して消費者保護のために必要な措置を講じなければならず国及び地方自治団体の消費者保護施策に積極的に協力しなければならない。
　　③事業者は, 消費者団体の消費者保護業務の推進に必要な資料提供要求に積極的に協力しなければならない。

以上の法令[62]を見ると, 事業者による情報提供義務と, 不公正な取引条件の禁止がうたわれている。

(g) アメリカ

　非良心的な契約は無効であるとしている。これを非良心性（unconscionability）の法理（契約締結過程において詐欺や錯誤等に該当しないが非良心的と評価される事情がある場合で，契約条項が不公正である場合に，契約の効力を否定する考え方）[57]と呼んでいる。これは大量取引を背景とした標準書式（standard form）を問題として，統一商法典（U.C.C）に2-302条の非良心性条項が採り入れられた。標準書式とは，売主が準備し，印刷された契約書面のことをいい，消費者は署名するだけで，その内容について交渉することもなければ，通常は読むことさえしない，というものである。また，消費者には交渉の余地が与えられず，契約に入れるか入れないか（take-it or leave-it）の自由しか持たない契約は付合契約（contract of adhesion）とよぶ。

　統一商法典2-302条，非良心的契約または非良心的条項（U.C.C § 2-302 (1)）には，

(1) 裁判所は，法律上，契約（の全体）または契約中のいずれかの条項が契約締結時において非良心的なものであったと認定した場合には，契約の効力を否認すること，非良心的な条項を除いて残りの部分の契約の効力を認めること，または非良心的な結果を避けるように問題の条項の適用を制限すること，のいずれかを行なうことができる。

※ただし，U.C.C § 2-302 (2) で，当事者にまったく証拠提出の機会を与えずに裁判所が判決を出せば，上訴によって破棄されるとある。

　また，U.C.C § 2-302のコメント1（Comment1）において，「一般的な商事的背景と，当該取引または事件の商事必要性に照らして，問題の条項が，契約締結時の状況において，あまりに一方当事者のみに有利なもので非良心的であるか否かが，基本的な判断基準である」としている[63]。

　「不実表示」の法理（契約相手方による事実と一致しない書面又は口頭による表示が原因で契約が締結されたような場合に，当該契約を取り消しうるという考え方）が判例上認められている[57]。不実表示の意義と要件としての一つに「事実と異なる表示」がある。これは一部の真実（half-truth）だけを伝えている場

合，たとえその内容が真実であっても不実表示とされている。次に「詐欺的または重大性」では，不実表示は契約の場面で不法行為にもなりうる，詐欺的とされる場合には，相当程度確実に誤解が生ずるであろうと信じられる場合には，相手を誤解させる意図（intent to mislead）があるとされる。「信頼」の面では，不実表示が契約に同意する上で実質的に貢献する（substantially contribute）なら，不実表示の成立を認めると，契約法第2次リステイメント（Restatement (Second) of Contracts § 161 (b)）[64]でその立場を取った。「信頼の妥当性」では，当事者が不実表示を信頼したことが妥当とされることであり，相手方の信頼が妥当とされる場合として，

①表示者と相手方の間に何らかの信頼関係がある場合。
②当該契約の目的物に関し，表示者が相手側と比べて特別の技能や判断力を有していると考えられる場合。

などとしている。したがって，不実表示の効果は，原則として強迫や不当威圧と同様であり，不実表示を受けた当事者から契約を取り消すことができるとしている。また，契約文書作成時に同意があったといえないような形でサインさせる場合には，アメリカ法では，文書作成の不実表示または詐欺（misrepresentation or fraud in factum or execution）とよんで契約不成立としている。

以上の，日本および外国の法令を比較してみても，P型免責同意書にあるような，一方的に事業者側のみを免責し，その免責の仕方が無条件の上，自らの故意・過失までを問わない形式とし，また署名者や代理人と相続人の権利の放棄まで求め，加えて訴訟の権利すら放棄を要求し，かつそれぞれの条項は全てが交渉によらず一方的に決定しているという文書は公序良俗に反するものであるだけでなく，2001年4月からは消費者契約法に違反するものとなる。しかも，第五章の「免責同意書の運用の実態」のアンケート結果から見ても，その実態は，契約書に署名する署名者＝消費者に充分な説明と，知識としての情報を提供していず，さらに契約書の目的や，全面的かつ一方的な免責を求める免責同意書の目的を説明せず，また「これは形式です」言ったりして署名させている不実告知，その上契約

書として署名させていながらその控えを渡さないという行為は，免責同意書の内容のみならず，そこに表れている事業哲学そのものが公序良俗に反するものとなっていることを示している。

ちなみにPADIがアメリカの法理によって創り出した免責同意書ではあるが，そのアメリカにおいても，「故意または重過失により引き起こされた損害に対する不法行為責任を一方的に免責する条項等は強行できない[65]」ことになっている。

このアメリカでの免責条項の無効の判例としては，井上洋一が紹介している，フィットネスクラブの会員になるときに署名した放棄確認証において，その会員が，敷地内およびその周辺での諸活動と関係して受けたすべての権利侵害の危険を引き受ける事を定めていたものを，裁判所が，フィットネスセンターの過失のある行為に対する責任は免除しないと判決した判例がある[66]。

日本ではスポーツクラブの会員がクラブ内で転倒負傷した事故について免責特約の適用を否定した判例（損害賠償請求事件　東京地方裁判所　平成9年2月13日民二五部判決　平七（ワ）第一八三四五号　判例時報1627号）がある。判決では，スポーツクラブが一方的に定めた会則にある免責条項について，会則の条項の意味内容が確定している場合においても，公序良俗に反しない限り原則としてその内容の合理性を肯定できるが，「契約当事者としての基本的な権利義務又は不法行為による損害賠償請求権に関する権利義務について定めるものである場合には，そのように定める目的の正当性，目的と手段，効果との間の権衡等を考慮して右の合理性を備えるものであるか否かを判断するのが相当である」として，この免責特約の適用を否定した。

(3) **不当条項リスト**

国民生活審議会消費者政策部会の「消費者契約法（仮称）の具体的内容について」で定義した不当条項に関した部分は，業者の説明義務を努力目標としたことによってその精神を大きく後退させたことを除けば消費者契約法に反映されている。

※不当条項の定義：不当条項とは，信義誠実の要請に反して，消費者に不当な不利益な契約条項をいう。

　国民生活審議会消費者政策部会では，「消費者契約法案」作成の過程で不当条項リストを作成した。次に，試みにＰ型免責同意書の内容をこのリストに当てはめてみる。

　※印の説明（国民生活審議会消費者政策部会が示した分類手法）
　　※1　裁判上，無効とされた又は適用が制限されたことのある条項
　　※2　諸外国（EU，ドイツ，韓国）の立法等において規定されている条項
　［事業者の責任を不相当に軽くする条項］として，
- 人身損害についての事業者の責任を排除又は制限する条項(※1，※2)
→「私は，このコースに参加した結果として，コースの参加に関連して私自身に生ずる可能性のある傷害その他の損害の全てについて，私自身が責任を負うものであり，潜水地の近くに再圧チェンバーがない場合もあることを了承した上で，コースを実施することを希望します。(8行から10行)
→「このコースに生徒として参加している間に私に生ずる可能性のあるいかなる傷害その他の損害についても，予測可能な損害であるか否かに関わらず，その責任の全てを私が個人的に負うことに同意します。」(15行から16行)
→「この文書は，発生し得る個人的傷害，財産の損害，あるいは過失によって生じた事故による死亡を含むあらゆる損害賠償責任から＿＿＿＿＿（インストラクター名及びスタッフ名）＿＿＿＿＿，＿＿＿＿＿（ストアー名）＿＿＿＿＿及びPADIを免責し，請求権を放棄することを目的とした＿＿＿＿＿（受講者名）＿＿＿＿＿の意思に基づくものです。」(22行から24行)
→「この文書は，発生し得る個人的傷害，財産の損害，あるいは過失によって生じた事故による死亡を含むあらゆる損害賠償責任から＿＿＿＿＿（インストラクター名及びスタッフ名）＿＿＿＿＿，＿＿＿＿＿（ストアー名）＿＿＿＿＿及びPADIを免責し，請求権を放棄することを目的とした＿＿＿＿＿（受講者名）＿＿＿＿＿の意思に基づくものです。」(22行から24行)
- 事業者の故意又は重過失による損害についての責任を排除又は制限する条項

（※1，※2）
→「このコースに生徒として参加している間に私に生ずる可能性のあるいかなる傷害その他の損害についても，予測可能な損害であるか否かに関わらず，その責任の全てを私が個人的に負うことに同意します。」（15行から16行）
→「この文書は，発生し得る個人的傷害，財産の損害，あるいは過失によって生じた事故による死亡を含むあらゆる損害賠償責任から＿＿＿＿＿＿（インストラクター名及びスタッフ名）＿＿＿＿＿＿，＿＿＿＿＿＿（ストアー名）＿＿＿＿＿及びPADIを免除し，請求権を放棄することを目的とした＿＿＿＿＿＿（受講者名）＿＿＿＿＿＿の意思に基づくものです。」（22行から24行）
- 事業者の債務不履行についての責任を排除又は制限する条項（※2）
→「上記の個人・団体及びこのプログラムが，私あるいは私の家族，相続人，受遺者その他の利害関係人から，このコースへの私の参加を原因とするいかなる告発も受けないようにすることに同意します。」（16行から18行）
- 事業者の被用者及び代理人の行為による責任を排除又は制限する条項（※2）
→「私は，このダイビングコースに関連して，私，または私の家族，相続人，あるいは受遺者に傷害，死亡，その他の損害が結果として生じた場合であっても，＿＿＿インストラクター名及びスタッフ名＿＿＿，＿＿＿所在地＿＿＿に所在する＿＿＿ストアー名＿＿＿及びPADIが，いかなる結果に関しても責任を負わないことに同意し，」（11行から13行）

［事業者に一方的な権限を与える条項］
- 商品が契約に適合しているか否かを一方的に決定する権利を事業者が留保する，又は契約の文言を解釈する排他的権利を事業者に与える条項（※2）
→「上記の個人・団体及びこのプログラムが，私あるいは私の家族，相続人，受遺者その他の利害関係人から，このコースへの私の参加を原因とするいかなる告発も受けないようにすることに同意します。」（16行から18行）

［消費者の権利を不相当に制限する条項］
- 事業者の不完全履行の場合の消費者の権利を排除又は制限する条項（※1，※2）

→「上記の個人・団体及びこのプログラムが，私あるいは私の家族，相続人，受遺者その他の利害関係人から，このコースへの私の参加を原因とするいかなる告発も受けないようにすることに同意します。」(16行から18行)
- 消費者の損害賠償請求権を排除又は制限する条項（※1，※2)
→「上記の個人・団体及びこのプログラムが，私あるいは私の家族，相続人，受遺者その他の利害関係人から，このコースへの私の参加を原因とするいかなる告発も受けないようにすることに同意します。」(16行から18行)
→「この文書は，発生し得る個人的傷害，財産の損害，あるいは過失によって生じた事故による死亡を含むあらゆる損害賠償責任から_____（インストラクター名及びスタッフ名）_____，_____（ストアー名）_____及びPADIを免除し，請求権を放棄することを目的とした_____（受講者名）_____の意思に基づくものです。」(22行から24行)

[その他]
- 消費者にとって重要な事業者の意思表示が，仮に消費者に到達しなかった場合においても消費者に到達したものとみなす条項（※2)
→「私，____受講者名____はスキンダイビング及びスクーバダイビングに付随する危険性について十分説明を受け，完全に理解したことをここに確認します。」(2行から3行)
→「私は，この免責同意書を署名前に熟読し，内容を熟知しています。」(25行)

この不当条項リストが，先に記した消費者契約法の第三章「消費者契約の条項の無効」に反映された。

以上の考察からも明らかなように，少なくともダイビング業界の事業理念を具現化した免責同意書の中での一方的な文言は，日本の公序良俗に反し，また諸外国の法理にももとるものある。そういったことの是正のために「消費者契約法」が成立した。現在は多くの場合，免責同意書の（と，その内容）実行に際し，説明義務を果さず，また不実告知，さらに不当威圧を行なっていることが筆者の調査や体験からも明らかであり，単に無効と言うだけでなく，社会通念に照らして疑問を抱くものとなっており，これまで述べたように，現在のようなダイビング

業界の責任回避の事業手法にはこの疑問が含まれていると考えざるを得ない。

実際にP型免責同意書を広く使用し，メンバーに義務付け，その効果を訴えているPADIでは，インストラクター試験を受ける候補生のためのワークブック「PADIインストラクター候補生ワークブック (Instructor Candidate Workbook, PADI INSTRUCTOR DEVELOPMENT)」(1996年改訂第2刷 PADIジャパン)の「リスク・マネージメント 14-4頁 Ⅲ 法律上のリスク・マネージメント・テクニック」の「Notes」で「重要注意事項」として「法律は，インストラクターの過失による賠償責任の免責を認めている」としている。本文では，この免責同意書を有効にするためにさまざまな要件を挙げているが，その中のCの1で「お客様／ダイバーが，インストラクター，ダイブセンター／リゾートの賠償責任を免責し，訴訟を起こす権利を放棄することを認める書式（免責同意書）に署名をする。この書類には，過失による賠償責任からもインストラクターを免責することが含まれている」とし，しかし2のaでは，「それでもこの免責同意書が有効なのは，インストラクターが，注意義務を保つために全力を尽くしているときに限られている。インストラクターを，すべての訴訟で注意義務から免責してくれるよう免責同意書に頼ることはできないのである」そして同d.で「適切な免責同意書には以下の要件が含まれている：1．必ず明確に，読める言葉で主なリスクについて適切な説明がなされていること。2．お客様／ダイバーが署名を拒否できる状況のもとで署名がなされたこと」としている。これはインストラクターを認定する側のコースディレクターマニュアル(COURSE DIRECTOR MANUAL)のインストラクター・ディベロップメント・コース・カリキュラム (PADI Instructor Development IDC IOC Curriculm)」(1995年版 PADIジャパン)の「リスク・マネージメント」14-9頁でも上述のCの1に加えて「これらの免責を法は許しているのである」と教えている。そもそもこのコースディレクターマニュアルの「リスク・マネージメント」の14-1頁から始まる「スタッフ プレゼンテーション」の「トピック：法的責任とリスク・マネージメント」の中の「Ⅲ. 法律上のリスク・マネージメント・テクニック」(14-3頁)の「"危険（リスク）の想定"とはどのような意味か？」の項で，これを

「法律上の責任をお客様方に負わせる考え方」としている。他の部分では，インストラクターの注意義務や賠償責任保険の重要性について言及しているが，「法律上の責任をお客様方に負わせる考え方」は，インストラクター候補生に，「責任」や「注意義務」を考えるという負担を回避できるという受け取られる可能性が高く，実際のダイビング業界の実態を見ると，そのように考えているインストラクターやショップ経営者が多いのではと思われる。

このように，免責同意書を使うことによって行なっている「法律上の責任をお客様方に負わせる考え方」は，現実には免責同意書は公序良俗に反しているという司法判断（2000年12月14日大阪地方裁判所一審判決。控訴）も出ており，PADIが出版している『The Law and the Diving Professional』でも，これを翻訳した弁護士が，そのコメントで「免責証書にサインしたのみで常に加害者の過失が免れることはない」（47頁）とも書いてあるのであるから，指導団体がなぜこのように，自らその効果が否定される可能性を教えているにもかかわらず，その有効性が裁判で否定されるような免責同意書に固執するのかについて考えてみると，インストラクターに対して，この免責同意書がその文言どおりの免責効果を発揮するか否かにかかわらず，少しでも事業者リスクが「回避」あるいは「逃避」できるという期待感と安心感を持たせる方が，インストラクターの養成（増員）によってより多くの申請料の送金を可能にするという指導団体の経営方針にとって有意と捉えているからではないかということを，考えたくはないが，その思考可能性の排除を困難にしているのである。では次に，事故の過失を問われたインストラクターの雇用者たる者の民事上の責任がどうであるかについて考察してみる。

(4) 講習の契約をした事業者に対しての考察

講習中の事故については，講習の実施を指示した事業者側の不法行為責任と，安全に講習を終了させることを目的として行なったことが契約行為中に実行できなかった債務不履行責任があると思われる。契約主体となっているのは，講習の受講の契約を結んだ事業者である。

●使用者責任

　民法第七一五条により，事業者（ショップ）側に，不法行為を行なったインストラクターに対しての使用者責任がある。この場合，事業者はこのインストラクターに対しての「選任」かつ「監督」において無過失または不可抗力を立証する責任があり，インストラクターが講習中に，ごく基本的な「講習生の動静への注意義務」をまちがいなく果たすよう監督していたことを立証する責任がある。しかし，それが実施されていなかったとしたら事業者の使用者としての責任は逃れられない。「単にインストラクター資格のある者の選任とか，ガイドラインに添ったサービスの提供といったことでは，無過失または不可抗力を立証することにはならないと考えるべきである」（「レジャーダイビングビジネス・ガイドライン」）と考えられる。これに関した判例は，第四章 安全配慮義務 ２民事責任についての判例研究（3）で紹介している判例「ダイビング中ボンベ（タンク）爆発負傷事件」中で，ツアー中の安全配慮義務に関しての使用者責任について認めている。

　大手指導団体の事業方針を決めている本部のあるアメリカの法理にも，雇用主は，使用人の過失・不法行為に責任があることを，使用者責任（Vicarious Liability）とか上級者責任（Respondeat Superior）と呼んでその法的責任を認めている。この雇用主の責任として，講習生などに対する不合理な危険や固有の危険を防ぐ義務のことを nondelegable と呼び，雇用主が使用人（例えそれが請負であっても）が危険の予防措置を取ったことを確認する義務があり，その責任が逃れ得ないとしている。

●債務不履行責任

　民法第四一五条により，講習中に注意義務違反によって事故が発生した場合，事業者の債務の不完全履行による責任が発生する。講習中という債務の履行中に，本来講習生に対して給付されるべき（事業者の給付義務）注意義務の不履行がこの事故をもたらしたことが証明されれば，そのインストラクターの使用者としての債務不履行は問われて当然と思われる。

4. 指導団体の責任

　ここで，ダイビングビジネスの頂点に立ち，業界のルールと事業指針の事実上の支配者である指導団体の責任について考察してみる。

　● 大手指導団体における責任について

　事故時の致死性の高いダイビングの講習を行なう能力がある者として認定したインストラクターと，そのインストラクターを使って（個人営業も含めて）指導団体が定めた基準とプログラムに添って講習を行ない，その免責を含める契約書の文言の使用を定め，さらに指導団体がその経営方針まで「コンサルティング」している事実を見れば，一般的な使用者責任の頂点に指導団体が存在すると考えることは自然である。

　PADIが発行している『The Law and The Diving Professional』の120頁では，「雇主が，PADI指導基準と手続を使用し，PADIの認定を受けた使用人を雇うときは，PADIは使用人の適切さを保証しているのである。したがって，PADIと提携する利益のうちの1つは，PADIがこのように雇主の指導責任を少なくすることによって，雇主の適切な行為を確立し，雇主の法的な重荷をPADIが分けあうということである」として自らの最終的責任が及ぶことを示唆している。そして実際に，アメリカでは指導団体が，たとえ非営利組織であっても，その責任を認められている（フィガロア対ナウイ事件判決　1996年）。

　以上により，ダイビングの講習，またガイドの行為（講習生に対してよりは，状況によって責任が減ぜられることは妥当であるが）によって事故が発生した場合，その免責を求める法的根拠が不適切である以上，レジャースクーバダイビングの事故においては，今後，現場のインストラクター，その雇主と共に，ショップやインストラクターの不法行為が認められた場合は，指導団体が損害賠償責任の一部を負う（「見舞金」などという名称でなく「損害賠償」として）ことが求められてしかるべきであると考えられる。

　実際の業界の状況としては，ダイビングショップの規模は，一事業所あたりの従業員数が10人以下が83％であり，店舗数も一店舗のみが91.3％[67]となってい

る。沖縄県警察本部で，条例^(注73・74に詳しく述べてある)に基づく届出をしているダイビング業者のうち，警察が認定した優良業者の数は他のマリンレジャー産業と比べて特に低いのが実態である。そのため，これまで指導団体の主張のままに見過ごされてきた，その責任の明確化を，指導契約（対ショップ，講習生などに対して）責任の明確化をもって，契約下におけるダイビング事故の犠牲者の救済体制確立のための法整備が早急に望まれるのである。

5．合理的な免責同意書とは

スポーツを行なう上で，そこには危険の度合いに違いはあれ必ずリスクが存在する。そのリスクに対して，発生するかもしれない責任を当事者同士でどのように分配するか，その合理的分配と分配の手続のあり方について考える事例を紹介する。

●（国際スキー連盟（International Ski Federation＝FIS）の免責同意書の形態
　※協力：財団法人全日本スキー連盟

P型及び非P型の免責同意書と異なる形の免責同意書のあり方を見る上で，国際スキー連盟（FIS）の「ATHLETE'S DECLARATION FOR AN INTERNATIONAL (FIS) LICENCE」（国際（FIS）ライセンスに対する選手宣誓）は参考になるので，一部文面を紹介しながらその内容を考察する。（正式文書は英文）

まずこの文書には次のような表現がされている。

「この宣誓への私の署名が，競技設備やその準備または競技の実施に関して，大会関係者の責任を縮小したり制限するものではないということを理解し，私は次の宣誓をする」

次いで，国際スキー競技大会を運営する側に対して免責を与える内容が項目として，「1．危険の確認」「2．危険の承認」「3．個人的責任」と続く。「1」，「2」の内容は通常の免責同意書とあまり変わらないが，「3．個人的責任」には，「私は自分がトレーニングや競技に参加した結果，第三者の怪我や道具の損失という損害が起きた場合に，第三者の損害に対して自分に個人的責任が有り得ることを

承知している」という一文が入っている。これはダイビングの際のバディ同士の責任について考える上での参考になるであろう。内容全般を見ると，この書類への署名者の訴訟権，代理人を用意する権利などについては否定していない。さらにこの書類では問題が起きた場合の対応の手続を明記している。それは「4．論議の解決」という項目で，「私は司法裁判所に請求を開始する前に，スポーツ仲裁裁判所（Court of Arbitration for Sport＝CAS）の規定と法令に従って設立されている仲裁裁判所に，まず自分の請求を提出することに同意する。私がこの裁判所の決定に同意しない場合は，どこか適切な司法裁判所に持ち込むか，再度請求するかは私の自由である。この選手宣誓は，法的行動に従事する可能性のある親類，人格代理人，相続人，後継者，受益者，最近親，譲り受け人等に対しても拘束力を持つ」としている。ここには，千葉すず問題で日本でも注目を浴びたスポーツ仲裁裁判所の位置付けも明記されている。そして署名者の代理人や相続人などが，もしものときの権利の後継者から排除されることはないことが書かれている。この点が，ダイビング業界の責任に関する意識と最も大きな違いであろう。なお，アメリカ及びカナダの北米地域版のみは，この条文に加えて国内組織や提携クラブが実施する，この宣誓書より制約の多い（more restrictive than this Athlete's Declaration）免責同意書類（any waiver, release of liability, indemnity or hold harmless agreement）にも同意する事項が追加されている。これは北米地域，特にアメリカの法理（対訴訟対策）に配慮したものであろうと思われるが，ここにはダイビング業界のような免責同意書が入り込む余地を残している。

　FISの宣誓書は，国際スキー大会という，選手が極限の状態で技を競うという，競技者と主催者にとって非常にリスクの高い大会で使われるものであり，それでも主催者側によって，全面的かつ一方的に自分のみ免責を求めるということは行なわれておらず（北米版のみその可能性を示してはいるが），問題が発生した時の協議の手順と手続を示すことによって最終的な責任の確認の仕方も示している。この，北米版以外の国際版選手宣誓書という免責同意書のあり方は，それぞれが負うべきリスクと責任について，そして問題が発生した時の法的手続について合

理的に表現しており，今後の，消費者契約法の施行後の日本のダイビングやその他のスポーツにおける免責同意書のありかたの参考となる事例と思われる。

注・文献

48) 中田　誠：［スポーツダイビング業界における「免責同意書」の実態］（『日本スポーツ法学会年報第3号』（早稲田大学出版部　1995年）も参照されたし。
49) 水沢利栄：［スキーヤーの事故とPL法］『デサントスポーツ科学』Vol.17　別冊（1996年）62～76頁
50) この判例が，唯一，「Failure to plead an affirmative defense results in the waiver of that defense and its exclusion from the case.」In re Allustiarte, 786 F. 2d 910, 914 と述べているのみである。
　　諏訪伸夫は［スポーツ事故における危険引受の法理に関する考察］（日本スポーツ法学会年報第5号　1998年　29～46頁）において，アメリカにおける危険の引き受けの法理が後退して比較過失の法理に移っていく経緯を紹介している。
51) ダイビング業界の責任回避システムの効果的な運用の成功事例
　　この責任回避システムの成功事例の詳細については，中田　誠：『誰も教えてくれなったダイビング安全マニュアル』（太田出版　1995年）26～73頁，同79～80頁，同126～158頁，及び，中田　誠：『ダイビング生き残りハンドブック』（太田出版　1999年）16～28頁，同35～40頁を参照されたし。
52) Walter T. Champion, Jr：『*SPORTS LAW IN A NUTSHELL*』WEST PUBLISHING COMPANY St.paul, Minnesota アメリカ（1993年）172頁　この本の最新版の『*SPORTS LAW IN A NUTSHELL SECOND EDITION*』（2000年）156頁では，危険の引き受けについて次のように述べている。「Assumption of risk can be defined as a voluntary assumption, expressed or implied, of a known and appreciated risk.」
53) 経済企画庁が提出した「消費者契約法案」は2000年4月27日成立した。この法律は2001年4月1日施行予定。
54) 新美育文：［消費者契約における不公正条項に関するEC指令の概要と課題］（ジュリスト　1034号　有斐閣　1993年）78～88頁
55) 河上正二：［消費者契約における不公正条項に関するEC指令（仮訳）『NBL　534号』商事法務研究会　（1993年）41～45頁
56) 植田　淳：『英米法における信認関係の法理』（晃洋書房　1997年）
57) 国民生活審議会　消費者政策部会：「消費者契約法（仮称）の具体的内容について」（1998年1月）
58) (63) 谷本圭子：［ドイツでの「消費者契約における濫用条項に関するEG指令」国内法化の実現－約款規制法（AGBG）改正法の成立・施行－］（http://www.lex.ritsumei.ac.jp/96-3/tanimoto.htm　2000年）※フランスの「濫用条項」に関する記

(51) ダイビング業界の責任回避システムの効果的な運用による成功事例

```
┌─────────────────┐
│   事 故 者 A    │
└─────────────────┘
・海外のリゾート地の日本人が
　経営するショップの、日本人
　インストラクターの下での
　ファンダイビングで事故に
　遭うが生還。入院治療後退院
        │
        ▼
・Aが入院中に、
a.日本人インストラクターは、
　Aに対してミスを認めた

・Aが退院したときに、
b.日本人のショップオーナー
　は、このショップ側の事故責
　任が記載されたログブック
　に承認のサインをした
        │
        ▼
Aはaとbの事実を基に、B
に対して入院費用を含む事故
補償などと、行っていないダ
イビング代金返還を請求
```

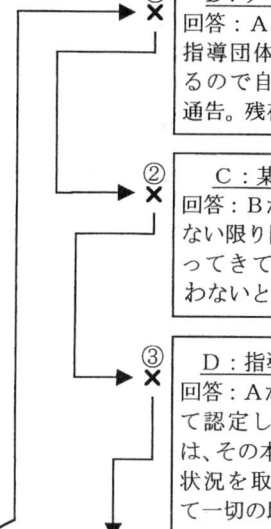

① ✗ **B：ダイビングショップ**
回答：Aとの交渉を拒否し、指導団体本部Cが補償をするので自分は関知しないと通告。残存代金の返還も拒否

② ✗ **C：某国指導団体本部**
回答：Bが事故報告書を上げない限り関知しないし、上がってきても補償は一切行なわないと拒否

③ ✗ **D：指導団体の日本法人**
回答：Aから申請料を徴収して認定した日本の指導団体は、その本部CにAの困難な状況を取り次ぐことも含めて一切の助力を拒否

Aは、高額な医療費も含めた全額を負担させられ、行っていないダイビング料金もBから返還されなかった

ダイビング業界は、①〜③の業界のシステムの中で、当初業者が認めていた事故の責任の拒否が成功し、また残債務の返済の拒否にも成功した。よって、事故の補償をしたという記録を残さなかったことで、対外的に「ダイビングは安全」という宣伝に基づく業界システムに支障のある「事実」の抹消に成功した。

図 5-4

述もある。
59) Michel MOREAU　吉田克己（訳）：［消費者保護とフランス契約法---1992年1月18日の法律の寄与---］（ジュリスト1034号　1993年）89〜93頁
60) 村上淳一　Hans Peter Marutschke：『ドイツ法入門［改訂第3版］　』（有斐閣　1997年）
61) 吉田省三：［消費者ニュース，消費者法ニュース発行会議，第37号，1998年10月30日．CONSUMER LAW NEWS, n.37, 30 ottobre 1998.］（http://www.minind

ustria.it/Dgatm/Legge_281.htm　1999年)
62) 韓国WEB六法 (http://www.geocities.co.jp/WallStreet/9133/target.html　2000年) の中の (http://www.geocities.co.jp/HeartLand-Icho/3904/syouhisya.html) に消費者保護法の全文翻訳が紹介されている。この条文はここから引用した。
63) 樋口範雄：『アメリカ契約法[アメリカ法ベーシックス1]』(弘文堂　1994年)
64) 松本恒夫：[第二次契約法リステイトメント試訳一〜五]（『民商法雑誌第94巻第4号〜第95巻第2号』有斐閣　1986年)
65) 川口康裕：[消費者契約法の制定に向けて]（ジュリスト　1999年1154号) 99頁
66) 日本スポーツ産業学会編：「ブラウン事件 (1987年)」『スポーツマネジメント』井上洋一訳部分　第5章　91〜119頁（大修館書店　1995年)
67) (社) レジャー・スポーツダイビング産業協会編：『平成9年度ダイビング産業の実態に関する動向調査報告書』(1998年)

第六章 消費者とダイビング事業者とのトラブルの実際

1. 国民生活センターへの相談

消費者が，ダイビング業者とのトラブルについて国民生活センターに相談を寄せた事例をいくつか紹介する。

表 6-1

1	件 名	娘が高校卒業時に2年間の契約でスキューバダイビングを教える学校に申し込んだが，腰痛になったので解約したい
	相談概要	2年契約だが入学金60万円と1年分の授業料70万円のうち35万円を支払った。しかし受講を始めて半年程で腰痛を起こし，その後半年間授業を受けていない。解約を申し出たところ受けなかった分の半年間の授業料を支払わなければ解約できない，と言われた。支払わなければいけないか。
2	件 名	スキューバダイビングの資格取得講座を契約したが，講習が行なわれないので解約したい。
	相談概要	94年11月から講習が始まると聞いていたが，95年1月に延期され，これも果たされず3月中旬に再度延期された。しかし，その後も連絡がなく，いつ講習を受けられるかわからない。不信に思うのでやめたい。講習の始まる前に，特別に1回だけ受講した。ダイビングスーツや器材一式はすでに使用している。
3	件 名	19歳の娘が海外パック旅行でのダイビングライセンス取得講座参加にあたり免責同意書の提出を求められた。
	相談概要	サイパンでスキューバダイビング講座を受ける。その時に万一，事故が起きた場合の一切の責任は娘が負うという趣旨である。法的に有効か。
4	件 名	ダイビングライセンスを海外で取得する講座を契約した。受講後仮カードをもらったが，正式のカードがもらえない。
	相談概要	ダイビング関係の雑誌広告を見て，休暇を利用して海外で免許がとれるというので，初級のコースの契約を妻と2人でした。事前に国内で学科のテストを終えて，現地で3日間のコースを終了し，仮カードを渡された。現地インストラクターが良かったので，さらに上のコースも受けた。受講後2ヶ月経っても正式免許が発行されない。
5	件 名	サイパンに行ってダイビングのライセンスを取得する講座に参加した。だが天候不良で取れなかった。費用を割引いてほしい。
	相談概要	サイパンでライセンスが取得できない場合，再度伊豆で講座があるが，さらに2万円費用がかかる。取得をあきらめれば1万円返金してくれる。20名参加したが，誰も取れなかった。約款には天候不順で取得できない場合もあると明記されている。しかし機材も借りなかったし，教師も来なかった。代金を割引くか伊豆の費用を無料にしてほしい

※原文のまま

出典：国民生活センター（1999年8月） ※PIO-NET（全国消費生活情報ネットワーク・システム）から

相談内容件数別

同じく，拙著『ダイビング生き残りハンドブック』（太田出版　1999年）の259〜260頁に掲載された1988年から1998年（'97年を除く）の相談件数上位5つのキーワード検索の結果を掲示する。

表 6-2

スクーバダイビング相談内容別		相談内容のキーワード別	
契約・解約	317件	解約	188件
販売方法	106件	高価格・料金	72件
価格・料金	76件	説明不足	64件
接客対応	44件	解約料	58件
品質・機能・役務品質	28件	約束不履行	49件

※ 出典：PIO-NET（全国消費生活情報ネットワーク・システム）

トラブルに遭った人で国民生活センターや地元の消費者センターに相談する人は，実数の僅か2〜4％と言われているので，その実態はさらに深刻であると想定できる。

2. ダイビングショップが不良器材をレンタルする問題

ここ数年，広告に「水着だけでOK」とか，「器材レンタルも無料」「これ以外の費用はかかりません」とあったり，抽選で「無料コースに当選しました」とかあっても，実際に申し込みに行くと，あれこれ理由をつけて重器材を含めた器材を購入するように強くセールスされ，それを断ってショップのレンタル器材を借りた時に，貸し出された器材が壊れていたりすることが見られる。またその不良器材が原因で，講習中やファンダイビング中に命の危険を感じたときなどにそれをショップやスタッフに訴えた時，その恐怖の体験をセールスの口実に，当面不必要な新品の器材の購買圧力がショップからかかってくることが頻繁になってきている。

この実態は，ダイビングマスコミがスクールを紹介する本で大々的に紹介しているショップでも行なわれていることが判明している（詳細は後述）ので，その

法的問題について考察する。

▶レンタル器材の不良のケース（その実情の報告を受けたり；筆者が自ら確認したもの）
- グローブの指先などに穴が開いている
- ウェットスーツに穴が開いている
- マスクのストラップが切れている
- BCのエアが抜けない
- BCに空気が入らない
- BCに付属するホースが切れている
- その他

　グローブやウェットスーツなどは，水中で岩や珊瑚に触れたときの怪我の予防，また水生生物の毒物どによって怪我をしないことを目的としたり，体が低体温症にならないような保温の役目を果たすことを製品の機能としている。そしてこれに穴が開いている場合はその機能に欠陥があることになり，それを使った人に，肉体的な損害を与える危険がある。つまり，穴が開いているグローブを使った場合，怪我をしたり，毒物に犯される（例えばクラゲを払ったときなど）可能性があり，さらにウェットスーツの穴の場合は，これも同じく体温の低下をもたらし，また特に膝や尻の部分の穴は，グローブの穴と同様に，水中で膝をついたり，座ったりした時に，特に怪我の可能性が高いと言えるのである。この場合，地域によっては，その海域がサメのいる領域である場合もあり，このとき，通常は人を襲わないサメであっても，怪我によって流れ出した血の臭いに誘われて襲われるという可能性にその人をさらすことになることになるのである。

　マスクのストラップの欠陥の場合は，マスクは水中で視界を確保するために欠かせぬものであり，これのストラップが切れてマスクが外れてしまった場合には，単に視界を失ってしまうだけでなく，ダイバーにパニックを誘発する危険が大きい。

　BCにおける欠陥の場合は，水中で空気が抜けないことから，いわゆる吹き上げ，という急浮上の危険があり，これは減圧症を誘引して死に至らしめる危険がある。さらに，BCの付属ホースの欠陥によって空気が入らない（入りにくい）

場合には，BCの浮力確保の機能を果さなくなる。このため，水面・水中で，それを装着したダイバーへもたらす危険は計り知れないものとなる。このような，製品そのものの致命的な（文字通り死に至る）欠陥をもたらすものが，BCの不良レンタル品と言える。

その他には，レギュレーターの不良は呼吸の確保の困難をもたらし，サイズが合わない者に強引に小さいウェットスーツを着せて使わせるという，使用者の水中での運動能力をうばうことも実際に行なわれている。これは，単に水中で不自由になるということだけでなく，それを身につけた人の水中での危険回避の能力を著しく阻害するという行為にあたり，こういった本来の機能を果さない全てのレンタル品は，使用者の生命への脅威となっている。

こういったレンタル器材で，自分の身体に被害を負ったりした場合には，以下のような形でその被害に対応することになる。

①器材がそのショップの製造物であった場合………PL法
　　この場合の製造物とは，そのショップのロゴが入っていたり，海外から直接輸入販売を行なっている場合である。
②器材がそのショップの製造物でなかった場合………民法上の不法行為責任
　　本来，そのレンタル器材が持つ機能を果せないようなものをレンタルした場合など。（経済企画庁国民生活局の見解　2000年7月12日）

以上について，升田　純は以下のように解説している。

「レジャー用品によって事故が発生した場合，被害者としては，その製造業者等に対して製造物責任を追及することができるほか，その用品がレンタルであったときは，レンタル業者の過失責任による不法行為責任・契約責任を，レジャーがツアーの一環として提供されたときは，その主催者の不法行為責任・契約責任を追及することもできるようになる」[68]

スクーバダイビング用の器材というものは，本来が，水中での人間の生存や怪我から身を守るという重大事項を機能の目的にしているのであり，その機能が果せない器材を貸し出して，それによってもたらされる借受者の恐怖を利用した器材販売の手法は，貸し手が，借り受け者の危険と精神的苦痛を意図的に利用する

という販売手法であり，このような不法行為が許容される業務形態は特に社会から排除されるべきである。そのためには，従来の法律では，このような事態の発生そのものを防ぐ抑止力は極めて薄い。よって，スクーバダイビングの器材のように，その被害があった場合，被害の最大値が人間の生命の喪失までになるような事業形態に対しては，直接的に借り手を保護・救済するための法律などの規制が必要であると言えるのである。

3. ケーススタディ：問題あるダイビング事業者の営業実態についての
　　調査事例の紹介

　※この事例は，私のホームページと，拙著「ダイビング事故防止ファイル」（太田出版
　　2000年）にも収録されている。

これから紹介するのは決して特殊ではないダイビングショップの事例である。ここには多くの問題が含まれているが，まずこの事例を紹介した上で検討する。

(1) 調査事例
◆1999年の春に，無料のタブロイド版の情報誌に載っていたダイビングショップの広告を見て講習を申し込んだある女性の事例

筆者は，この女性に直接面会して話を聞き，実際に，申し込みのきっかけとなった広告の実物や，その他の資料のコピーの提供も受けた。また，後述するが，筆者自身も実際にそのショップに行って，特に重要な点については確認してきている。したがって，この事例は，雑誌広告などでも見かけるショップの講習の実態の一つとして重要な参考事例である。

▶ある20代の女性が勤めている職場には，同僚にダイバーが多くいた。そのため彼女が彼らからダイビングの話を聞いて，自分も「いつか始めたい」と思っていたところ，1999年の春のある日，たまたま地下鉄で無料配布されていたタブロイド版の新聞形式のPR誌に載っていた広告を見た。

広告文
『Cカード取得のチャンス　スクール無料受講券　20名』

『泳げなくても大丈夫！ダイビングの基礎知識から基本技術，楽しみ方をわかりやすくレッスン。ダイビングツアーも開催中』（後略）

彼女は「抽選によりCカード取得無料」の広告を見て応募し当選した。

会社の同僚のダイバーの達は，講習に行くと張り切っていた彼女のために新品の3点セット（マスク・フィン・グローブ）を贈った。その彼女が同ショップに正式に申し込みに行ったとき，「器材はショップで買ってもらったものでないと安全ではないのでレンタルにしてください。」と言われ，器材を全てそのショップで買うか，ショップのレンタル器材を使うかの二者一択を申し渡された。さらに，「無料コースはかえって高くなるから」と，ダイビングの講習システムの知識のない彼女に，半ば強引に有料コースを勧め，結局レンタル代込みで48,000円（税込み50,400円）となった。

この際，彼女に対してこのショップから「無料コースはかえって高くなるから」ということと，有料で販売した講習のコースについての詳細な説明はなかったとのことであるが，この時点では彼女はショップの言い分を善意で解釈していた。

ダイビングを習いたいという気持ちで来た彼女は，ダイビングの講習とは全てこのようなものだと思い込み，この金額をその場で払った。後日職場の仲間にこの話をすると，「それはおかしいよ」と言われたそうであるが，彼女は「変なクレームつけて，講習中に意地悪されるのもやだから」ということでこのまま講習を受けることにした。

このショップのパンフレットには「発行されるCカード」として，S・E・A，NAUI，JP，CMASのブランド名が載っていた。彼女はPADIのCカードが欲しかったのでそのことを言ったところ，別途5,000円をプラスすればPADIのCカードでも取れるとの説明を受けた。（NAUI，JP，CMASに対しても5,000円の追加料金が必要なことがこの時初めて判明）…一応パンフレットには，"通常のコース"の紹介のところで申請料に触れてはいたが，それ以外の部分では触れていない。

講習が始まると，使用した教材はS・E・A[69]のものだけだった。

次にプール講習になったが，その時渡されたレンタル器材はかなり痛んでいた。

この時の器材の状態は，彼女のメモと談話によると次のようなものであった。
- ウェットスーツ：とにかく厚みは全くと言っていいほどない。袖口，足首のところは擦り切れ状態。肩，二の腕のところは表面が剥げてビロビロ状態。
- グローブ：指先 両手合わせて10本のうち，人差し指，中指の先が表面が剥げてビロビロ状態。手首に回して止めるもの（マジックテープが両面についてるとこ）も，半分くらい切れていて，きちんと止まらない。
- ブーツ：物自体はそんなに古くはないが，1足づつバラバラのものでセットになっていない。
- BC：中圧ホースを通す肩口のバンドが半分切れていて使いものにならない。

講習では，使ったプールは狭い上に，耳抜きがうまく行かなかった彼女がきちんとマスターできるような適切で丁寧な指導がないまま（彼女にはこの時点では，このような講習でも海洋実習で問題がないかどうかの判断はできない）終了となった。

プール講習後，S・E・Aの学科のテストがあり，その終了後に，参加していた3人の女性たちは，テストの結果の話をするということで個別に個室に呼ばれたが，彼女に対しては，テストの結果の話は10％くらいで，あとの90％は「海洋実習の時には自分の器材を買うように」としつこく（本人の感想）言われ続けている。この時点で，彼女は既に嫌気がさしていたそうであるが，あと二日頑張ればと思い直し，レンタル器材で大瀬で講習する決心をし，その手続きを行なった。

この時の模様を彼女はこう語っている。

「狭い3畳ほどの部屋で，入口を入ったところに机があり，そこにインストラクターが座り，その横にパイプイスを置いて，向かい合って話している感じです。ただ，部屋の中は倉庫のような感じだったような気がします。すみません。あまり覚えてません。ただ，汚かったのは覚えてます。狭くって，薄暗い印象でした」

プールの講習が終わった後に，ショップ側にCカードについて聞いたところ，この講習の後に取れるCカードは，オープンウォーターではなく，潜水に限定条件がつくスクーバダイバーカードだと初めて言われたのである。

大瀬での海洋実習の時，水温は18度で，また小柄な彼女に対して，ショップ

持ちこみの（重いと本人は感じた）スチールタンクを使用し，さらにインストラクターの指示で4キロのウエイトを付けて初めての海洋での潜行実習を行なった。

　当日，渡された器材はプール講習の時よりさらに痛んでいるものであった。（つぶれた穴あきウェットを着せられ，BCの中圧ホースの押し開く弁がないなど）

　この日の他のショップの講習生が身につけているレンタル器材を見ると，彼女の身につけているものと比べてはるかに状態が良かったと彼女は証言している。

　彼女が参加した海洋実習では，潜行ロープ（ガイドロープ）につかまってはいけない，というインストラクターの指示で潜行を始めたが，自分の体格に比して重すぎるウエイトをつけさせられた彼女はバランスを崩して耳抜きも出来ないまま急潜降し，その際，プール講習での耳抜きの講習が確認されないままであったためもあり耳抜きがうまくできなかった。

　このときの状態は，「潜行ロープの横で，潜行を開始しましたが，すぐにバランスを崩して，仰向けとまではいきませんが，お尻から降りていってしまったような感じです。で，インストラクターは私の足がほぼ海底に到着する寸前に腕をつかんでくれました」とのことである。

　水中でも，インストラクターから，急潜行に伴う異常がなかったかの確認も無く，そのまま潜水講習が継続された。（彼女にとっては初めての海洋での潜水であり，このような場合があることや，このような場合は潜水を中止して浮上すべき判断もあることなど，それら身を守るための正確な情報は事前に与えられていず，またその訓練もされていなかった。しかも急潜行という危険な状態下での，インストラクターからのサポートもなかった）

　結局彼女は耳を痛めてしまい，医師の診断によると水圧で鼓膜がかなり奥まで押し入れられて中耳に水がたまり，それが炎症を起こしてしまっていた。彼女はこの時，「海洋実習が終わるまであと少しの我慢だ」と自分自身に言い聞かせて終了している。

　その後彼女は2週間もの間，毎日耳鼻科に通うことになった。その過程でも，耳の状態が悪化し，治療中のある日，平衡感覚が無くなって倒れてしまったこと

もあったそうである。(その後完治)

　さらに当日2本目の潜水実習のとき，潜水する前に，水面でレンタルのマスクのストラップの後頭部側の上の方が切れてしまったため，インストラクターに「マスクのストラップが切れているんですが」と申し出たところ，「手で押さえて入ったら？」と，彼女の不安感に対する配慮も無く，ほとんど相手にされなかったそうである。

　このときの模様を，『バディと共に歩いて海に入り，膝下くらいまで海水がきたところで，お互いに支えあい，フィンをつけました。で，マスクを付けようとしたときに，ストラップの下の部分が切れてしまい，私たちの前5mくらいのところにいるインストラクターにバディと2人で「ストラップが切れちゃいました～」と言って，手を前に出して見せたのですが，インストラクターは「はぁ」というような表情で，「大丈夫です」とだけ答え，バディと「ええ～」という声を出しましたが，「海の中で切れたらこうやって押さえて潜ればいいんです。」と頭の後ろに手をやってマスクを押さえる仕種をしていました。冗談なのか本気なのか解らないような，何も解らない私達は不安ながらも見にもきてくれないので，仕方なくそのまま潜行の準備をしました』と語っている。

　海洋実習の後の夕食の時に「あと40,000円払って2本潜ればオープンウォーターが取れますよ」「どこのショップでも最初はオープンウォーターの前のものしか発行できないシステムになっています」「今回皆さんが取得するものは，オープンウォーターでなくても，Cカードに変わりはありませんから，自分たちはウソは言っていません」という内容のことを言われたそうである。このときの状況を彼女はこう語っている。

　「講習の後の食事のときに（宿には食事は着いていないので外のファミリーレストランにご飯を食べに行きました。）説明を受けました。6人掛けの席で，インストラクターともう1人の生徒が並んで座り，私は女性3人でその前の席に座りました。ちょうど，インストラクターが頼んだサラダが出てきて，インストラクターはそれをフォークでつつきながら………という感じでした」

　ショップでは，この時になって，この講習がS・E・Aのスクーバダイバーカー

ドであることを初めてきちんと明かしている。この時，講習に参加していた何人かで「Ｃカード取得」と広告に書いてあった，と言ったところ，前述のように「これもＣカードの一種です」と業者側は押し切っている。

　結局，彼女はNAUIのブランドを選択したのだが（もちろんオープンウォーターレベルのものではない，パスポートダイバーというもの。S・E・Aの基準による講習だったにもかかわらず，NAUIのインストラクターが同行することが義務付けられている），この際，一般的には必ず渡される，正式なＣカードが来るまでの間に使用する仮のカードすらも渡されず，そのまま何週間も待たされることになった。

　次に，このショップから彼女に渡されたパンフレットを見てみる。
ここには，

1. 最初の講習がオープンウォーターのものでないことは一言も書かれていない。（もちろん，オープンウォーターにならない講習ともかいていない）
2. 講習の内容について，「Ｃカード」とあるだけで，その説明は一切ない。
3. 持ちこみ器材禁止については全く書かれていない。
4. レンタル器材が危険なほど痛んでいることの注意書きがない。
5. 『「安全で楽しいダイビング」をモットーに23年間に渡り数多くのダイバーを育てた実績と，一度のトラブルも無く確立された完璧なスクールカリキュラムで………』とあるが，それが客観的事実であることを判断する手段は示されていない。（実際の講習は「完璧」には程遠いものであった）
6. 4種類のＣカードのブランドの好きなものがあり，それぞれのＣカードの写真を載せているが，S・E・A以外のＣカードには，別途5,000円の追加料金がかかることは記載されていない。（"通常のコース"を書いている部分にはある）
7. 記載されていないPADIでも5,000円払えば手に入ることが記載されていない。
8. Ｃカードのブランドのそれぞれの"団体"（会社など）ごとに異なっている講習の基準があるにもかかわらず，全ての講習がS・E・Aの基準でのみで行

なわれることが記載されていない。
9. S・E・Aの基準と教材で，何故，基準や教材が異なる他のブランドのCカードが取得できるのか，その理由についての説明はない。
10. 「泳げなくても大丈夫」という記載がある。
11. Cカードはライセンス（免許の類）ではないのに，「ライセンス取得」という文言を使って，あたかも何か公的な印象を与えようとしている。
12. 事故のときに補償される保険の内容について記載が全く無い。（保険が存在するのか無いのかの判断すらできない）

以上から問題点を考察してみる。

1. パンフレットを見ると，オープンウォーターの講習を受けたことがある筆者にも，これがオープンウォーターの講習ではない，と判断できる材料は見当たらない。（錯誤を誘引）
2. 各種の文言に，その使用に不適切なものが多い。（不実告知，誇大広告）
3. 事前の説明がきちんとされていない。（説明義務違反）
4. 講習生の健康と安全性，および不安感に対して，義務として取るべき適切な配慮がされていない。（安全配慮義務違反）
5. レンタル器材に関して，講習生の生命の安全に関係するものであるにもかかわらず，それに配慮されていないばかりか，器材の販売のために意図的に危険な器材を使わせているように見える。（安全配慮義務違反）
6. インストラクターが，講習生の体格や習得した技量レベルなどで判断すべき適性ウエイトのことや，急潜行による肉体のトラブルの可能性について適切な判断ができず，危険な状態下でのサポートもしていない。（インストラクターの技量不足と安全意識の欠如による安全配慮義務違反）
7. 必要な技術について充分な指導がされていない。（債務不履行）
8. 水中での生存のための適切かつ充分な情報が提供されていない。（債務不履行）
9. 講習内容について，S・E・A以外の選択肢が無いことの説明が無い。（説明義務違反）

10. S・E・Aの講習でありながらそれ以外のブランドのCカードを取ることによるリスクの説明がない[70]。（説明義務違反，不実告知，契約義務違反，安全配慮義務違反）
11. このようなショップからのCカード発行の申請を，書類以外の審査をせずに無審査で「申請料」を受領する各指導団体の問題。（そもそも「申請料」という金銭の徴収システムの問題も含む）

(2) おとり広告

　日本では，独占禁止法第2条9項の規定に基づいて公正取引委員会が不公正な取引方法を指定し，その第8項で，いわゆる欺瞞的顧客誘引行為（不当な表示）が指定されている。また，独占禁止法の特別法として景品表示法があり，3つのタイプの不当表示を禁止している。
　①優良誤認表示：実際のもの又は競争者よりも「著しく優良である」と一般消費者に誤認させる表示
　②有利誤認表示：競争者よりも「著しく有利である」と一般消費者に誤認させる表示
　③①と②以外のタイプで，公正取引委員会で指定するもの。
　この事例で紹介している事例は，「スクール無料受講券」という広告にもかかわらず，ショップ側が「無料コースはかえって高くなるから」という，販売方法をとっていることは，広告によって不当に顧客誘引を行なっていると考えられ，景品表示法第4条1・2号に違反しているのではないかという問題を考えるべきである。またオープンウォーターという資格の講習でなく，それ以下のものであったことを，講習が後戻りできないほど進んでから告知したこともこれにあたるのではないか。
　ちなみに，アメリカ領の観光地などにおいて，主として日本人経営者などが，日本人講習生・ダイバー向けに出している広告についての問題もある。実際，連邦取引委員会法第5条では「不公正な競争方法又は欺瞞的な行為もしくは慣行」が禁止されており，「おとり広告に関するガイド」（Guides Bait Advertising）

では,「おとり広告とは,広告主が実際に売る意思がないか,売りたくない商品又は役務を売ろうとする,誘惑に満ちた,しかも不誠実な商法である」と定義している[71]。しかし,現地の日本人向けのパンフレットやチラシは日本語で書かれていることが多い。そして明らかにこれに違反していると思われるものでも,これが日本語ということでチェックができないのだろうが,それが野放しになっていることが多く,また日本の雑誌などの広告にもそのままその文言が使われているのを散見する。実は筆者の知人も,こういった,広告で有名な海外のリゾートのショップで講習を受けた時,海洋実習において一本のタンク使用しかなかったのに二本分の料金を徴収され,足の着く水深のところで行なった講習が,水深10m近いところで講習を受けたことにされていたことがおかしいことに,日本に帰って周りのダイバーに話を聞いて始めて知ったという事実があった。

(3) 自分自身による直接確認

筆者は,1999年8月21日,ここに出てきたショップにいくつかの点を確認に行った。

確認したかったのは以下の点である。
1. 自分の器材を持ちこむ際の「追加料金」なるものが本当にあるかについて
2. レンタル器材について
3. 講習の内容について
4. 講習の説明とCカードについての説明について
5. 総経費について

まず,「1」の件だが,筆者も,上記の女性から提供されたコピーの元となった同じパンフレットと,"〇〇キャンペーン"とうたった一枚もののチラシを受け取った。そこには,通常39,000円のところ,18,000円との印刷があった。

筆者が「器材はレンタルで。また自分は目が悪いので,昔買った度付きのレンズ入りの自分のマスクと,他にグローブとブーツを持っているのでそれを使いたいのですが」と話したところ,(度付きのレンズはレンタルしていないことを認めていたが)「器材の持ちこみ料がかかります」との返答があった。ここでは安

全性についての言及は無かった。しかしこれは，目が悪くてメガネが無くては生活できない筆者が，レンタル品にない度付きのレンズの入ったマスクを自分で用意したことに対して「持ちこみ料」を徴収するというのは常識的な理解を超えるものであった。また，筆者は手や足が大きくて一般的なサイズでは対応できないため，これも筆者本人が用意した（筆者にフィットするような大きいサイズのレンタル品はないと返答された）物にも「持ちこみ料」がかかり，意識的にウェットスーツを持ちこむとは言わずにいたところ，Tシャツでも 3L サイズかアメリカサイズの XL を着ている筆者に，「小さくてもがまんして着ていただきます」と通告してきたのである。

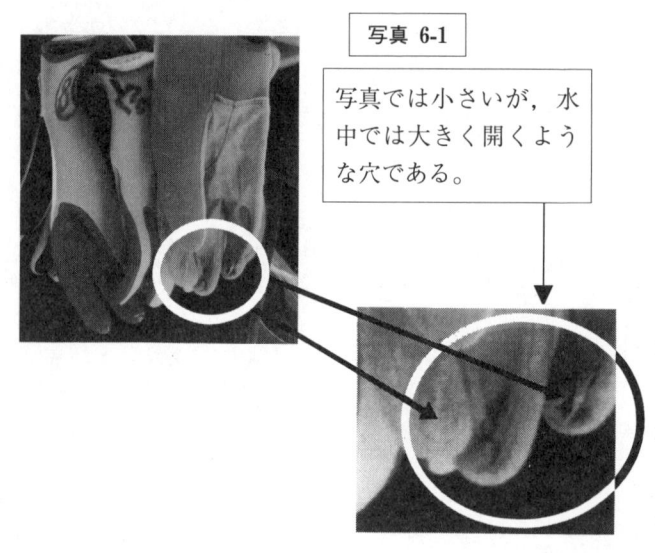

写真 6-1

写真では小さいが，水中では大きく開くような穴である。

またレンタル器材の明細は，チラシにもパンフレットにも記載がなく，そこでレンタルの総額をただすと，3 日間の講習で，本来のフルレンタル料 30,000 円に，4,500 円の持ちこみ料を加えて 34,500 円と返答されたのである（このことは先方からチラシにメモが記入された）。

　ここでは「持ちこみ料」を徴収される分の器材レンタル料の減額はなく，また最後まで何をレンタルするのかの説明はなかった。チラシには大きく「ダイビングに必要な器材」と，17 種類の商品が紹介されていたが，レンタル品に，この「必要な」もの全てが含まれてはいない場合は，「必要」なものをレンタルしないで，全くのシロートにダイビングの講習を受けさせる，ことになるのではないかと感じた。とにかく肝心なところの説明はなかったのである（17 種類の器材そ

のものについては，その必要性に関してはほぼ問題ないと思われる)。

　「2」の「レンタル器材」の状態だが，ダイビングの器材は，基本として全て"身体の保護の為"が目的で作られている。しかしこの日店の前の歩道で干していた器材を見ると，店の名前が入ったグローブの指先に穴が開いてた。水中で何かに触るとき，潮の流れが発生したときに岩につかまるとき，毒を持ったくらげなどを払うときに怪我を防ぐことなどを目的としてグローブをするのだが，この店で料金を取ってレンタルしているグローブには穴が開いていたのである。このグローブのサイズは女性用だったが，これを見て，筆者は，使用者がこの穴のために怪我をする可能性が高いのではと思えた。穴の開いたグローブで，手の指先にちょっとした怪我をしたときにも雑菌による化膿の可能性がある。また間違って毒のある水中生物に触った時に，本来グローブで防げるはずのものも防げない。BC は，歩道の公共の植え込みの上に広げて干してあったが，裏返していたために痛み具合はわからなかった。ウェットスーツは，これも女性用のが店内に吊り下げてあったが，裏返しになっていたため，手首と足首のファスナー部分がかなり痛んでいたのと，ひざの部分が一部剥がれて（穴は無かった）いるのがわかった程度である。しかし，裏側でこの状態なので，表側はさらに痛んでいると容易に推定できた。

　レンタルの器材なので，新品同様である必要はないが，ダイビングの器材は，ダイバーを，本来人間が生存できない水中で怪我と生命喪失から守ることがその存在理由であるので，その機能を果たせない器材をレンタルして金銭を徴収することは，単に「ショップの方針ですから」という言葉では言い訳できない重要な問題を含んでいる。

　次に「3」と「4」のことをまとめて書く。

　パンフレットにはPADIのことは書いてなかったが，先方の，説明をした女性は「PADIのCカードも取れます」とパンフレットに書き加えた。この時も「申請料」についての説明はなかった。もっとも，パンフレットの"通常の"講習の部分には"申請料5,000円"とあったので，チラシには書いてなくても徴収することになっていると思える。

さて講習の内容についてだが、パンフレットやチラシには、一見してオープンウォーターの講習のように書いてあり、このチラシで講習を終了した後に、特定のインストラクターが同行しない限りダイビングができないということになることについての説明は、当然記載もなく、口頭での説明もなかった。

また、先方から、「講習後はどのCカードでも取れます」と言われたときに、「では、それぞれのCカードを発行している指導団体の講習をするんですね？」と聞いたところ、「いいえ、一つのでやることになっています」との返答があった。

取得できるCカードの種類は、S・E・A、NAUI、JP、CMAS、そして手書きで加えたPADIであるが、S・E・Aの講習だけで好きなブランドのCカードを得られるというのは疑問が生じる。それぞれの指導団体では、自らの講習プログラムの優位性を強調するために自社潜水プログラムの優位性を強調している場合が多い。この潜水技術が商品である以上、その商品を提供するサービスである講習が受けられないとしたら、このショップが行なっていることをそのまま受けている指導団体は、自らの基準に添った講習プログラムという商品が正しく販売され、まちがいなくそれが講習生によって習得されたかを全く確認しないまま講習の修了の認定という役務商品（Cカードはその結果としての証明書）を販売していることになる。これは、講習生に対して請け負った内容を履行していない（講習生が選んだCカードに付属する内容の講習履行義務がショップ側にある）ことであり、明らかに契約違反である。あるいは債務不履行と言える。このような行為を洋服などに例えてみれば、デザインが同じようなある洋服を買って、しかしその洋服につけるブランドのタグは、そのメーカーと異なったものを別途ブランドメーカーから買ってつける、ということと同じではないかという疑問を禁じえない。つまりこれは、そのブランドを持つメーカーが、自社ブランドの入ったタグをつける洋服が、本当に自社のメーカーのものか確認しないままにタグのみ販売していることと同義ではないだろうか。そしてこの手法は結果として致死的要因の高い商品を購入した消費者を保護することになるのであろうか。

「5」の件については、このショップで筆者が講習を申し込んだ場合に、自分の

身体的ハンデ（目が悪い）による安全確保のために度付きのマスクを持ち込み，先方でレンタルできないサイズのグローブとブーツを使った場合の料金は，○○キャンペーンに書いてある18,000円から，別勘定の諸経費（交通費7,000円・宿泊費3,000円・教材費7,000円）に必要なレンタル器材代30,000円と，持ちこみ料4,500円を加えて69,500円となった。また，希望のＣカードの申請料の5,000円を加えて74,500円となる。それに消費税5％税金を加えると，総額78,225円となる。これで筆者がこのショップで講習を終了しても，オープンウォーターのＣカードを手にすることはできないのである。（講習中に2サイズも小さいウェットスーツやBCで講習を行なった場合，水中で自分が安全を確保するために満足に動ける自信はない）

　講習生の安全を確保するための機能をはたす十分なレンタル器材がないのなら，器材の購入を希望しない者に対して講習は行なえないのにもかかわらず，サイズが二サイズも小さいウェットスーツのように，水中で肉体の自由が大幅に制限されて，十分な安全確保ができないことを知りつつ講習という商品を販売することは，もしそれが強制された場合には，あるいは例えばこの事例の女性のように，契約後に安全を確保できない器材のレンタルがあった場合には，明確に故意の欠陥商品（サービス）の販売行為となるのではないか。

　以上が，あるダイビングショップの営業の実態であるが，これまでの筆者の調査から知り得た実感としては，この事業のスタイルが必ずしもダイビング業界において特殊な存在ではない。

注・文献

68) 升田　純：『詳解　製造物責任法』（商事法務研究会　1997年）295頁
69) Ｓ・Ｅ・Ａ自身は，2000年9月30日まで新規認定を行なうが，それ以降は行なわないという方針を発表した。既に認定を得ている者の中でレベルアップを希望する者は，自分が認定を受けたショップで相談することが望ましいと語った。なお，Ｓ・Ｅ・Ａが全てPADIに移行するかのような話については，Ｓ・Ｅ・Ａでは，ブランドの移行はどのＣカードブランドでもかまわないと語っている。また，これまでのＳ・Ｅ・ＡのＣカードのフォロー（紛失時の再発行業務など）は継続すると表明している（2000年3月6日談）。

70) 指導団体が違うと，水中で交わされるハンドシグナルが全く違う事があり，これは，水中でのトラブルの際，意志の疎通がうまくいかなくなり，場合によっては致命的な重大事態になる可能性が含まれている，というリスクなどの説明のことである。また，指導団体が異なると，ダイブテーブルという，ダイバーの命と健康を守るための道具（数値）が違ってくることが多いことから生まれる危険についても，少ないが可能性が危惧される。
71) 鈴木　満：[「おとり広告」に対する法規制と消費者の利益（上）]『公正取引 No.576』((財) 公正取引協会　1998 年) 69～75 頁，及び，同年同 [(下)]『No.577』65～72 頁

第七章　人為的事故を防ぐための考察

1. 事故を生む要因と提言

　これまでの研究から，ダイビングの事故の原因の最大の要因として人為的な要素が考えられた。それは，ダイビング指導団体の事業システムにその中心であると言える。それは，
　①現在の指導団体のシステムでは，潜水技術・指導力・講習実施力・ガイド力に優れたインストラクターが満足に養成できていない。
　②致死的な要因のあるダイビングの講習において，指導団体やショップが契約に基づく十分な潜水技術の習得に至らないことに無関心であることによる，技術的・安全管理意識に関して未熟なダイバーの増加。
というものであり，これは，指導団体と講習生や一般ダイバーとの間に法的平等性がないということに起因していることが第一因であり，次いで第二因として，指導団体がCカードの発行権を独占的に握っていることである。

(1) 法的平等性の確保

　レクリエーションダイビングを行なうときに相互に交わす文書について，法的平等性を確保するために，消費者側の一方的な権利の放棄を要求するものではない，現在の免責同意書に代わるものを提案する。
　これは，ファンダイビングおよび講習時に用いることを前提とする。
※次の私案は，基本的に金銭の授受を伴う関係について成立する。
※「三者」とは，参加者と主催者，およびインストラクター／ガイドの「三者」である。

三者間確認書私案

　　前提

（a）事故が起きた場合には，当事者及びその法的相続人または代理人は，いかなる形でも法的権利を制限されるものではない。
（b）ツアーや講習の参加者は，
　（ア）自分の技量のレベルについて，偽りを申し出てはならない。
　（イ）インストラクター及びガイドの指示を尊重する。
　（ウ）主催者，インストラクター，ガイドが，その任にあたる義務を行なわない場合，担当スタッフの交代を要求することができる。それに主催者側が応じなかった場合には，ツアー及び講習を無条件で解約することができる。
　（エ）予期し得ぬ自然現象など，不可避的な原因による事故の場合には，その主催者側に対して無制限の責任を問うことはできない。
　（オ）明らかに参加者の原因によって他に損害を与えた場合，訴訟を含む損害賠償請求があり得ることを承認する。
（c）主催者，インストラクター，ガイドは，
　（ア）ダイビングを行なう水域などの状況を熟知しておかねばならず，その場所がツアーや講習の前に危険と判断した場合には，それを中止しなければならない。なお，この判断にともなう損害は主に主催者が負うが，状況に応じて損害の分担も参加者などと協議の上行なう。
　（イ）その水域で起こりうる事故の具体的な内容と，安全対策の具体的な説明，及び事故の際全員が取るべき行動についてなどを，ツアーや講習の前と潜水の直前に，参加者全員に対して充分に説明をする義務がある。
　（ウ）事故の時の救急医療のルートと確実な連絡手段を確保し，事故の際には迅速に対処できるようにしておく義務がある。
　（エ）ツアーや講習中は，ダイバーの安全に関して注意義務がある。
　（オ）ダイビング中に十分に注意義務を果たせない人数の講習またはガイドを行なってはならない。基本的にはインストラクター2人に4人の講習生またはファンダイバーの構成とする。ここではインストラクター

1人に対し講習生は2人を原則として,その倍数での複数インストラクターの制度を取り,全体で6人を超えないものとする。つまり,どちらか一方のインストラクター自身が何らかのトラブルにあった場合でも,直ちにダイビングを中止してダイビング参加者を安全に浮上させることができることを念頭に置くこと。
 (カ) 指示に従わない参加者が危険を生みうると判断した場合,また,参加者が,当該水域でのダイビングを行なう場合に必要な技量レベルに達していないか,その体調に問題があると判断した場合には,その参加者のツアーや講習への参加を取り消す権利を有す。
 (キ) 特に主催者側は,十分な賠償責任保険に加入しておく義務がある。
 以上の内容を記した書面を用意し,学科講習時にその内容を充分に説明した後に署名者の意志で署名を拒否できる状況下において,三者間で確認した上で署名を行なうようにするべきである。

(2) 善良なインストラクターの保護

 事故の時に,責任を逃げられないと思ったショップのオーナーが,雇っているインストラクターやガイドに責任を押し付けることがある。被雇用者として立場が弱い彼らに一方的に責任が押し付けられないようにすることは,インストラクターの意識とモラルの向上が必要である。1999年の事故の中に,インストラクターがガイド中に,ダイバーの安全確保のために善意の行動をして重度の減圧症になった事例もあった。この事例と直接的に関連はないが,雇われている者に対する雇主の安全配慮義務にも注目すべきであることは言うまでもない。このような場合に参考となる,雇主の安全配慮義務違反が問われた判例[72]がある。
 これはレクリエーションダイビング中ではなく,作業潜水夫の業務遂行中の事故である。N社が海底ケーブル埋設工事の潜水作業のためI社に潜水夫の派遣を依頼し,原告を含む2人が潜水作業に従事することになった。原告の男性は当日4回目の急浮上により減圧症に罹患し,両下肢痙性麻痺等の労災等級一級相当の後遺症を負い,この原告がN社及びI社に対し安全配慮義務違反ありとして損

害賠償の支払いを求めたものである。原告とI社には直接の契約はなかったが，裁判所は，I社がM潜水会社から原告を借り受けたものを特殊技術者のリース契約とみなし，この原告に対するI社の監督責任による安全配慮義務違反を認め，N社に対しては，労働安全衛生法に定める安全配慮義務違反（再圧室を設置するかそれを利用できるような処置を講じる事などの違反）を認め，原告の損害は両被告の過失行為によって生じたと判断した。

トップシーズン中におけるインストラクターの過重労働については時々耳にすることである。それらインストラクターの労働環境をどのように整えるかも，優良インストラクター・ガイドの養成，つまりは講習生や一般ダイバーの安全に結びつくものと思われる。責任感と誠意があるインストラクターやガイドの保護・育成は，レクリエーションダイビングというものにとって極めて大事なものである。

2. 今後に向けた提言

(1) Cカードと申請料のあり方

業界が公正で自由な競争ができにくい現状下で，優れた，かつ安全のための高い意識のある人々が，事業者としての規模の大小に関わらず自由な競争が行なえるようにするために，講習終了認定証の発行は，非営利団体による一元化した発行が望ましい。そして，各ダイビングショップの講習を受けなくても，卓越したダイバーなどから個人的に講習を受け，この非営利団体の試験に合格すれば今の認定証にあたるものが手にできるようにするべきである。ここで，ダイバーが自己責任を取れるだけの技量を習得されているかをチェックする。またこの非営利団体の経営には，現状の経営手法をとっている指導団体関係者の参加を一切認めるべきではない。

この，指導団体によるCカード発行権と申請料システムを廃さなければ，業界の改善＝人命にかかわる事故の減少を図ることはできないことはこれまでの考察からも明らかである。

なお，以後の業界形態としては，ダイビングの講習のためのプログラムの開発

と教材の販売などは今までと変わらないものとする。ただし講習を業としたいもの，つまりインストラクターと称することは，現状のダイビング指導団体の認定試験に，この非営利団体が必須項目とするいくつか(動静確認・救助技術等)を合格の義務とし，これに合格しないものは職業として指導やガイドを行なうことを認めないとすることが必要である。また，その業者が認定したインストラクターの民間資格も，この非営利団体が技量不足だと思う場合には，取り消すことができるようにする。そして，ダイビング指導団体の認定によるインストラクターの技量に関しては，ブランドを提供しているダイビング指導団体も一定の責任を有するものとし，認定した後の責任を有しない，という現在の状態を打破していくことによって，インストラクターの認定水準を上げて，優秀なインストラクターを養成して行くようにする。

(2) 講習内容の基本部分の統一

講習の内容では，水中のハンドシグナルは強制的に統一する。これは水中での意思の疎通という点で命に関わる極めて重要なことなので，自らの講習を絶対化して他を廃し，それぞれ「標準化」を強要しあうことを認めないようにする。また，事故の事例の紹介やケーススタディは，講習の必項とし，これを講習の中で大きな位置を占めるようにし，安全教育を徹底して行く。加えて事故の情報は公開させる。

インストラクイターが，講習生に講習の認定をした場合には，Cカードを，実費と送料のみで，先の非営利団体が一手に発行するようにし，現在の利権構造の根幹部分を占めるところの「申請料」の正常化を計る。そしてこの部分にはダイビング指導団体が介入してはならないとする。この実費に加えて1年目は掛け捨ての傷害保険を別途強制的につけることにする（2年目以降はオプション）。また，その発行には，発行責任者として，認定した個人名とショップ名を記載する。（どのダイビング指導団体の教材と指導要綱を使ったかを明記）

さらに，ダイビング技術を商品化した指導団体と，それを教えて認定したインストラクターには，講習生が，重要なスキル（水中での生存のための）を教えら

れずにいて，あるいは未熟なままで，それがもとで事故に遭った場合，あるいは事故の重要な部分を占めていた場合には，一定の法的責任が発生するものとする。

そして，ダイビングを指導する優良インストラクターやショップを保護するために，現状で寡占化している業界の大手指導団体等から，商品の出荷停止やその他の不利益や圧力がかからないようにする。なお，通常の経済活動における差（例えば商品の一括大量購入による割引など）には関与しない。個別の零細業者は共同一括購入などができるように奨励する。

このような施策を実現していくことで業界の正常化を図り，かつ，中小零細業者が多い，現場のダイビングショップと，レクリエーションダイビングを行なう人々の事故を減らして，また事故時の生存率の向上のための努力が生きるような努力をしている優良業者が自由に参加できる競争の場を提供していくことができるようになる。つまりダイビング指導団体の「申請料」を非合法化することによって，それ以外の事業を正当に継続して自由な競争を促すのである。ただし，自分のところで販売したスキルについては，法的責任が発生することを明確にすることを前提としなければならない。

また，生命の維持に決定的な部分を占める器材メーカーについては，PL法による責任の発生を明確に認識させ，販売促進のみを目的としたような，品質の低下（安全性の低下のこと）を伴うモデルチェンジなどを行なわないような法整備をして行くべきである。

以上の提言は，注（75）にある「潜水事業法（仮称）」という，筆者が提案する潜水事故防止と事故における被害者救済のための法案がいつの日にか成立する折には，強く反映すべき事柄であると確信する。

(3) ダイビング業者のリスク管理

ダイビングサービスの事業を行なう場合の，あるべきリスク管理を考える。その管理すべきリスク発生の要因としては次の2つがある。

①対顧客（講習生・一般ダイバー）

②対スタッフ（雇用者としてのインストラクターなど）
　ダイビング業者によるリスク管理とは，スクーバダイビングというレクリエーションスポーツが致死的要因の高いものであることをよく自覚し，またその自覚を隠さないことが必要である．リスク管理を怠って事故が起きた場合には，事業者には被害者への損害賠償や長期にわたる裁判費用などの経済的負担，精神的苦痛・疲労，また場合によっては刑事責任を問われることになる．リスク管理とは，これらの負担や責任を避けるために許容できる範囲（この程度が許容できない場合は，人命にかかわる事業経営は避けるべきである）での，リスク防止のための"投資"を行なうことである．

▶リスク管理のための"投資"事案

（※これらの手を抜くと利幅は大きくなるが事業リスクは現状と変わらない．人命が関わる特殊な事業であるダイビングサービスのリスク低減にはならなくなるので注意すべきである）

(a) 講習やファンダイビングの時の，安全性の高い人数比の採用（1対2，2対4などまで）
(b) インストラクターやガイドが，講習生やファンダイバーに対して十分に注意義務（水中での動静確認など）を果たすことができるようなスケジュールを組む…安全配慮義務が確保できる潜水計画の立案と実施
(c) インストラクターは人格を見て採用し，また彼らの生活が成り立つような身分保証を行なう…労災保険などを必ず掛ける．健康に支障が出るような無理な営業を行なわない
(d) 対顧客，及び対スタッフの賠償責任保険と傷害保険を，1回で扱う顧客数とスタッフが全員死亡した場合を想定して最大値で用意しておく
(e) 全面的な免責を求める免責同意書に依存した理念は採用しない

　ダイビング産業の正常な発展のためには，(a)〜(e)の"投資"は最低限必要である．

3. 同好会などで使用する宣言書試案

　三者間確認書よりも簡便な，商業行為ではなく，同好の士が自主的に行なうファンダイビングの時に使用する合意書試案を試みに提案する。これまでの免責同意書では，一方の側のみが全面的に免責を求める内容であったが，これは非現実的な内容であり，また身体への傷害など以上の事故の際は実際には効力がない。よって参加者各自の権利と義務，責任とリスクの内容を確認するために，そして主催者と参加者のそれぞれの自戒のために用いる試案を作成してみた。しかしこれは成年者用であり，未成年者に関しては，当然ながら親権者の合意を必要とするものである。

　なお，この文言はあくまでも試案であるので，著者はその内容に関していかなる保証もしない。試用する際には，必ず自ら事前に弁護士などに確認を取るようにしていただきたい。また，ファンダイビングを主催するものは，それがたとえ無償のボランティア活動であっても，事故のときの対処について十分な情報の収集と準備を行うことを大前提とすることが必要である。

● ファンダイビング参加合意書（試案）

　私には，この書類に記入することを拒否する自由がある。また記入を拒否した場合や，記入しても私やバディとなる人などが保険などを準備できていない場合には，私が当日のパーティへの参加を拒否し，また拒否されることを承認する。そして必要項目が満たされない場合において私の意思による自由参加をした場合には，それに関してパーティからの保護が一切ないことがありうることも前提として参加するものとする。

　私＿＿＿＿＿＿は，＿＿＿＿＿＿がリーダーとして主催するファンダイビングに参加するにおいて，以下の全ての内容について合意したことを宣言する。
　私は，持病，また本日の体調などの，ダイビングをする際に必要な医学的な事

実と，現在までの潜水経験が＿＿＿＿本であり，また事故歴についても主催者またはリーダーに説明をして，それに偽りのないことを宣言する。また，これを記入後に体調・事故歴などを理由にパーティの参加を断られることを承認する。

・持病，本日の体調など＿＿＿＿＿＿＿＿＿＿＿＿＿＿＿＿＿＿＿＿＿
・事故歴＿＿＿＿＿＿＿＿＿＿＿＿＿＿＿＿＿＿＿＿＿＿＿＿＿＿＿＿

==合 意 宣 言==

1. ダイビングに特有の危険について，私は以下の内容を良く知っているか，あるいは不明の点は主催者に確認した上で，私の自由意志によって合意するチェックマーク（✓）を入れた。

- □ a：水中やダイビング後の陸上などにおいて，直ちに，あるいは時間を経てから減圧症などの特有の傷害が生じる可能性があり，また水中・水面，自然環境・生物などに起因する傷害の可能性もあり，場合によっては後遺障害が残る可能性もあること。
- □ b：水中には予期せぬ潮流などの，突発的な環境変化があること。
- □ c：水中，水面，船舶上，海岸付近などでのトラブル時には，陸上で可能となっているような迅速な医療行為が行なわれないことがあること。
- □ d：漂流などの場合，捜索隊によって発見されない可能性もあること。
- □ e：突発的かつ参加者の多数，ないしは全体に影響するトラブルがあった場合，自分の安全より，多数，ないしは全体の安全を優先させれらる可能性があること。

以上につき，既知のもの以外で別途確認を行なった項目は＿，＿，＿，＿，＿であり，それは＿＿＿＿＿＿＿＿＿＿＿＿氏から説明を受けた。

2. トラブル時の自分の責任について以下を承認する。合意後，チェックマークを入れた。

- □ a：事前の申告義務違反が明白な原因となっている場合はその結果に対して自分が責任を持つこと。
- □ b：体調不良，自己所有の器材の不調に関しては，自分が責任を持つこと。
- □ c：自分が原因となってトラブルが発生した場合は，被害者かその正当な代理人から訴訟や損害賠償請求があるかもしれないこと。
- □ d：ダイビング中に自分が密漁・破壊などの違法行為を行なった場合には，その法的・経済的責任は自分が負うこと。

以上につき，既知のもの以外で別途確認を行なった項目は＿，＿，＿，＿であり，それは＿＿＿＿＿＿＿＿＿＿氏から説明を受けた。

3. バディ項目
    - □ a：私のバディは＿＿＿＿＿氏であり，経験本数が＿＿＿本である。
    - □ b：水中では，私はバディと相互に安全の確認を行なうことを承認する。
    - □ c：水中での意思疎通の方法（ハンドシグナルなど）についてバディと打ち合わせを行なった。
    - □ d：バディの一方がトラブルなどで緊急浮上を行なった時には，残された一方のバディの行動をどうするかについては，以下のように＿＿＿＿＿氏と互いに合意した。
        - （1）緊急浮上のとき：＿＿＿＿＿※手助けをするかしないかなどを書き込む

        ＿＿＿＿＿＿＿＿＿＿＿＿＿＿＿＿＿＿＿＿＿＿＿＿＿＿
        - （2）吹き上げの時＿＿＿＿＿＿※減圧症などの危険をどこまで許容するか

        ＿＿＿＿＿＿＿＿＿＿＿＿＿＿＿＿＿＿＿＿＿＿＿＿＿＿
        - （3）急速沈降が起こった時＿＿＿※水深何mまで助けに追っていくか

        ＿＿＿＿＿＿＿＿＿＿＿＿＿＿＿＿＿＿＿＿＿＿＿＿＿＿
        - （4）パニックになった時＿＿＿＿※パニックへの対応の限界について

        ＿＿＿＿＿＿＿＿＿＿＿＿＿＿＿＿＿＿＿＿＿＿＿＿＿＿
        - （5）その他＿＿＿＿＿＿＿＿＿＿＿＿＿＿＿＿＿＿＿＿＿

☐ e：自分のバディとしての義務違反，また自分の行為によって相手に損害を与えた場合は，自分が訴訟を含めた損害賠償請求を受ける可能性があることを承知する。

4. 保険項目（※この項目については，ダイビングに参加する前に調べておく）
　私は，ダイビングの事故の時に有効な傷害保険と損害保険に加入しており，またダイビング時に有効な対人，対物賠償責任保険，また自分が事故の時の捜索費用を填補する保険に加入している。

　　a：傷害保険＿＿＿＿＿＿＿＿＿＿＿＿＿　保険番号＿＿＿＿＿＿＿＿＿＿
　　b：損害保険＿＿＿＿＿＿＿＿＿＿＿＿＿　保険番号＿＿＿＿＿＿＿＿＿＿
　　c：対人賠償責任保険＿＿＿＿＿＿＿＿＿　保険番号＿＿＿＿＿＿＿＿＿＿
　　d：対物賠償責任保険＿＿＿＿＿＿＿＿＿　保険番号＿＿＿＿＿＿＿＿＿＿
　　e：捜索費用填補保険＿＿＿＿＿＿＿＿＿　保険番号＿＿＿＿＿＿＿＿＿＿

5. トラブルの解決について
　私に起こったトラブルや，私が関係したトラブルに関しては，まず当事者どうしの話し合いを持ち，それが合意に至らなかった場合，法的仲裁機関，または裁判において解決を図ることに同意する。

6. この宣言の拘束が及ぶ範囲
　この宣言は，法的行動に従事する可能性のある親類，人格代理人，相続人，後継者，受益者，最近親，譲り受け人等に対しても拘束力を持つことを承認する。

7. 緊急連絡先
　私にトラブルが発生した場合の緊急連絡先は以下のとおりである。
　　①氏名＿＿＿＿＿＿＿＿　住所＿＿＿＿＿＿＿＿＿＿＿＿＿＿＿＿
　　　電話番号など＿＿＿＿＿＿＿　自分との関係＿＿＿＿＿
　　②氏名＿＿＿＿＿＿＿＿　住所＿＿＿＿＿＿＿＿＿＿＿＿＿＿＿＿

電話番号など_____　　　　自分との関係_____

8. この宣言書の扱い

　この書類は，二通作成し，それぞれを私と主催者が保管し，特に問題が発生しなかった場合は，_____カ月の保管の後に廃棄されることに合意する。

9. 主催者の義務

　この書類は，8の合意をもって廃棄し，ここに書き込まれた内容については，特段に法的正当性が認められない限りは決して他者に公開せず，もし法的正当性がなく，また本人の文書による同意なく公開した場合には，それによって発生した損害に対して責任を負うことに同意する。

　　主催者名_____

　以上の内容を，私はこの書類に記入することを拒否できる状態で個別に確認し，自分の告知義務を果たし，必要な確認や合意を行なったことを宣言する。

　　氏名：_____
　　年齢：_____
　　住所：_____
　　電話番号：_____
　　認定証ランク：_____
　　認定証番号：_____
　　ダイビングポイント名：_____

　　記入日時：平成___年___月___日　午前・午後___時___分

------------------------参加者が未成年者の場合------------------------

　　　（ここは，事前に署名しておいてもらうことができるとする）
（親権者名：＿＿＿＿＿＿＿＿）
（年齢：＿＿＿＿）　（本人との関係：＿＿＿＿＿＿）
（住所：＿＿＿＿＿＿＿＿＿＿＿＿＿＿＿＿＿＿＿＿＿＿＿＿＿＿＿＿）
（電話番号：＿＿＿＿＿＿＿＿＿＿）
（記入日時：平成＿＿年＿＿月＿＿日）

　合意宣言確認者署名：＿＿＿＿＿＿＿＿＿
※ダイビングパーティの参加者のうちで，署名者本人と主催者以外の第三者が確認して署名する。しかし参加者が全体で二名だけの場合は相互に確認の署名を行なう。

4．海上保安庁の遭難者捜索における今後の考察

　現在，海上を漂流しているダイバーの捜索に関して，有効な手段として赤外線による夜間監視装置（熱感知装置）がある。これは，荒天のときや夜間に海上を漂流しているダイバーが発する熱を感知することによってそれを見つけ出すために役に立つものである。実際，1999年に沖縄の真栄田岬にあるダイビングポイントで，米軍軍人が，レジャーとして夜間ダイビングを行なって漂流し，地元の警察と米軍が出動した事故において，結果的に1人は死亡はしたが，米軍のヘリコプターが漂流していた事故者を発見したのが体温を感知して目標物を探す熱感知装置によるものであった。さらに1999年10月19日深夜に発生した漁船八号幸栄丸転覆事故のときに，静岡県御前崎沖で漂流者を発見できたのも，海上保安庁の特殊救難隊が装備している赤外線による夜間監視装置によるものであった。筆者が海上保安庁から提供を受けた，発見から救助に至る実際の記録ビデオ映像を見てもその効果は非常に高かった。この装置の詳細については，「警備上の配慮から（中略）従来から一切公表していない」（第三管区海上保安本部）とのことなのでここでは言及できないが，海上での遭難・漂流者の捜索のためにも，そ

写真 7-1

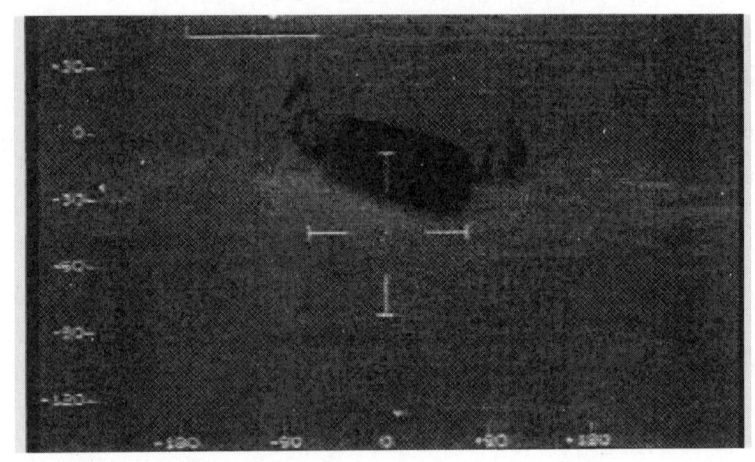

（海上保安庁第三管区海上保安本部提供）

の装備が広くなされていくことと，搜索のノウハウの研究がさらにされていくことを願うものである。

写真7-1画像は，前述した事故において，実際に転覆漁船の船員2名が防舷物につかまって漂流しているのを赤外線による夜間監視装置によって発見したときの映像からである。

海上保安庁では，現在，1回の事故時の捜索にかかる費用単価を算出していないとのことであるが，遭難者救助がもたらす大きな社会的利益に鑑み，今後はそういった捜索単価を種別に分類し，それによって任務に必要な装備である夜間監視装置の増設を図っていくことも期待すべきことではないかと考えられる。

5．最後に

事故の事例を分析すると，日本におけるレクリエーションダイバーの事故は，その多くに人為的な要因があった。そこには優越的な立場にいるインストラクターなどの安全配慮義務違反と，一般ダイバーの海況判断ミスや単独ダイビングの実

行に伴うものがあった。

　このようなインストラクターやダイバーを生み出す最大の要因は、ダイビング指導団体の、事業に伴ったリスクを全て消費者に負わせようと言う事業スタイルであり、また、彼らをこのような事態に走らせる原因が、Cカード発行権に伴う申請料の存在であった。

　ダイビング業界の正常化を図るためには、このCカード発行権の、非営利組織への移動による、指導団体と申請料との分離が絶対的に必要であり、このことによって、事故が減少し、人命を救うことができていく可能性が極めて高いのである。

　2000年現在、レクリエーションダイビングの事業を行なう業者に対して、安全管理上の法律は事実上全く無いと言っても過言ではない。そのような中、マリンレジャーの盛んな沖縄県では事故の減少・防止を目指した条例[73]や公安委員会事項[74]を制定した。この沖縄県の姿勢は国内では先進的と言える。しかし、その条文には、ダイバーの安全確保のためには疑問が残る部分もあると言わざるを得ない。それはインストラクターやガイドと、講習生・ダイバーの人数比の部分と、ダイビング中の安全配慮義務についての規定がない（5秒ルールなど）ことであるが、日本の現状からみれば、この条令は、全国に先駆けた第一歩として大いに評価できるものである。今後は、条例の存在意義をより一層高めるためにも早期の改正が望まれる。

　以上の研究考察により、今後、ダイビング業界の事業の正常化のために、ダイビング中の安全配慮義務を明確にした「潜水事業法（仮称）」[75]の検討と、千葉正士が提唱[76]しているスポーツ固有法（specific sports law）を基盤とし、そこに商業スポーツに関してスポーツ当事者が消費者としての立場に有る場合の保護条項（レクリエーションススポーツにおいて、営利目的の事業者が、スポーツ当事者の権利に制限を加えることによって利益を生むような資格商法の暴走を防ぐために、事業者責任の明確化と申請料システムの禁止などを含めたもの）を加えた法律の、早期の立法化が強く望まれるものである。

注・文献

72)「日本電信電話・市川海事興行事件」「損害賠償請求事件　松山地方裁判所　昭和60年10月3日判決　民事第一部昭和五六年(ワ)第六四九号」(労働経済判例速報1263号) 16～25頁

73) 沖縄県条例第29号 (1993年 (平成5年) 10月21日　公報　号外第38号)「沖縄県水難事故の防止及び遊泳者等の安全確保等に関する条例」1994年 (平成6年) 4月1日施行 (第7章の規定のみ同年8月1日施行)…「水上安全条例」と略される。

74) 公安委員会事項　沖縄県公安委員会規則第1号「沖縄県水難事故の防止及び遊泳者等の安全の確保等に関する条例施行規則」(1994年 (平成6年) 3月25日　公報　第2253号) 1994年 (平成6年) 4月1日施行　沖縄県公安委員会…「水上安全条例施行規則」と略される。

　ここで特に問題の部分は、3頁の「第18条の2　ガイドダイバーが1人で案内し、指導できる潜水者の人数の基準は、次のとおりとする」の「(1)初級潜水者 (水中において自己管理ができず、ガイドダイバーの補助がないと潜水できない者をいう。) を案内し、指導する場合には、おおむね6人 (下線は筆者、以下同)」と、「(2) 中級潜水者 (水中において自己管理ができ、ガイドダイバーの指示に従って潜水できる者をいう。) を案内し、指導する場合には、おおむね8人」の部分で、下線部分の6人、8人という人数は、実際には危険すぎるものである。インストラクターが水中でその動静を管理指導でき、トラブルがあっても対応ができる限界人数は2人というのが、これまでの筆者の調査で判明した数字である。そしてこの人数規定のために、この条令と規則が、他県において発生した事故においてでさえ、ダイバーの安全確保のための条令という扱われ方でなく、業者が自らの注意義務違反の責任を回避するための根拠として使用されており、この本来の目的に反した使われ方をしている現状がある。

　沖縄県では、上記「水上安全条例」と「水上安全条例施行規則」に基づいたマリンレジャー中の事故の防止のために、県警察本部内に(財)沖縄マリンセーフティビューローを作って優良業者の審査・指定を行なっている。

　なお、この条例に添って届出を行なった潜水業者数は338 (個人事業主を含む。また他のマリンレジャー業者も含めた総数は576) で、マリンレジャー関係業者総数の58.7%を占めているが、優良業者と指定された数は66で、総数120のうち指定率は19.5%に過ぎないのが現状である (沖縄県警察本部生活安全部地域課　執務資料『海域レジャー提供業者の届出及び優良業者指定状況～平成10年中～』(沖縄県警察本部1999年　1頁)。

75) 中田　誠：「潜水事業法 (仮称)」私案。

　骨格として、指導団体の指導プログラムの作成や、各種認定に関する責任の明確化と現在のような申請料システムの禁止、また現場においてインストラクター1人が講習を行なうことができる人数は2人を限度とし、アシスタントをつけた場合に限り、そのレベルを問わず4人までとする。ファンダイビングでは、ガイドするインストラクター本人は、上級者の場合に限って3人まで担当できるとし、アシスタントには最

大2人まで担当させ，よって1パーティのダイバー総数は5人を限度とする。またファンダイビングと講習を同じグループで行なうことは禁止とする。水中での動静確認間隔は，初心者・初級者に対しては5秒に一回，中級者以上に対してやガイド中には10秒に一回という安全配慮の基準を明記し，罰則規定を設けてその履行を厳にする。という，講習生と一般ダイバーの安全を確保することを目的とする法律案（私案）。

　インストラクターの養成に関しての参考資料として，フランスの国家資格としてのダイビング指導者資格がある。1984年7月16日のスポーツに関する法律に基づいた1991年3月7日勅令の適用を受けたスポーツ教育者国家資格（BEES）である。このスクーバダイビングに関する部分を見てみると，それはⅠ選抜試験，Ⅱ予備養成，Ⅲ養成講習，Ⅳ各状況における教育論講習，Ⅴ最終試験によって成り立っている（『*INFORMATIONS BEES ler DEGRE PLONGEE SUBAQUATIQUE Mai : 05/05/1997*』Direction Departementale de la Jeunesse et des Sports de Haute-Savoie 1997年フランス，出川あずさ提供資料。参考：「スポーツ教育者に関する国家資格」同氏提供翻訳資料）。この制度は非常に緻密な指導者養成システムになっており，潜水指導者教育・養成に関して大いに参考になる。詳しくは資料1「フランスにおけるスクーバダイビングの国家資格（BEES）取得のための試験の仕組み」の図1を参照のこと。

76）たとえば，［提唱・スポーツ法学---欧米の現状概観より---］東海大学社会科学研究所『行動科学研究 1990 Vol.31』（東海大学出版部　1990年）1～12頁や，［スポーツ法の国家性と自主性・世界性］（日本スポーツ法学会年報第1号　早稲田大学出版部 1994年）1～21頁共に千葉正士。

　スポーツ法が国家法と固有法とから成ることについては，千葉正士／濱野吉生編『スポーツ法学入門』（体育施設出版　1995年）7～10頁参照。

資料1　フランスにおけるスクーバダイビングの国家資格（BEES）取得のための試験の仕組み

『*INFORMATIONS BEES ler DEGRE PLONGEE SUBAQUATIQUE Mai: 05/05/1997*』Direction Departementale de la Jeunesse et des Sports de Haute-Savoie 1997年フランス，から。

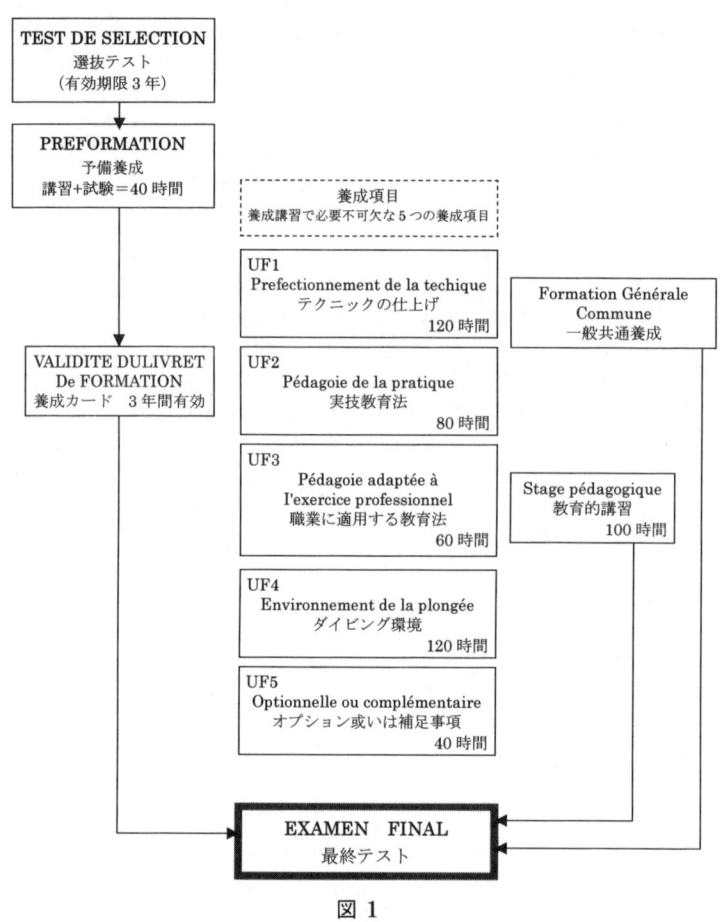

```
┌─────────────────────┐
│ TEST DE SELECTION   │
│   選抜テスト          │
│  （有効期限3年）      │
└─────────────────────┘
          ↓
┌─────────────────────┐
│  PREFORMATION       │
│    予備養成          │
│  講習+試験=40時間    │
└─────────────────────┘
```

養成項目
養成講習で必要不可欠な5つの養成項目

UF1
Prefectionnement de la techique
テクニックの仕上げ
120時間

Formation Générale Commune
一般共通養成

VALIDITE DULIVRET
De FORMATION
養成カード　3年間有効

UF2
Pédagoie de la pratique
実技教育法
80時間

UF3
Pédagoie adaptée à l'exercice professionnel
職業に適用する教育法
60時間

Stage pédagogique
教育的講習
100時間

UF4
Environnement de la plongée
ダイビング環境
120時間

UF5
Optionnelle ou complémentaire
オプション或いは補足事項
40時間

EXAMEN FINAL
最終テスト

図1

資料2　免責同意書に関するアンケートの結果

(実施及び集計期間　1999年11月26日から12月6日)

　電子メールを使って北海道から沖縄までのダイバーに対し，エントリーレベルダイバーの講習時とファンダイビング時の免責同意書に関わる実態を調査した。なお，回答者の性別・年齢・経験・Cカード取得地名・ファンダイブ地名はアンケート項目としてとらない方針とした。理由は回答者のわずらわしさを除くためと，それらを取らないことによる回答しやすい環境作りのためである。

(1) 統計

1. Cカード取得団体

団体の数と割合

表 1a

PADI	24	52.2%
BSAC	5	10.9%
NAUI	3	6.5%
SSI	2	4.3%
CMAS	4	8.7%
JP	4	8.7%
JUDF	2	4.3%
DACS	1	2.2%
YMCA	1	2.2%
計	46	100.0%

Cカード協議会内構成団体比率

表 1b

PADI	24	70.6%
BSAC	5	14.7%
NAUI	3	8.8%
SSI	2	5.9%
計	34	100.0%

構成比率比較

表 1c

Cカード協議会が全体に占める比率	73.9%
Cカード協議会以外が全体に占める比率	26.1%

2. 免責同意書に署名するまでに,「ダイビングに付随する危険性について十分に説明を受け，完全に理解」していましたでしょうか？

表 2

	PADI	PADIを除く Cカード協議会	Cカード協議会 全体	Cカード協議会 以外
完全理解	7	4	11	5
一部理解	4	2	6	3
理解せず	12	3	15	1
記憶なし	1	1	2	2
免責同意書が存在しない				1
計	24	10	34	12
説明もなし（上記内数）	7	0	7	2

3. プール・海洋実習の参加に関連して，自分自身に「生ずる可能性のある傷害その他の損害について」の十分な説明があり，それを知っていましたか？

表 3

	PADI	PADIを除く Cカード協議会	Cカード協議会 全体	Cカード協議会 以外
十分知っていた	6	3	9	8
一部知っていた	7	4	11	1
知らず	8	3	11	2
記憶なし	0	0	0	0
説明もなし（左記内数）				4
計	21	10	31	11

4. 「潜水地の近くに再圧チェンバー」があるかどうかの説明はありましたか？またない場合の結果について十分な説明を受けましたか？

表 4

	PADI	PADIを除く Cカード協議会	Cカード協議会 全体	Cカード協議会 以外
十分あり	2	0	2	2
不十分だがあり	4	1	5	1
なし	18	8	26	8
計	24	9	33	11

5. 免責同意書に署名することによって，自分の傷害や，自分が死んだ場合でも，自分の正当な権利を全て奪われることを目的とした書類であることの説明を受けましたか？

表 5

	PADI	PADIを除くCカード協議会	Cカード協議会全体	Cカード協議会以外
受けた	1	1	2	2
一部受けた	2	0	2	
受けない（読んでわかった人含む）	20	7	27	5
記憶なし	0	1	1	0
免責同意者がなかった				
計	23	9	32	7

6. 免責同意書に署名する前に，それを熟読して，内容を熟知していましたか？

表 6

	PADI	PADIを除くCカード協議会	Cカード協議会全体	Cカード協議会以外
していた	13	1	14	4
一部していた	6	4	10	0
していない	5	4	9	4
記憶なし	0	1	1	1
免責同意者がなかった				
計	24	10	34	6

7. 免責同意書の内容などについて何か質問したときに，先方はどう答えましたか？

表7

	PADI	PADIを除くCカード協議会	Cカード協議会全体	Cカード協議会以外
十分答えた	2	1	3	0
一部答えた	0	0	0	0
はぐらかす・答えない	6	1	7	1
質問していない	16	5	21	8
記憶なし		2	2	1
免責同意者がなかった				1
計	24	9	33	11

8. 現在ファンダイブをする際に免責同意書に署名を求められたときには，それぞれの文面が意味するところについて十分な説明を受けていますか？

表8

	PADI	PADIを除くCカード協議会	Cカード協議会全体	Cカード協議会以外
十分受けた	2	8	10	2
一部受けた	1	0	1	0
受けていない	16	0	16	8
本人に自覚なし	1	0	1	0
自分が求めない	1	1	2	1
ところによって説明するところあり	1	1	2	1
計	22	10	32	12

9. 免責同意書に署名を求められたときの状況を教えてください。また書かなかったらどうなるかなどについて言われたことがあったら教えてください。

表 9

	PADI	PADIを除く Cカード協議会	Cカード協議会 全体	Cカード協議会 以外
説明あり	2	1	3	1
書かないと潜らせない	1	2	3	2
はぐらかす・答えない	1	0	1	0
説明せずに 署名のみ求める	13	5	18	6
不明	5	1	6	2
免責同意者がなかった				0
計	22	9	31	12

10. 免責同意書に署名した後，その控えを受け取りましたか？ また現在のファンダイブの時は控えをもらえますか？

表 10

	PADI	PADIを除く Cカード協議会	Cカード協議会 全体	Cカード協議会 以外
もらう	6	3	9	1
もらえない	16	5	21	11
計	22	8	30	12

11. その他，免責同意書に関して思うところがあったらコメントをお願いいたします。

表 11

	PADI	PADIを除くCカード協議会	Cカード協議会全体	Cカード協議会以外
気休め・形式・責任に逃れと認識	6	1	7	0
善意で自己責任と認識	1	0	1	3
相手を信用しないことで自己責任を認識	6	2	8	0
不信感のみ	8	1	9	3
その他				1
計	21	4	25	4

(2) 生態情報（回答サンプル…必ずしも全文引用ではない）

　※項目1はCカード取得団体（ブランド）名だけなので項目2より掲載

2. 免責同意書に署名するまでに，「ダイビングに付随する危険性について十分に説明を受け，完全に理解」していましたでしょうか？

　PADI サンプル

- 傷害に関しては一切なし。プールと海洋講習とはインストが違った。海洋講習でのインストは，傷害ではなくて「ダイビング中に起こり得る偶発的な事故」について（ジェットスキーとの接触ほか）は，話してくれました。
- 確かに，潜水病のような危険な面もありますが，レジャーダイビングなら，そういうことにならないようにもぐりますから，大丈夫です。」ということは，言われました。

　BSAC サンプル

- 内容を読むとガイド以外には何もしないんだなぁって不信感が募って，本当に商売でダイビングやっているのか？と不思議になりました。

　CMAS サンプル

- この書類事体「ダイブショップの責任逃れの証」だと思う。(中略) この

前，伊豆大島で見た『PADI の AD ダイバーの OP 以下のスキル，カード多い方がちやほやされるバカげた雰囲気』を二度と見ない為にも。PADI の「カードコレクター濫造の仕組み」はかなり良くない

3. プール・海洋実習の参加に関連して，自分自身に「生ずる可能性のある傷害その他の損害について」の十分な説明があり，それを知っていましたか？

PADI サンプル

- 傷害に関しては一切なし。プールと海洋講習とはインストが違った。海洋講習でのインストは，傷害ではなくて「ダイビング中に起こり得る偶発的な事故」について（ジェットスキーとの接触ほか）は，話してくれました。
- 実際に起こった事故の話しを聞くと講習中にはぐれてしまったり，流されてしまったりしているようなので，こちらの危険性に関してはまったく知りませんでした。
- 私が危険性のことを聞こうとするとあまりいい顔はしないので聞けませんでした。
- バディブリージングも何故必要か，というより，これをこなして先に進む，というカンジで講習を受けました。イントラはカード（講習の内容が書いてあった）を見ながら，「これは省いていいかな」と言いながら進めてました。かなり省いていたはずです。

（これは余談なんですが，後でこのイントラがまだ C カードを発行できるランクにない人間であったことが判りました。海洋実習の時に「ヘルプです」と来てた人がいて，その人のショップ名でカードが出てます。当時は私たちの担当だったイントラがお店を持ってなかったので発行できないのかな，と理解していたんですが，後で聞いたらそういうことでした）

PADI の理想的な回答のサンプル

- 私は，今の時点でも非常にいいダイビングショップで講習を受けることが出来たと思っています。実際プール，海洋実習の前にも十分すぎるほどの説明があり，さらには「生ずる可能性のある傷害その他の損害について」の十分な説明をしてくれた上で，私自身のダイビングに対する不安を取り

除くため，講習生私一人に対して，インストラクター2人もついて講習をしてくれたのを覚えています。そのような恵まれた環境で講習をみっちり受けることの出来た私は大変幸せで，逆にほとんどの他のダイビングショップでは，インストラクター一人に対して，講習生6人などという講習が現実に行なわれていることなのでしょう。

SSI サンプル

- 免同の署名の時点では，説明がなかった。OW の学科講習のとき知りました。

4.「潜水地の近くに再圧チェンバー」があるかどうかの説明はありましたか？またない場合の結果について十分な説明を受けましたか？

PADI サンプル

- チェンバーはおろか，ここのショップはブリーフィングを行なったことがありません。
- ダイビングポイントの先々のショップでは，雑談がてら"聞き出す"ようにしてます。
- 講習地が横須賀の芦名というところで，潜水（講習）可能エリアが区切られており，最大水深が5m程度しかなかったので（PADIの基準の6mに達さない為，ログには6mと書くよう指示あり）とくにその必要はないだろうということでした。
- official な会話の中では聞きませんでしたが，個人的な会話の中で減圧症などの事故に対する対処について聞きました。（中略）ショップの対応というより，インストラクターの個人レベルでの取り組みのようでした。

CMAS サンプル

- ダイビングテキストには「ファンダイブの前に再圧チャンバーの位置を聞いた方が良い」とは1文字も書かれていない。再圧は重要なことなので，前記のことくらいはテキストに書いても良いのではないか？
- 危険なことは危険なこととしてきちんと説明すべきだ。

5. 免責同意書に署名することによって，自分の傷害や，自分が死んだ場合でも，自分の正当な権利を全て奪われることを目的とした書類であることの説明を受けましたか？

   PADI サンプル
   - 「これにサインしないと潜れないから。ざっと目を通してサインして」のみ言われました。
   - 「Cカード協議会の決まりで，これに署名してもらわないと何かあっても保険が出ないのでしょうがないんです」とのことです。…※これに関しては 1999 年 12 月 7 日 16 時 55 分に，Cカード協議会事務局（SSI の本部で代行）に電話で確認したところ「そういう指示は出していません」とのことだった。
   - 「潜る時に書く申込書のようなもの」と渡されることが多いです
   - 事故なんかおこりませんよといわれました。
   - 「こういう書類に署名することになっていますので」「やなことが書いてあるのですが，形式ですから」といわれただけです。

   SSI サンプル
   - 事故が起こったとき，どういう補償があるのかあるいは，どこまでの権利を放棄することになるのか最も大切なことは十分に説明を受けていない。また，未成年だったが親権者にも上記の説明はしていない。（電話でダイビングをするという言うことを伝えてあればいいといわれた）

6. 免責同意書に署名する前に，それを熟読して，内容を熟知していましたか？

   PADI サンプル
   - 形式的な文書と認識してからは，サインするだけです。
   - 読むようにといわれなかったので（名前を書いてくれといわれた）
   - 意味も訳も分からずにサインしていました。
   - 大変怖い気持ちになります
   - 最初のころは機械的に署名していただけでした。ただし，慣れてきたら内容に驚きました。

- その書類に絶対的な効力があるとは全く思っていなかったのでサインしました。

JP サンプル

・サインしたくない様な内容が入っていたとしても，周りの人につられるようにサインしていました。

7. 免責同意書の内容などについて何か質問したときに，先方はどう答えましたか？

PADI サンプル

- どちらかと言えば儀礼的なもの，というニュアンスの回答をもらった気がします。
- 「短なる記録だから」と今も言い続けています。まさしく「はぐらかす」です。
- 「一応，形だから」
- 説明を受けようとすると，じゃ，今日は潜れませんと言われます。
- リゾートなどのダイビングサービスでは逆に，説明を求めても，先方が忙しかったり，また「形式てきなもの」との不適切な回答を受ける場合の方が多かったように思います。
- あくまで形式ですから，というスタンスでした。

8. 現在ファンダイブをする際に免責同意書に署名を求められたときには，それぞれの文面が意味するところについて十分な説明を受けていますか？

PADI サンプル

- 単なる儀式であると認識しております。
- 自分に不都合な質問は，ごまかすのみ。聞く耳持たずです。
- 先日行った与論島では「これにサインしといて」と免責同意書を渡されただけでした。
- 説明を聞いたことはありませんでした。一度，ブリーフィングがなかった時もありました。

※次の回答は当然のものだと思います。

- 自分がプロランクにあるため，自分自身が詳しく知っていることを先方も承知している。そのため説明は求めていない。

9. 免責同意書に署名を求められたときの状況を教えてください。また書かなかったらどうなるかなどについて言われたことがあったら教えてください。

PADI サンプル

- 取り敢えず署名してください，と言われることがあります
- ツアーなどに申し込むときに「書式を書いて」といわれます。
- こことここに名前を書いてとだけいわれました。どうなるかの説明はなかったです。
- グアムでは「はっきり言ってこれを書いても書かなくても，何も変わらないんやけどね，書いてもらわなかったら，必要最低限の手順すら踏んでいないと言うことになるので，責任回避とかじゃなくて，形骸化した書類手続きみたいなものやね」と言っていました。
- 「（書かなかったら）海に連れてかないよ」
- 「形だけですから」と言われサインしました。
- ダイブマスターの誓約書を署名しないと今後一切，続きができないと言われ，他のお店でも潜れなくなりますよと，数人のインストラクターから囲まれた上，署名を強要されました
- いちいち書くんですか，と聞くと，きまりですから，とのことでした。
- 「これは，効力無いですよね！」と，確認してしまいました。すると，イントラより，「そうですね。でも，御本人の自覚を促していただく為に。」と，言われました。（SSI の回答者が PADI ショップで体験したもの）

※この質問に対する回答者の意見を一つ紹介する。

- 免責同意書が何時までも改善されず存在する原因は僕たち署名する側にもあるのでしょう。まずは全くの無知なためその不当性に気づかずサインしてしまう場合です。
そして書類自体単なる紙切れとの認識から，面倒をさけるためについつい軽い気持ちでサインしてしまうこと，さらには実際にその書類の有効性が

云々されるような状況（事故）に自分はならないだろうといった考えがあるからでしょう。面倒だ，自分には関係ないだろうと思っているというのが正直なところです。

BSAC サンプル

- ウェット着て潜る寸前とかが多いかな。まあ，これがないと潜れないって言うようなことを言われたことはありますねえ。

JP サンプル

- JPのショップ（私がAD講習を受けたところ。現在も，ファンダイブに参加しております）の場合→ファンダイブの申し込み用紙（当日，記入）が「免責同意書」を兼ねているので仕方なくというか，儀礼的にサインしております。（SSIの回答者がJPのショップで体験したもの）

YMCA サンプル

- 命をかけてするスポーツなので，それなりの責任はとるべきだと。死亡した際に，家族に負担がかからないようにといわれました。

10. 免責同意書に署名した後，その控えを受け取りましたか？ また現在のファンダイブの時は控えをもらえますか？

PADI サンプル

- リゾートでは言わなくては貰えない場合と，複写用紙でない（つまりコピー）ので控えはありませんと言われる場合があります。
- それ（PADIの複写式）以外のものについてはもらえません。欲しいといってももらえませんでした。
- リゾートなのでファンダイブではもらえないことが多いです。

YMCA サンプル

- うちのダイビングクラブでする時はもらってますが，他ではいただけないことのほうが多いです。

11. その他，免責同意書に関して思うところがあったらコメントをお願いいたします。

PADI サンプル

- 営業目的でかつインストラクターの資格を持っているショップの善意管理義務は非常に幅広く解釈されるものと思いますが，判例などはどうなっているのでしょうか？
- 現在の一方的な権利放棄の文書は何とかしてほしいと思います。
- 責任回避というか。実際に事故があったときにこの書面をだしてきて責任逃れをするのかなあと思ってしまいます
- ちゃんとしたショップなら青と黄色の2枚複写の用紙で片方をダイバーに返すのですが，そうでないショップでは，免責同意書をコピーして使っているので，控えすら貰えない状況です。しかし，考えてみると出発前の慌ただしい時に急いで書いて，ボールペンを次の待っている人に渡さないといけない状況下では，よく読んで署名するとは程遠いのが現状です。多分多くの人は，免責同意書を書くと言うのは，漁協に提出する入水（域）許可書を書くのと同じように，潜る為には書いて提出しないといけないものだと思っているようです。つまり潜水前の事務処理と思っている人が多いようです。ちなみに，このアンケートに協力してもらおうと，親しい2人の友達に話した所，2人とも「免責同意書って何？そんなん書いたことない」と言いました。潜る前に書いている書類が免責同意書であるということも知らないんですね。

ただサインするだけで，重要性や内容は一切把握していないようです。その2人が所属するショップは私の所と違いますのでどういう書かせ方をしているのかまでは分かりませんが，「知らない」の一言で，このアンケート以前の問題でした。（うち一人はショップのアシスタントのアルバイトをしているのですが，それでも知らないと言うのは，ショップの従業員教育の問題だと思います...）
- なんだか本当に私だけの責任なの？！と思ってしまうんですね。できることならサインしたくないなあとか思うこともありますが。
- 最初はこれは何と思い読んでみたところ，凄く一方的なことばかり書いているなと思いましたが，免責同意書にサインしないとDIVINNGできな

いので……
- 当方はアメリカで，現地のインストラクターに現地の言葉で講習を受けています。
 そのため，日本での現状とは異なると思われます。しかしながら，アメリカの「契約社会」の徹底ぶりと，日本の現状は異なりますので，それを比較しても仕方がないと思われます。危惧すべきはアメリカ型の契約を，日本の一般の人に適応しているという現状であり，それに対し何ら説明がされていないと言うことです。
- 形ばかりの免責同意書はやめて実質的にダイブのサポート体制を向上させることが必用
- 最初はこれが本当に効力があると思っていたので，ダイビングをやめようかとも思いましたが，どうしてもやりたかったので仕方なくサインしました。(中略) 意味がないことをPADIは承知しているのでしょうが，なぜまだこのような風習をかたくなに守っているのでしょう？ すこしでも自分の立場を有利にしておきたいという考えが見え見えです。もうちょっと潔い営業して貰いたいですね。
- ショップの側には十分な説明の義務が存在しますし，われわれには説明を受けてどうするか決めることができる権利があると思います。(中略) 個人に責任があることもあれば，ショップに責任があることもあるわけで，あらかじめどちらか一方が常に免責という形をとろうとする，そんな姿勢では当然信頼関係は生まれないでしょう。
- とあるショップでファンダイブをするために出かけたときに，免責同意証書を差し出され署名をするよう言われました。そのときのインストラクターが言った言葉で「ダイビングするときは，いつも署名しているでしょう。まあ形だけですから。」そのようなインストラクターがまだ今でもいるのなら，少し考えものですね。もちろん，その免責同意書の内容についても，熟読したことはいうまでもありませんが。そのショップを統括している指導団体はPADIですが。(DACSの回答者がPADIで体験したもの)

BSAC サンプル

- 自分のショップの責任は責任として認める物にしてほしいです。今の物の多くはショップが悪くてミスをしたとしても，それはそのショップの利用者の責任になるような物がおおいです。

JP サンプル

- 事故をおこしたくないから，ガイドをたのんでいるのになぜ，免責同意書にサインしなければならないのか。
- ショップが，事故者に責任転化するための物だと考えていますが，サインをしないと潜れないとなれば，不本意でもサインせざるを得ません。

SSI サンプル

- 私はお客さん，スタッフ両方の気持ちを経験してきました。免責同意書はもっと分かりやすく，的確にそれが意味することを署名する側に伝えなくてはならないと思いました。それを理解して頂いたあとダイビングを始めるべきだと思います。私もそうでしたが，訳が分からないまま，活字を読んでなんとなく必要だからということで，サインをしている方が多くいるように思います。指導団体，スタッフ，お客さん，全ての意識改革が根本的に必要だと思います。

YMCA サンプル

- インストラクターがアルバイト感覚でやっていたり，シーズンで忙しい時などは，かなりないがしろになってるような気がします。知人がタイにて亡くなったのでが，その時はどうだったのだろうと不安になりました。

本文で紹介されていない参考文献・論文など

- 伊藤 堯:『体育法学の課題』（道和書院　1986 年）
- 菅原哲朗:『少年スポーツ指導者の法律相談　スポーツ事故に備える知識 Q&A』（大修館書店　1992 年）
- 山根裕子:『ケースブック EC 法…欧州連合の法知識…』（東京大学出版会　1996 年）
- 山根裕子:『新版・EU/EC 法…欧州連合の基礎』（有信堂高文社　1998 年）
- 金子　宏/新堂幸司/平井宜雄:『法律学小辞典　第 3 版』（有斐閣　1999 年）
- Valerie Collins :『Recreation and the LAW Second edition』（E & FN SPON　1993 年　イギリス）
- ディビッド・エドワード（David O Edward），ロバート・レイン（Robert C Lane）著，庄司克宏（訳）:『EU 法の手引き（European Community Law An Introduction）』（国際書院　1998 年）
- G. ボーリー，A.L. ダイヤモンド著，新井正男，池上俊雄（訳）:『[新版] 消費者保護…イギリス法の歩み』日本比較法研究所翻訳叢書(11)（中央大学出版部 1990 年）
- ブラッドフォード（Bradford Stone）著，渋谷年史（訳）:『アメリカ統一商法典（Uniform Commercial Code in a nutshell）』（木鐸社　1994 年）
- 三浦義久:『社会教育の法と裁判　生涯スポーツ・社会体育編』（鹿屋体育大学 1999 年）
- 『平成 10 年における　海洋レジャーに伴う海浜事故』と『平成 10 年　潜水事故の分析』共に（財）日本海洋レジャー安全・振興協会（1999 年）※海上保安庁が捕らえている事故の記録を見るにはこのシリーズは有用である。研究者にはバックナンバーを読むことを勧める。
- 千葉正士：［スポーツ法学の現状と課題］『法律時報』65 巻 5 号（1993 年）33〜37 頁
- 伊藤 堯：［提唱　スポーツ基本法］『法律時報』65 巻 5 号（1993 年）38〜42 頁
- 三浦嘉久：［社会教育判例 4　社会体育事故とスポーツ指導者の責任…社会体育事故判例にあらわれた社会体育指導者の注意義務…］『鹿屋体育大学研究紀要 第 11 号』鹿屋体育大学　1994 年）
- 山田二郎：［スポーツ事故と自己責任による加害者側の減責］『日本スポーツ法学会年第 2 号』（早稲田大学出版部　1995 年）1〜23 頁
- 佐藤千春：［スポーツ事故における契約構成］『日本スポーツ法学会年第 3 号』（早稲田大学出版部　1996 年）55〜62 頁
- 中村祐司：［イギリスにおけるスポーツ市場をめぐる関連法規の検討］『日本スポーツ法学会年第 3 号』（早稲田大学出版部　1996 年）88〜96 頁
- 濱野吉生：［スポーツにおける自己決定権と契約責任］『日本スポーツ法学会年第 4 号』（早稲田大学出版部　1997 年）54〜70 頁
- 田中淳子：［スポーツ事故における『安全配慮義務』理論の機能］『日本スポーツ法学会年第 4 号』（早稲田大学出版部　1997 年）143〜152 頁
- 千葉正士：［スポーツ固有法の要件と事故・紛争に対する役割］『日本スポーツ法学会年第 5 号』（早稲田大学出版部　1998 年）61〜67 頁
- 井上洋一：［スポーツにおける違法性阻却…アメリカの免責事例から…］『日本スポーツ

法学会年報第 6 号』(早稲田大学出版部　1999 年) 90～96 頁
- NAUI JAPAN :『NAUI Instructors Handbook［基準と手続き］』1997 APR. (1997 年)
- NAUI JAPAN :『NAUI THE MARKETING GUIDE』(ナウイエンタープライズ 1991 年) 初版第 2 刷
- 『国民生活審議会　消費者政策部会・消費者契約適正化委員会合同会議 (第 7 回) 議事録』(経済企画庁　http://www.epa.go.jp/98/c/19981020kokuseishin.html　1998 年)
- 松本恒雄/執行秀行/阿部　満/信澤久美子 :［消費者法］『法律時報』71 巻 13 号 (1999 年) 133～137 頁
- 小山　剛/北山　功 :［ドイツ法］『法律時報』71 巻 13 号 (1999 年) 206～213 頁
- 林　幹人 :『刑法の基礎理論』(東京大学出版会　1995 年) 4 章　97～107 頁
- 幾代　進 :『現代法学全集 20 II　不法行為』(築摩書房　1997 年)
- 加藤一郎/木宮高彦 :『自動車事故の法律相談 (増補版)　法律相談シリーズ 1』増補版再版第　3 刷 (有斐閣　1970 年) 353～391 頁
- 重田晴生 :「アメリカ船主責任制限制度の研究」(成文堂, 1991 年)
- 重田晴生 :［プレジャーボート事故と連邦海事管轄権 (Adamiralty Jurisdictíon)］神奈川県法学第 29 巻第 2 号 (神奈川大学法学会, 1994 年) 159～206 頁
- 中田　誠 :［スポーツ指導者の法的性格と責任 (11) (民間施設スポーツ指導者)］『指導者のためのスポーツジャーナル』2000 年 12 月号 (日本体育協会, 2000 年) 30～31 頁

あとがき

　今回出版した私の研究内容が，まだまだ十分とは言えないことは十分承知しております。また各方面の専門家の方々にはさまざまなご意見があるかとも思います。しかしながら，これまで，レクリエーションダイビング（と他の民間商業スポーツ）の世界で発生している致死的な事故の実態について研究した専門書はありませんでした。そのため，事故の防止に繋がる情報の開示も問題点の研究も不十分なままであり，多くの事業者が，安全管理とその責任の重大さに気がつかないか，あるいは目をそむけたままでした。またこのような情報がないために事故に遭われた方々の法的救済が十分になされないことも多々ありました。私はこの現状に一石を投じたい一心でこの原稿を執筆しました。本書が，そのような事態を少しでも改善するための役に立てばと願っております。そして，この企画を快く受けて出版してくださった，株式会社杏林書院の代表取締役社長太田　博様に深くお礼を申し上げさせていただきたいと思います。なお，私の研究の未熟な部分につきましては，今後各専門分野の諸先生のご指導を賜れんことを願っております。

　この研究を進めるにあたって，私が壁にあたった時に力づけて下さり，さらに私の願いを容れて，多忙な中，貴重なお時間を割いて丁寧にご指導下さった東京都立大学名誉教授の千葉正士先生に，ご尊敬の念を込めて，心からのお礼を申し上げさせていただきます。また私を暖かく見守って下さった上に的確なアドバイスをお与え下さりました鹿屋体育大学教授の三浦嘉久先生にお礼を申し上げます。加えて早稲田大学教授の日比野弘先生には，貴重なデータの収集にあたって賜りましたご高配に感謝いたします。日本スポーツ法学会前会長で東京女子体育大学名誉教授の伊藤　堯先生，現会長の早稲田大学教授濱野吉生先生，そして弁護士の菅原哲朗先生，筑波大学教授の諏訪伸夫先生，故及川　伸先生の書かれた文献や論文から多大な示唆や感動をいただいたことも深く感謝するところであります。
　加えて，格別のご配慮をいただいた大阪女子大学長の中西　進先生と中西紘子

様，弁護士の古屋正隆先生に深くお礼を申し上げます。またこの研究の社会的意義へのご理解に基づく助成をお与え下さりました財団法人倶進会様に心からお礼を申し上げます。そしてご多忙の中アドバイスを下さった愛知県教育委員会の吉田勝光先生と研究へのご理解をいただいた琉球新報社様に感謝致します。さらに，スペースの関係でここでお名前を出してお礼を申し上げる事のできない日本スポーツ法学会の諸先生と各団体の皆様，これまでご協力を下さった，諸事情により直接お名前を出せない各公的機関と各民間会社の皆様と，つらいご心中を察するに余りある中ご協力下さった事故被害者ご遺族の方々，志あるプロダイバーと一般ダイバーの皆様にお礼を申し上げさせていただきます。

　そして，ご多忙の中，この本の内容と社会的意義にご理解とご評価をいただき，さらに序文を寄せて下さった，弁護士で前検事総長であられる土肥孝治先生の過分のご好意に感謝し，ここに深くお礼を申し上げさせていただきます。

　今後，スクーバダイビング（や他のレクリエーションスポーツでの）の事故が少しでも減り，事業者と消費者の法的平等性の確保とその事故の犠牲者の救済がより一層達成される社会的システムが構築されんことを強く願うものであります。

　最後に，ダイビングやその他のレクリエーションスポーツの事故の後遺障害で苦しまれている方々と，ご家族を亡くされたご遺族の方々の悲しみと苦しみが少しでも和らぐ日が来ることを，心からお祈り申し上げます。

平成13年1月1日
中　田　　誠

著者紹介　中　田　　誠（なかだ　まこと）43歳

　　　　日本スポーツ法学会会員
　　　　日米ボランティア協会会員
　　　　日本気圧環境医学会会員

著書：「誰も教えてくれなかったダイビング安全マニュアル」（1995年　太田出版）
　　　「ダイビング生き残りハンドブック」（1999年　太田出版）
　　　「ダイビング事故防止ファイル」（2000年　太田出版）
論文：日本スポーツ法学会年報第3号（1996年）
　　　　　　　　同　　第6号（1999年）
　　　　　　　　同　　第7号（2000年12月）

ダイビングの事故・法的責任と問題　　定価（本体2,700＋税）

2001年3月31日　第1版第1刷発行　　　　　　　検印省略

　　　　　著　者・中　田　　誠
　　　　　発行者・太　田　　博
　　　　　発行所・株式会社　杏林書院
　　　　　　　　　東京都文京区湯島 4-2-1　〒113-0034
　　　　　　　　　TEL（03）3811-4887（代）
　　　　　　　　　FAX（03）3811-9148

ISBN4-7644-1562-3 C3075　　印　刷・一ツ橋印刷株式会社
© 2001 Printed in Japan　　　製　本・坂本製本所